포스트휴먼의 무대

Théâtres du posthumain

2
포스트휴먼
총서

포스트휴먼의 무대

Théâtres du posthumain

이화인문과학원 &
LABEX Arts-H2H 연구소
엮음

아카넷

들어가며

이 선집은 인간 형상의 위기와 변환의 시기에 사상적·예술적 현실을 진단하고 전망을 모색하는 글들을 한데 묶은 것이다. 인간 형상의 위기라는 주제와 관련하여, 멀리 보아 사상사적인 표지를, 가깝게 보아 기술적인 표지를 설치할 수 있다. 즉 19세기 말 니체의 "신의 죽음", 그리고 이를 이어받은 20세기 중반 푸코의 "인간의 죽음"은 사상과 예술 안에서 신의 형상을 한 인간이 더 이상 중심적인 역할을 수행하지 못한다는 선언이었다. 다른 한편으로, 20세기 중반 이후 유전공학과 신경과학의 발전, 20세기 말 뇌과학과 로봇공학의 혁신은 공학적인 관점에서 인간과 기계, 자연과 인공의 경계를 식별하기 어려운 결과를 가져왔다.

우리는 이제 프랑켄슈타인 박사의 욕망과 공포가 무엇인지 구체적으로 경험할 수 있게 되었다. 이러한 변화는 누군가에게는 굳이 마주보고 싶지 않은 타락일 수 있고, 다른 누군가에게는 무한한 호기심을 자극하는 진보일 수 있다. 하지만 외면이든 환호이든, 무차별적인 태도라면 별 도움이 되지 않을 것이라는 점은 새삼 말할 필요가 없을 것이다. 현실의 변화를 주의 깊게 관찰하고 신중하게 대처하는 것은 언제나 학문의 안과 밖에 제기되는 과제이다. 이 저서는 동시대의 급격한 변화를 인간 이후, 즉 포스트휴먼이라는 관점에서 살펴보려는 시도이자 제안이다.

이 논문집은 또한 두 국가, 한국과 프랑스의 연구소가 지난 2년간 협력한 성과물이기도 하다. 이화여자대학교 이화인문과학원과 파리 8대학의 라벡스(LABEX) Arts H2H는 상호 방문과 학술 발표를 통해 포스트휴머니즘과 디지털 주체라는 주제에 대한 협력 연구를 진행했다. 연구 성과물을 논문 모음집으로 엮어 1차로 프랑스에서 『트랜스휴머니타: 현대 예술에서 인간의 허구, 형태와 사용(*Transhumanités: Fictions, formes et usages de l'humain dans les arts contemporains*)』(L'Harmattan, 2013)이라는 제목으로 출간한 바 있다. 이 책에 수록되었던 논문의 일부와 새로운 논문을 한데 모아 여기 우리말로 『포스트휴먼의 무대』라는 책을 내놓는다. 이 책은 한국 사회에서 포스트휴먼/포스트휴머니즘의 문제의식을 일깨우고 공유하기 위해 기획된 이화인문과학원의 『포스트휴먼 총서』를 이어가는 작업이기도 하다.

수록된 글들의 분야가 사상과 역사, 기술과 문학 등으로 넓게 퍼져 있기는 하지만, 전체적인 초점은 포스트휴먼 또는 포스트휴머니즘이 형상화되는 예술과 이미지에 놓여 있다. 오페라, 연극, 비디오아트, 디자인, 미디어 등을 통해 실험되고 있는 동시대의 작품과 분석들이 포스트휴먼 연구의 이해에 생생한 현장감을 불어넣기를 기대해본다.

'포스트휴먼의 무대'란 이중적인 의미를 지닌다. 예술로 형상화되는 무대를 말하기도 하지만, 우리의 사고와 신체가 이미 새로운 시대의 무대 위에 올라서 있다는 점을 의미하기도 한다. 그 무대 위에 무엇이 주인공이 될지는 미래완료형으로나 알 수 있을 것이다. 그리고 영원히 그럴 것이다. 어렴풋하게나마 말할 수 있는 바, 인공지능과 사이보그뿐만 아니라 동식물 그리고 유령이 그 유력한 후보들이다. 인간을 예기치 못한 생성으로 몰아넣을 새로운 배역들을 설레면서도 조심스러운 마음으로 기다린다.

2015년 6월
이화인문과학원 포스트휴머니즘 연구팀

들어가며

차 례

3부

뉴 미디어와 상상력

1부

포스트휴먼의 무대

시몽동과
포스트휴먼 기술문화

김재희

1.　들어가는 말

　　포스트휴먼에 관한 논의는 인간의 삶을 구성하는 본질적인 요인으로 기술이 부각되면서 시작되었다. 인간을 둘러싼 주변 환경만이 아니라 인간 자신을 변형시키기에 이른 기술의 영향력이 인간 사회의 포스트휴먼화를 가속화한다는 진단에서다. 따라서 포스트휴먼 또는 포스트휴먼 사회를 사유하기 위해서는 '인간'만큼이나 '기술'의 변이와 진화에 대해서, 나아가 '인간과 기술의 관계'의 본성과 변화에 대해서도 진지하게 검토해볼 필요가 있을 것이다. SF적 상상력과 기술결정론적 미래학이 결합되어 그려지고 있는 대중문화 속의 포스트휴먼 사회의 모습은 정당한 것일까? 인간보다 뛰어난 역량의 자동기계들(로봇들)과 사이보그들이 인간의 사회적 역할과 기능을 대체하며 결국 인간을 해체하고 인간 사회를 지배하게 될 것인가? 포스트휴먼화 현상은 기계적 보철화, 생명공학적 조작, 디지털 가상화에 의한 탈신체화 등으로 거론되는 이른바 '인간의 사이보그화'로 환원시켜 설명될 수 있는 것일까?

　　닉 보스트롬(Nick Bostrom), 레이 커즈와일(Ray Kurzweil), 한스 모라벡(Hans Moravec) 등과 같은 트랜스휴머니스트(transhumanist) 이론가들은 포스트휴먼으로 이행하기 위해 특이점을 향해 가는 인간향상기술의 발전을 긍정하며, 인간의 사이보그화로 정의되는 인간종의 진화와 포스트휴먼화를 합리적이고 자율적인 주체로서의 인간이 그 역량을 확장시켜 나가는 근대적 계몽의 일환으로 간주한다. 그러나 인간의 사이보그화가 포스트휴먼의 출현을 고지했을지는 몰라도 포스트휴먼이 과연 사이보그 모델로 환원될 수 있을지는 확실하지 않다. 우리는 여전히 '도래 중에 있는' 포스트휴먼을 사유하기 위해 보다 많은 청사진을 그려볼 필요가 있다.

　　캐서린 헤일스(Katherine Hayles), 닐 배드밍턴(Neil Badmington), 캐리 울프(Cary Wolfe), 스테판 헤어브레히터(Stefan Herbrechter) 등과 같은 비판적 포스트휴머니스트(critical posthumanist) 이론가들은 기술문화의 급진적 변화에 대해 개방적이면서도 트랜스휴머니스트들의 데카르트적 인간중심주의 또는 자유주의적 휴머니즘에 대해서는 비판적 태도를 취한다. 가령, 헤일스는 탈신체화된 정보 형태로 사이보그화하는 반(反)인간 형태의 포스트휴먼 개념은 오히려 데카르트적 이원론을 전제한 자유주의적 휴머니즘의 주체를 확장하는 것이라고 비판하면서, 포스트휴먼이 곧 인간의 종말을 의미하는 것은 아니라며 기술을 매개로 체현된 신체에 바탕을 둔 포스트휴먼의 다른 가능성을 모색하자고 주장한다(헤일스, 2013: 503). 주로 해체론적이고 정신분석학적인 작업에 기초하고 있는 이들은 인간과 비인간(포스트휴먼)의 경계 자체가 지닌 불확실성과 오염 관계에 주목하며, 포스트휴머니즘 안에서 여전히 작동하고 있는 인간중심주의의 유령을 끄집어내어 해체하고자 한다. 헤어브레히터에 따르면, 비판적 포스트휴머니즘은 휴머니즘에 대한 공격이나 탈인간화와는 거리가 멀고, 포스트휴먼을 표방하는 텍스트들 안에서, 포스트구조주의의 안티휴머니즘 노선을 계승해 인간중심적 요소들(인류중심주의, 종차별주의, 보편주의)에 대해서는 비판하면서, 동시에 이것들과 함께 휴머니즘 안에 거주하며 억압되어 있던 '새로운 휴머니즘'으로서 포스트휴머니즘을 읽어내려는 전략이다(Herbrechter, 2013: ch. 4). 인간의 포스트휴먼화를 단순히 인간종의 발전적 진화가 아니라, 그 자체로 불확정적이고 불투명한 '인간'이라는 개념의 끊임없는 다시 쓰기이자 재확증으로 이해하는 비판적 진영의 관심은 인간의 '재인'을 둘러싼 문제틀 속에서 '텍스트 분석'에 몰두하며 포스트휴먼의 발생적 조건인 '인간과 기술의 관계'에 대한 '존재론적 탐색'을 고려하지 않는다는 점에서 불충분하다.

  인간과 기술의 관계에 대한 존재론적 이해와 더불어 포스트휴먼 사회의 발생적 조건과 미래적 청사진을 새롭게 개념화하고자 한다면, 질베르 시몽동(1924~1989)의 기술철학이 중요한 개념적 원천이 될 수 있다. 현대 첨단 기술의 융합적 특성을 정초한 사이버네틱스와 정보 기술에 의거하는 시몽동의 철학은 인간과 기술의 관계를 상호 협력적인 공진화 관계로 이해하고, 포스트휴먼의 발생적 조건과 의미를 비인간적인 우주론적 자연의 개체발생적 과정 속에서 조망하면서, 포스트휴먼 논의를 사이보그 모델 너머로 확장시키고 존재론적 차원으로 심화시킨다.

시몽동에 따르면, 인간이 자신의 물리생물학적 조건을 넘어설 수 있는 가능성은, 생명체로서의 인간 개체 안에 내재하는 전(前)개체적 퍼텐셜의 존재와, 이 퍼텐셜 에너지를 개체초월적으로 집단화해 현실화시킬 수 있는 기술적 대상들의 변환 역량에 있다. 포스트휴먼은 단지 기술의 효과에 불과한 것이 아니라 인간 안에 실재하는 '자연의 무게'와 더불어 발생한다. 또한 기술은 결여된 인간을 강화하는 보철물이 아니라 인간의 잠재력을 현실화하는 매체로서 인간 사회의 새로운 구조화와 존재론적 도약을 가능하게 한다. 경제적 소외와 노동 문제로 환원될 수 없는 기술적 소외와 정보 소통의 문제, 인문교양으로 포괄할 수 없는 기술교육의 중요성, 기술적 활동을 통해 형성되는 개체초월적 집단성 등 시몽동의 통찰들은 포스트휴먼 사회로의 이행에서 주목해야 할 기술-정치적 조건들을 보여준다.

이 글에서 나는 시몽동의 기술-정치학이 기술과 인간의 관계 및 기술을 매개로 한 인간과 인간의 관계를 인간중심적인 지배-피지배 관계가 아닌 상호 협력적인 평등 관계로 어떻게 이해할 수 있게 하는지, 나아가 이를 토대로 사이보그 개체들의 집합체로 환원되지 않는 포스트휴먼 공동체의 새로운 청사진을 어떻게 제공하는지 밝혀보고자 한다.

2. 인간-기계 앙상블: 인간과 기술적 대상들의 상호 협력적 관계

> 인간이 기술적 대상들보다 열등하거나 우월하지 않아야 한다(시몽동, 2011: 129).

인간의 진정한 본성은 연장들의 운반자, 그래서 기계의 경쟁자가 아니라 기술적 대상들의 발명가이며, 앙상블 안에 있는 기계들 사이의 양립 가능성의 문제를 해결할 수 있는 생명체다. 기계들의 수준에서, 기계들 사이에서, 인간은 그 기계들을 조정하고 그것들의 상호 관계를 조직화한다. 인간은 기계들을 다스리기보다는 양립 가능하게 만들며, 정보를 수용할 수 있는 열린 기계의 작동이 내포되어 있는 비결정성의 여지에 개입해 기계에서 기계로 정보를 번역해주고 전달해주는 자다. 인간은 기계들 사이의 정보 교환이 갖는 의미작용을 구축한다. 인간이 기술적 대상에 대해 갖는 적합한 관계 맺음은 생명체와 비생명체 사이의 접속으로 파악되어야만 한다(시몽동, 2011: 385).

시몽동은 기술적 대상들의 해방을 촉구했다. 기계들은 인간 대신 작업하는 노예들이 아니라는 것이다. 기술적 대상들의 전형적인 모델을 자동로봇에서 찾는 사이버네틱스나 인공지능연구는 SF적 상상력과 마찬가지로 인간중심적 관점에서 기계들을 사용도구로 바라보는 '지배-피지배' 패러다임에서 벗어나기 힘들다. 시몽동은 '개체화'와 '정보'라는 독특한 관점에서, 인간과 기계들의 관계를 '지배-피지배' 모델이 아닌 '평등한 상호협력' 모델로 이해할 수 있도록 사유 패러다임을 새롭게 전환시켰다.

시몽동의 기술철학을 뒷받침하고 있는 존재론적 관점으로서 그의 '개체화론'에 따르면, 기술적 실재인 기계들도 생명체와 같은 개체성을 지니며 개체화과정을 겪는다. 기계들은 단번에 조립되고 완성되는 닫힌 실체들이 아니다. 기계들도 생명체와 마찬가지로 비결정성을 지니고 내적·외적 조건들과의 관계 속에서 형태를 조절하며 '구체화(concrétisation)'한다. 구체화는 기술적 대상들을 단순한 인공물이나 자연물과 구분시켜주는 기술적 실재의 고유한 개체화 방식이다. 기술적 대상들이 내적 환경(기술적 환경)과 외적 환경(자연적 환경)과의 관계 속에서 '추상적인 양태'에서 '구체적인 양태'로, 즉

'구성요소들의 부정합적인 조합과 분리된 기능들의 작동 방식'에서 '구성요소들의 상호 협력적이고 다기능적인 수렴과 융합된 작동 방식'으로 진화하면서 개체로서의 응집된 단일성을 획득해가는 과정이 바로 구체화다. 기계들은 내적 요소들과의 관계에서뿐만 아니라 기술적 앙상블 안에서 다른 기계들과의 관계에서도 비결정적으로 열려있다. 기계들은 기술적 환경과 자연-지리적 환경이라는 이중 조건에 적응하며 시스템 내부에 제기된 문제들을 해결해나가는 방식으로, 즉 불일치하는 것들 사이의 관계들을 조절하고 기능들을 수렴할 수 있는 방식으로 형태변화하면서 진화한다. 이 구체화는 인간적 의도, 사회경제적 요인, 상업적 이유 등과는 독립적으로 기술적 요인에 따라 진행된다. 즉 인간의 필요나 유용성 때문이 아니라 기계 고유의 '기능적 작동'이 얼마나 더 잘 이루어지느냐가 변화의 원동력이라는 것이다.

그런데 시몽동의 이런 생각은 사실상 기술 발달 과정에 개입하는 수많은 기술 외적 요인들, 즉 정치적·경제적·군사적·상업적 요인들에 대해서 지나치게 눈을 감고 있는 건 아닐까? 가령 '기술의 사회적 구성론'에 따르면, 기술은 자체의 논리에 의해 단선적으로 발전하는 것이 아니라 정치-경제-문화와 같은 사회적 요인들의 개입에 따라 기술변화의 속도와 방향, 기술의 형태, 기술의 결과가 달라질 수 있기 때문이다. 따라서 기술적 본질에 관한 "근본적인 진리에 근거를 두고 있는 기술적 모델은 우리의 관심을 끌지 못한다"고 보드리야르처럼 비판할 수도 있다(보드리야르, 2011: 11). 현대 사회에서는 기술적 대상들의 본질적인 측면(기능적 구조적 정합성의 구축)보다 비본질적인 측면(기호로서 소비되는 사회적 심리적 요인)이 지배적으로 고려되어야 한다고 보기 때문이다.

물론 시몽동은 그런 비기술적 요인들의 간섭이 없다거나 중요하지 않다고 주장하지 않는다. 가령 소비자의 취향과 같은 상업적 요인과 부딪혔을 때 구체화의 기술적 필연성은 실현되지 않을 수 있다. 그래서 기술적 조건보다는 비기술적 조건들의 영향을 많이 받는 자동차 관련 기술들이 기술적 대상들의 본질적 측면을 규명하는 데 부적합하다고 시몽동은 보았다. 시몽동의 의도는 정작 그런 요인들 때문에 오히려 기술의 실재적 본성이 간과되어 왔음을 부각시키는 데 있다. 시몽동 기술철학의 탁월함은 지금껏 '블랙박스' 속에 남아있었던 기술적 대상들의 본질을 드러내고, 인간중심적 관점에서의 '유용성'이 아니라 '기능적 작동'이라는 기술 자체의 본질적 관점에서 기계들을 재평가함으로써, 인간과 기술의 관계를 다시 사유할 수 있게 했다는 점에 있다.

그러면, 시몽동은 기술적 대상들의 절대적 자율성을 주장하는 것인가? 시몽동의 '구체화하는 기계'는, 물론 인간의 의도대로 작동하고 안정적인 실체로서 구조화된 '데카르트적 기계'로 환원되지 않는다. 기계 고유의 내적 필연성에 따라 구조 변화와 진화를 하기 때문이다. 이런 점에서 보면, 시몽동의 기계는 오히려 피드백 메커니즘을 통해 자기-조절하는 자동화 시스템으로서의 '사이버네틱스적 기계'와 유사해 보인다. 그렇다면 시몽동의 '구체화하는 기계'는 장차 자동성이 극대화되어 인간의 개입이나 통제를 벗어나 예측 불가능하게 작동할 수 있는 '폰 노이만적 기계'가 될 거라고 할 수 있을까?

시몽동이 당대의 사이버네틱스로부터 상당한 영향을 받았음에도 불구하고 사이버네틱스와 자신을 차별화하고자 애쓴 논점 중 하나가 바로 여기다. 시몽동 기계의 자율성은 결코 타자(인간)를 배제하지 않는다. 기술적 존재가 본성상 '구체화'를 겪을 수밖에 없다는 사실은 이미 인간의 개입을 전제한다. 구체화는 물질적 인과성만으로는 산출될 수 없는 것이며, 내적 비결정성의 여지를 조절할 정보의 소통과 이에 따른 구조 변화를 동반하기 때문이다. 기술적 실재의 경우에 '구체화'로 나타나는 시몽동의 존재론적 개체화 작용은 본질적으로 이미 '정보'를 전제한다. 여기서 시몽동이 말하는 정보는 미리 정해진 신호를 송신자로부터 수신자로 일방적으로 전달하는 것이 아니라, 서로 불일치하는 두 항이 동시에 참여하는 하나의 긴장된 앙상블이 형성될 때 비로소 성립할 수 있는 것이다. "정보는 불일치한 두 실재들 사이의 긴장이다. 그것은 개체화 작용이, 불일치한 두 실재들이 시스템을 생성할 수 있는 차원을 발견하게 될 때, 솟아나게 될 의미작용이다. (……) 정보는 해결되지 않은 시스템의 양립 불가능성이 바로 그 정보에 의해 해결되면서 조직적인 차원이 되게 하는 것이다(시몽동, 2005: 31)." 시몽동의 정보 개념은 불일치하는 양자 사이에서 새로운 형태의 발명과 관련된다. 정보화를 가상화나 탈신체화가 아닌 형태나 구조의 발명에 연결시켜 사유한다는 점도 포스트휴먼의 형상을 폭넓게 사유할 수 있게 하는 장점이 될 수 있다.

시몽동에게 정보의 소통이란 수신자를 송신자에 단순히 동기화시키는 것이 아니라, 수신자와 송신자가 동등하게 참여하는 긴장된 관계 맺음 속에서 새로운 구조로 시스템 전체를 변화시킬 수 있는 현상을 의미한다. 정보(information)를 새로운 구조화나 형태화(in-form-ation)와 연결시켜 이해하는, 이와 같은 정보의 소통과 교환이라는 측면에서 구체화를 고려하면, 시몽동적 기계들은 인간과의 관계와 떼어내어 생각할 수 없다. 왜냐하면 생명체와 기계는 본질적으로 '변환기(transducer)'의 공통된 특성을 지니지만, 즉 둘 다 퍼텐셜 에너지(input)를 다른 형태로 현실화(output)하는 변조 작용을 할 수 있지만, 자신의 형태나 구조 변화를 위한 정보의 생성과 소통에 있어서는 양자 간에 본질적인 역량 차이가 있기 때문이다. 다시 말하면 기계들은 인과도식에 따라 결정되어 있는 작동을 하므로 주어진 정보를 처리하는 능력은 있지만, 문제를 제기하고 제기된 문제의 해결책을 찾기 위해 스스로 형태를 변형하는 자발적 역량은 없다. 따라서 생명체로서의 인간이 기술적 요소들이나 기계들 사이의 상호 정보를 소통시켜주고 기술적 작동을 새롭게 구조화하는 '발명가'이자 '조정자'로서 기술적 대상들에게 필수적이다. 요컨대 기계들 사이의 관계를 새롭게 조정하고 형태 구조를 변화시키는 데 인간과 기계들 사이의 관계가 중요하다는 것이다.

시몽동은 타자와의 관계를 전제하고 있는 '정보'와 '소통'이라는 관점에서 기계와 인간의 관계를 바라본다. 가령 시몽동이 인간과 기계의 상호 협력적 관계의 예시로 든 '초창기 전화기(기계의 신호를 보고 호출된 교환원이 연결시켜 주는 전화)'는 기계의 기억과 인간의 기억 사이의 본질적인 차이를 전제로 한다. 인간의 기억이 구조와 형태를 선별하며 이전 것과 이후 것의 통합과 이에 따른 해석을 가능하게 하는 가소성을 지닌다면, 기계의 기억은 무질서하고 구조화되어 있지 않은 대량의 자료들을 무차별적으로 저장할 수 있는 능력이 탁월하다. '호출 전화'라는 50년대에 발명된 이 기술적 실재는 이질적인 두 기억의 상호 협력 작용 속에서 '동일한 자기조절작용 기능들이, 인간에 의해서만 또는 기계에 의해서만 실행될 때보다 인간-기계 쌍에 의해 더욱 섬세하게 훨씬 더 잘 실행될 때' 출현할 수 있었던 것이다(시몽동, 2011: 174). 예컨대 운전자의 기억만으로도 힘들고 네비게이터에만 의존해서도 힘든 최적의 길 찾기를 가장 잘 할 수 있는 것이 바로 '운전자-네비게이터 앙상블'인 것과 같은 이치다.

시몽동의 상호 협력적인 '인간-기계' 앙상블은 인간적 실재와 기술적 실재 어느 한쪽으로 동일시될 수 없는 새로운 실재의 가능성을, 즉 인간과 기계의 본질적 차이에 근거해 공통의 문제 해결을 위해서 상호 협력적으로 연대하는 평등 관계의 민주적 모델을 보여준다. '사이보그 모델'이 인간과 기계의 차이를 지우고 인간도 기계도 아닌 새로운 개체의 인간 사회로의 등록 가능성과 법적 권리의 할당에 몰두한다면, '인간-기계 앙상블 모델'은 이질적인 것들과 접속해 새로운 구조나 형태를 발명하는 것 자체를 '기능적 작동과 문제 해결'의 차원에서 바라보게 함으로써 인간과 기계의 연대를 보다 폭넓게 사유할 수 있게 한다. 따라서 포스트휴먼의 존재형태를 사유할 때

1부 포스트휴먼의 무대

인간 개체의 사이보그화에 초점을 맞추어 논의를 축소시키기보다는 사이보그 형태를 포함하는 모든 형태의 '인간-기계 앙상블'로 확장해서 '어떤 문제를 해결하려는 기능적 작동을 위해 구조화된 존재인가'에 초점을 맞추어 사유하는 것이 인간과 기술적 대상들의 미래적 관계에 접근하는 보다 유효한 방식이 아닐까 생각한다.

3. 노동으로부터 기술적 활동으로: 기술과 소외의 문제

> 기계와 관련된 인간의 소외는 단지 사회·경제적 의미만 갖는 것이 아니다. 그것은 또한 심리·생리학적인 의미도 갖는다(시몽동, 2011: 172).

> 우리는 경제적 소외가 존재하지 않는다고 말하려는 것이 아니다. 우리가 말하려는 것은, 소외의 일차적인 원인이 본질적으로 노동 안에 있다는 것, 마르크스가 기술한 소외는 단지 소외의 양상들 중 하나일 뿐이라는 것이다 (시몽동, 2011: 357).

구글이 8개의 로봇업체를 인수해 상업화를 본격 채비하고 있다는《한국경제》신문의 최근 기사 「로봇의 습격……20년 내 현재 직업 47% 사라진다」(2014년 2월 6일자 A2면)를 보면, 제러미 리프킨이 1995년 『노동의 종말』에서 역설했던 주장이 여전히 반복되고 있다. 즉 첨단 기술이 노동의 위기를 초래하며 기계들과 인공지능 로봇들이 노동자들의 일자리를 빼앗는다는 것, 따라서 인류는 첨단 기술시대에 생존할 수 있도록 로봇이 대체할 수 없는 새로운 일자리를 창출해야 한다는 것이다. 포스트휴먼 사회가 첨단 기술과학을 존재 조건으로 삼는다면, 기술로 인한 인간 소외의 문제는 사실상 포스트휴먼 사회의 가장 중요한 정치적 문제일 수 있다. 시몽동의 '인간-

기계 앙상블'을 포스트휴먼의 존재 방식으로 본다면 이러한 소외의 문제는 어떻게 해명될 수 있을까? 자동화된 시스템 앞에서 인간이 자동로봇처럼 되어버리거나, 아니면 인간을 자동로봇이 대신하거나, 어쨌든 기술 발달이 노동으로부터의 인간 소외를 야기한다는 대중적 견해는 사실상 '노동'이라는 근본적인 패러다임 안에서 기술적 대상들과 인간 사이의 대립을 전제하고 있다. 그러나 시몽동은 마르크시즘이나 인류중심주의와는 전혀 다른 측면에서 이 소외의 문제에 접근하는데, 가장 혁신적인 측면이 바로 노동 개념 자체의 불충분성과 한계를 지적한 점에 있다.

시몽동에 따르면, 첫째, '노동'은 인간과 자연의 관계 및 인간과 기술의 관계를 '지배와 피지배'의 사유 패러다임 속에서 바라보게 한다. 노동 개념은 형상(인간적 의도-주인-지배)과 질료(수동적 자연-노예-피지배)의 대립을 전제하고, 나아가 형상과 질료 두 항의 주어진 상태만 고려할 뿐 두 항 사이의 상호 작용 과정인 '기술적 조작' 자체에 대해서는 주목하지 않는다. 사실 질료형상도식은 아리스토텔레스가 당시의 매우 불완전한 기술적 경험에 근거해 보편화한 존재론적 인식론적 패러다임이다. "질료형상도식은 노동으로 환원된 기술적 조작을 철학적 사유 안으로 전환한 것"(시몽동, 2011: 347)이며, 기술적 조작의 본질을 제대로 이해하지 못해서 나온 이론에 지나지 않는다. 그런데 노동 개념은 바로 이러한 질료형상도식의 이원적 대립과 지배 관계를 반영하고 있다.

둘째, '노동'은 기술적 대상들을 실용성, 생산성, 경제성의 관점에서 보게 만들고, 기술적 활동을 단지 '기계를 도구로서 사용하는 활동'으로 이해하게 만든다. 인간을 도구사용 존재로 정의하는 '호모 파베르' 개념 역시 사용과 노동의 패러다임에서 비롯한다. 가령 스티글레르(Stiegler)는 인류를 다른 생물학적 존재들과 달리 특정한 본성(힘, 속도, 털 같은 신체적 역량)을 결여한 존재로 보고, 이러한 결여를 보충하는 실용적 도구나 보철물로 기술을 이해한다(Stiegler, 2009: 2, 8). 이러한 견해에서 기술적 대상들은 물질과의 교섭에서 필수불가결한 것으로서 인류의 생존을 조건 짓는 근본적인 요건이긴 하지만, '노동-호모 파베르-도구적 실용주의'의 노선은 여전히 노동과 기술적 조작의 근본적인 차이를 무화시키고 기술적 대상들의 존재 방식을 은폐한다.

셋째, 노동 개념은 무엇보다 기술과 관련된 소외의 문제를 제대로 이해하지 못하게 만든다. 가령 마르크스는 수공업적 작업장에서 기계적 대공업으로의 이행을 자본의 이윤 추구에서 찾고, 수공업적 작업장의 장인들은 연장들과 생산도구들의 소유자였지만 기계적 대공업 시기의 노동자들은 더 이상 생산수단들의 소유자가 아니게 되면서 소외가 출현했다고 설명한다. 즉 "매뉴팩처와 수공업에서는 노동자가 도구를 사용하지만, 공장에서는 기계가 노동자를 사용한다. 전자에서는 노동수단의 운동이 노동자로부터 출발하지만, 후자에서는 노동자가 노동수단의 운동을 뒤따라가야 한다. 매뉴팩처에서는 노동자들이 하나의 살아있는 메커니즘의 구성원들이었지만, 공장에서는 하나의 생명 없는 메커니즘이 노동자로부터 독립해 존재하며, 노동자는 살아있는 부속물로 그것에 합체되어 있다"(마르크스, 2001: 567). 기계제 이전에는 노동자가 여전히 도구를 통제했고 이러한 통제력이 자본의 공격을 상쇄하는 힘의 원천이었지만, 기계의 출현과 함께 이런 힘이 무너진다. "노동수단은 기계의 형태를 취하자마자 곧 노동자 자신의 경쟁자로 된다"(마르크스, 2001: 577). "기계가 노동자를 노동에서 해방시키는 것이 아니라 그의 노동으로부터 일체의 내용을 빼앗아버리기 때문이다"(마르크스, 2001: 568). 마르크스에게 "기계는 잉여가치를 생산하기 위한 수단"(마르크스, 2001: 499)이자 "자본의 물질적 존재형태"(마르크스, 2001: 574)이기 때문에 노동자와 기계 사이의 투쟁은 불가피한 것이다.

그러나 시몽동은 "경제적 개념들은 노동에 특징적인 소외를 이해하는 데 불충분"(시몽동, 2011: 360)하며, 기계와의 관계에서는 노동자만이 아니라 자본가조차도 소외되어있다고 주장한다. 시몽동의 반마르크시즘적으로 보이는 이런 문제제기는, 물론 생산수단으로부터의 소외, 경제적 소외의 문제성 자체를 부정하려는 것이 아니다. 시몽동은 소비와 생산의 축을 따라 전개되지 않는 기술 그 자체의 존재론적 발전과정에서 나타날 수 있는 보다 더 일반화된 소외의 문제를 드러내고자 한다. 시몽동은 오히려 마르크스의 '생산력과 생산관계'를 '기술성과 인간-기계 관계'로 대체하면서 기술성의 발달 정도에 부적합한 인간-기계 관계 방식에서 비롯하는 소외의 양상을 문제 삼는다. 사실 시몽동과 마르크스는 인간과 자연의 관계 및 인간과 인간의 관계에서 소외 없는 공정한 관계를 발견하고자 했다는 점에서 공통점을 갖는다. 다만 소외의 문제적 지점이 달랐다고 할 수 있다. 뮤리엘 꽁브(Muriel Combes)에 따르면, "지배와 종속의 변증법을 극복할 수 없는 인간들이 기계와 유지하는 부적합한 관계 속에서 시몽동이 소외를 보았다면, 마르크스는 착취와 지배가 얽혀있는 생산관계의 수준에서 소외를 보았다. 자연에 대한 인간들의 근시안적인 행동과 인간 자신에 대한 인간들의 근시안적인 행동 사이에, 시몽동은 기계에 대한 그리고 기계가 요구하는 평등에 대한 인간들의 몰이해와 기술성에 대한 인간들의 부적합성을 놓았고, 바로 이것이 자연과 인간에 대한 공정한 관계를 막는다고 보았다. 반면 마르크스는 두 근시안적 행동 사이에 오는 것이 바로 생산의 사회적 관계이고, 이것의 불평등함이 인간의 물질적 삶을 구조화한다고 보았다"(Combes, 2013: 74). 무엇보다 시몽동은 마르크스가 주목했던 기술적 '생산물'로서가 아니라 기술적 '대상'으로서 독자적인 실존을 갖게 된 기술적 존재자들이 함축하는 소외의 문제를 조명한다.

귀셰(Guchet)에 따르면, "생산물은 장인의 손이나 공장에서 나온 기술적 존재다. 기술적 대상은 자신의 생산자로부터 떨어져 나온 생산물이다. 기술적 생산물은 노동과 생산의 문제들을 제기한다. 대상이 되고 나면, 그것은 새로운 문제들을 제기한다. 기술적 대상의 존재 의미는 생산되었다는 데 있는 것이 아니라, 반대로 그것을 생산한 노동을 넘어서 존재하는 데 있다. 기술적 대상의 존재(실존)는 노동과 생산의 영역 바깥에서 시작한다. 기술적 존재가 인간적 실재를 품고 있는 것은 그것이 인간에 의해 생산되었다는 점에서가 아니라, 정확히 그것이 생산자로부터 분리된 대상으로서, 인간의 제작적 활동으로부터 다소 독립적인 방식으로 존재한다는 점이다. 시몽동에 따르면, 마르크스는 대상이 된 기술적 존재 안에 담긴 소외의 위험을 정확하게 보지 못했다. 마르크스는 노동과 생산의 관점에서만, 즉 생산물의 관점에서만 그것을 고찰했을 뿐이다"(Guchet, 2010: 140~141).

시몽동은 기술적 대상들을 '요소-개체-앙상블'의 세 수준들에서 고찰한다. 기술성은 이 세 수준들을 따라 변환하며 역사적으로 발전해나간다. 즉 요소들(못과 망치, 연장)이 모여 새로운 개체(엔진, 기계)를 발명하고, 이 개체들이 모여 앙상블(공장)을 구성하며, 이 앙상블이 다시 새로운 요소를 낳는 방식으로 기술이 진화하는데, 이와 같은 기술성의 발달 정도에 따라 기술적 대상들과 인간 사이의 관계 양상도 달라진다. 시몽동은 기술성의 발달이 연장이나 도구와 같은 '요소적 수준'에 있을 때, 기술적 대상과 인간의 관계는 '연장과 운반자'의 양상으로 나타난다고 보았다. 그래서 수공업적 작업장에서는 인간이 연장들의 운반자로서 기술적 개체의 역할을 할 수밖에 없었다는 것이다. 그런데 기술적 개체들이 등장하게 된 기계화된 대공장에서는 그러한 인간의 역할을 기술적 개체들이 맡게 된다. 수공업적 작업장에서 기계화된 대공장으로의 이행에서 시몽동이 주목한 것은 바로 "기술적 대상과 인간 존재자 사이의 관계 맺음이 달라진다"(시몽동, 2011: 167)는 사실이었다. 소외는 단지 생산수단의 소유권이 박탈됨으로써만 발생하는 것이 아니라, 기술적 대상과 인간 사이에 '심리적이면서 동시에 육체적인' 관계 양상이 달라지면서 야기되는 '심리·생리학적인 단절'에서도 발생한다. 장인이 자기 작업장에서 어떤 대상을 만들 때, 장인이 자신의 신체를 통해 연장들을 움직이며 자기 몸짓의 정확성과 신속성을 느낄 때, 그래서 근육 운동의 힘 안에서 정확한 명령을 수행하는 연장들의 작동을 직접 느낄 때, 거기에는 소외가 없다. 왜냐하면 기술적 대상들이 생산자이자 사용자인 장인과 직접적으로 연결되어 있기 때문이다. 그러나 기술적 대상들이 개체화된 기계들이 되면서 인간의 손을 떠나 독립적으로 작동할 수 있게 된 기계적 대공장에서는 노동자들이 기계들과의 직접적인 연결을 상실하며 기계들은 생산자나 사용자가 누구든지 상관없이 작동할 수 있게 된다. "이 소외는 생산수단들에 대한 노동자의 관계 맺음 속에 그 기원이 있다고 마르크스주의는 파악했지만, 우리의 견해로는, 단지 노동자와 노동도구들 사이의 소유나 비소유의 관계 맺음으로부터만 야기되는 것이 아니다. 소유의 사법적이고 경제적인 그 관계 맺음 아래에는 여전히 더 근본적이고 더 본질적인 관계 맺음이, 즉 인간 개체와 기술적 개체 사이의 연속성의 관계 맺음, 또는 그 두 존재자들 사이의 불연속성의 관계 맺음이 존재한다"(시몽동, 2011: 171).

시몽동은 사회·경제적 소외보다 더 근본적인 소외가 인간과 기계 사이의 심리·생리학적 관계에서 비롯한다고 보았다. 이 관계의 연속성이 인간의 신체적 운동 도식과 기계의 작동 사이에 성공적인 피드백으로 이루어지는 것이라면, 이 관계의 불연속성은 그것의 단절을 의미할 것이다. 그렇다면 왜 이런 단절이 일어나는가? 이는 기술성이 발전하는 내적 필연성에 따라 기술적 대상이 연장 수준에서 개체 수준으로 진화하면서, 기술적 개체들이 인간(생산자와 사용자)으로부터 분리되어 새로운 관계를 구성할 수 있는 독립된 존재성(탈착가능성)을 갖게 되기 때문이다. 이 '탈착 가능성'이 곧 '자동화'를 의미하는가? 물론 아니다. 자동화가 자기 바깥의 인간을 전혀 필요로 하지 않는 닫힌 시스템을 의미한다면, 탈착 가능성은 오히려 서로를 존재 조건으로 하는 인간과 기계의 새로운 관계 맺음을 창출하는 계기이다. 따라서 기계적 대공장의 기술적 앙상블과 관련해 야기된 소외의 문제는, 한편으로는 개체화된 기술적 대상에 내재하는 인간으로부터의 '탈착 가능성'에서, 다른 한편으로는 이러한 기술적 대상의 본질을 제대로 파악하지 못하고 기술적 대상과의 적합한 관계 방식을 찾지 못한 채 기술적 개체를 대신해 온 습관적 역할에 매몰되어 있던 인간의 자기 위상에 대한 오해에서 비롯한다.

시몽동에게 관계의 연속성은 그 관계에 기초하고 있는 시스템의 안정을 유지하는 것이고 그 관계의 불연속성은 시스템의 질적 도약을 마련하는 계기로 작용한다. 다시 말해, 개체화된 기술적 대상의 (인간으로부터의) 탈착 가능성에서 비롯되는 소외가 단지 부정적이기만 한 것은 아니라는 것이다. 기술의 개체화로 인한 인간-기계 관계의 불연속성은 한편으로는 소외를 산출하면서 동시에 새로운 연속성을 창조하는 계기로 작동한다. 인간이 연장들의 운반자로서 노동해왔던 기술적 개체로서의 역할에서 해방되어 새로운 개체초월적 관계망 속에서 연합될 수 있는 계기를 얻는다면, 생산자나 사용자로부터 탈착된 기술적 개체들은 새로운 수준의 기술적 앙상블을 구성할수 있다. 탈착된 기술적 대상들의 자유로운 연합과 조직화는 새로운 구조의 기술적 세계를 창조할 수 있으며, 인간과 자연 사이에 '생산적-상업적-산업적 연합'을 만들어낼 수도 있고, '비생산적, 비산업적, 비경제적 연합'을 만들어낼 수도 있다. 여기서 "기술적 세계는 전환 가능성의 시스템"(시몽동, 2011: 352)으로 작동한다. 그러나 어떤 기술적 앙상블을 만들어내느냐, 기계들의 관계를 어떻게 조직화하느냐는 인간에게 달렸다. 인간은 기계들을 지배하고 자기 뜻대로 끌고 가는 우월한 존재가 아니라 "기계들 사이의 관계를 책임지는 존재자로서 기계들과 동일한 수준에서 존재"(시몽동, 2011: 182)하기 때문이다. '기계들의 관계에 대한 책임'이 인간에게 있다는 것은 기계들의 사회(기술적 앙상블)와 인간들의 사회(개체초월적 앙상블) 사이의 불가분한 관계, 즉 상호 동시적 결정과 공진화를 함축한다. 이는 근본적으로는 인간과 자연의 관계 및 인간과 인간의 관계가 곧 인간과 기계의 관계에 의해 조절되며 상호 동시적으로 공진화한다는 것을 의미한다. 나아가 기계들의 개체화와 탈착 가능성이 곧 인간들의 탈노동자화와 새로운 집단화 가능성의 계기가 될 수 있다는 것도 함축한다.

첨단 과학기술을 근본 조건으로 하는 포스트휴먼 사회의 인간 소외 문제를 해명해보고자 할 때, 이 부분은 상당히 주목할 만한 지점이다. 시몽동은 기계들 앞에서 무력하게 소모되며 노동수단을 잃었다고 기계들을 부수는 '노동자로서의 인간'이 아니라, 기계들의 작동 방식을 이해하고 기계들의 관계를 조직화하며 기술적 앙상블을 조절할 줄 아는 능동적인 '기술자로서의 인간'이 출현할 수 있어야 한다고 주장한다. 기술성이 기술적 앙상블 수준으로 발전했음에도 불구하고 인간-기계 관계가 여전히 연장 수준의 노동 패러다임에 묶여 있는 것, 이것이 기술 발달에 따른 소외의 근본 문제인 것이다. 따라서 인간-기계의 관계가 기술적 앙상블 수준에 적합한 관계 방식으로, '노동'이 아니라 '기술적 활동'으로 전환되어야 소외의 극복이 가능하다. 한마디로 "노동이 기술적 활동이 되어야만 한다"(시몽동, 2011: 360). 노동으로부터의 소외가 아니라 기술로부터의 소외가 문제이기 때문에—이런 점에서 보면, 포드주의나 테일러주의도 자동화된 기술 시스템에 의한 인간 소외라기보다 기계와 인간의 근본적인 상호작용을 제거하는 기술적 소외의 양상으로 이해될 수 있다—, "생산수단들의 공유화는 그 자체로 소외의 축소를 가져올 수 없다"고 시몽동은 주장한다(시몽동, 2011: 173). 시몽동은 "기술적 대상의 사용자가 단지 이 기계의 소유자이기만 한 것이 아니라 그 기계를 선택하고 보전하는 인간이기도 한, 그런 사회적이고 경제적인 양식을 발견할 수 있어야만 할 것"이라고, 생산수단의 공유화보다 더 나아간 기술적 활동의 민주적 조건을 요구한다(시몽동, 2011: 361). '노동' 개념은 기술적 대상과 인간의 관계가 신체적 접속을 통해 연속성을 지니며 인간이 연장들의 운반자로서 기술적 개체의 역할을 대신하고 있을 때나 적합했던 개념이다. '기술적 활동'은 노동으로 축소될 수 없으며, 인간으로부터 탈착 가능한 기술적 개체와 기술적 앙상블의 수준에 맞추어 인간과 기술적 대상의 관계를 사유할 수 있는 보다 상위의 개념이라 할 수 있다. "기술적 활동은 단순한 노동, 소외시키는 노동과는 구분된다. 기술적 활동은 단지 기계의 활용만이 아니라, 발명과 구축 활동을 연장하는 것인 기계의 보전이나 조절이나 개량, 기술적 작동에 기울이는 주의의 특정한 비율 또한 포함하는 것이기 때문이다"(시몽동, 2011: 359). 기술적 활동은 기술적 대상에 대한 인간의 밀접한 관심 및 인간과 기술적 대상 사이의 상호 협력적 관계를 전제할 뿐만 아니라, 이 기술적 대상들을 통해 소통하는 인간과 인간 사이의 평등한 상호 협력적 관계 또한 상정한다. 요컨대 생산자, 사용자, 관리자가 기술적 대상들을 통해 동등한 자격으로 만나 정보를 소통하고 공유하며 집단적 공동체를 구성할 수 있게 하는 것이 바로 기술적 활동이라는 것이다.

포스트휴먼 사회는 바로 이런 의미에서 '노동하는 인간들'의 사회가 아니라 '기술적 활동을 하는 인간들'의 사회로 이해되고 전망되어야 하지 않을까 생각한다. 기술로 인해 해체되고 기술에 의해 지배되는 것이 아니라, 기술을 통해 서로 소통하고 자기 역량을 충분히 실현할 수 있는 그런 사회야말로 기술을 본질적 요건으로 하는 포스트휴먼 사회일 수 있을 것이다. 기술적 진보가 상업적 이윤으로 환원되지 않고 새로운 인간성을 실어 나르는 씨앗이 될 수 있다고 보는 시몽동의 다소 순진해 보이는 낙관적 견해는 매우 진지하고 훨씬 더 근본적인 존재론적 근거에 기반을 둔다.

4.　기술적 활동과 개체초월적 집단성

> 자신의 본질에 따라 이해된 기술적 대상, 즉 인간 주체에 의해 발명되었고, 사유되었고, 요구되었고, 책임지게 해졌던 것으로서의 기술적 대상은, 우리가 개체초월적이라 부르고자 하는 관계의 표현매체이자 상징이 된다(시몽동, 2011: 354).

시몽동이 말하는 진정한 기술적 활동은 '개체초월적 집단(collectif transindividuel)'의 수준에서 실현되는 것이다. "기술적 세계는 집단적인 것의 세계이며, 이것은 순수 사회적인 것에 입각해서도, 심리적인 것에 입각해서도, 적합하게 사유될 수 없다 (……) 사회적인 것의 중심으로 노동이라는 관념을 보존하는 것, 그리고 그 반대편에서 자본과 경영의 수준에서 인간관계들을 보는 심리학주의가 지속하는 것, 이는 기술적 활동이 그 자체로 사유되지 않고 있음을 보여준다"(시몽동, 2011: 363). 개체초월적인 것(transindividuel)은 사회적인 것(social)이라고도 할 수 없고 상호개인적인 것(interindividuel)이라고도 할 수 없는 새로운 사회적 실재로서의 집단적인 것(collectif)이다. 가령 '사회적인 것'이 동물 사회의 유기적 연대성에, 또 '상호개인적인 것'이 분리된 개인들 간의 유대에 해당한다면, '개체초월적인 것'은 개체들의 수준을 '넘어서' 그러나 개체들의 발생적 근원에서 여전히 개체들의 저변을 공통으로 관통하며 소진되지 않고 있던 전(前)개체적 실재에 근거해 이루어지는 개체들 사이의 새로운 관계 맺음과 집단화를 의미한다. 여기서 '전(前)개체적 실재(réalitépré-individuelle)'란 시몽동의 개체화론에 근거한 것으로서, 준안정적인 실재의 계속적인 개체화 작용 안에서 마르지 않는 우물처럼 소진되지 않고 존속하며 새로운 개체화의 산출동력이 되는 '퍼텐셜 에너지'에 해당한다. 따라서 개체초월적 집단이란 이미 개체화되어 분리된 개체들 안에 '자연의 무게'로 내재하던 전(前)개체적 퍼텐셜이 개체들을 가로질러 유의미하게 소통됨으로써 개체 수준에서 해결되지 않던 문제들을 집단적 수준에서 해결하면서 동질성과 연대성을 새롭게 회복한 개체들의 앙상블이라 할 수 있다. 시몽동의 이런 개체초월적 집단성은 '원자적 개인들과 이들의 집합체인 사회'라는 틀로는 이해할 수 없다. 이것은 심리적인 것과 집단적인 것이 동시에 발생하면서 실재하는 것, 즉 개체와 집단이 '동시결정(syncristallisation)'되는 방식으로 존재하게 되는 것으로, 정보의 소통과 공통의 의미 발견을 통해 내적 공명을 이룬 개체들의 앙상블이다.

그런데 시몽동은 놀랍게도 전(前)개체적 실재가 '사회적인 것'과 '상호 개인적인 것'을 넘어서 진정한 사회적 실재인 '개체초월적 집단'을 구성할 수 있도록 해주는 탁월한 매개체가 바로 기술적 대상들이라고 주장한다. "기술적 대상의 중개를 통해서 개체초월성의 모델인 인간 사이의 관계가 창조된다"(시몽동, 2011: 355). 말하자면, 기술적 대상들이야말로 새로운 인간성을 발생시키는 씨앗으로 작용할 수 있다는 것이다.

시몽동이 대표적인 기술적 활동으로 꼽는 '발명'은 기술적 활동과 개체초월적 집단성의 관계를 잘 설명해준다. 새로운 기술적 대상을 창조하는 발명은 양립 불가능하고 불일치하는 것들 사이에서 새로운 관계 맺음을 발견해 이를 작동 가능한 어떤 구조나 형태로 변환하는 작업이다. 그런데 이 발명은 단순히 뛰어난 어떤 개인의 역량이 아니라 존재론적 무게를 실어나르는 개체초월적인 역량이다. 왜냐하면 "기술적 발명으로부터 나온 대상은 자신을 생산했던 존재자의 무언가를 자신과 더불어 실어나르고, 지금 여기에(hic et nunc) 가장 덜 부착되어 있는 것을 그 존재자로부터 표현"하기 때문이다(시몽동, 2011: 355~6). 다시 말해 요소들이든 개체들이든 기술적 대상들의 상대적인 '탈착 가능성'은 생산자-발명자의 개체초월적인 '자연성-인간성-전(前)개체적 실재성'을 다른 인간들에게 전달하며 새로운 앙상블을 조직화할 수 있게 하는 것이기 때문이다. "인간은 각 개체 존재에 결부된 채로 남아있는 이 아페이론(ἄπειρον), 자연적인 자기 고유의 표현매체를 사용하면서 발명한다"(시몽동, 2011: 356). 따라서 발명하는 인간은 개체화된 개인이라기보다는 전(前)개체적 실재의 하중을 실어나르는 어떤 '주체'라고 할 수 있다. "발명하는 것은 개체가 아니라 바로 주체다. 그리고 이 주체는 개체보다 더 광대하고, 더 풍부하며, 개체화된 존재의 개체성 이외에 자연의 어떤 하중, 비개체화된 존재의 어떤 무게를 포함하고 있다"(시몽동, 2011: 356). 시몽동에게 '개체'가 개체화 작용의 결과물이면서 동시에 새로운 개체화를 위한 정보 매체로 기능한다면, '주체'란 개체와 이 개체에 연합된 자연의 하중으로 구성된 실재라고 할 수 있다. 그러면 인간을 생물학 종으로서 노동하는 '개체'로부터 개체초월적 관계 속의 기술적 '주체'로 질적 도약을 가능하게 하는 조건은 무엇일까?

　　시몽동에 따르면, 개체들 안에 내재하는 '자연의 하중', 즉 '전(前)개체적 퍼텐셜'이 새로운 개체화를 실현시키기 위해서는, 개체 그 자신만으로는 퍼텐셜이 너무 약해서 집단적인 연합이 필수적이다. "각 개체 안에서는 너무 약한 그 퍼텐셜들은 연합해서 개체화된 존재자들을 그들이 보존하고 있는 전(前)개체적인 것을 통해 서로서로 연결시키면서, 집단적인 것인 이차적 개체화를 작동시킬 수 있다"(Simondon, 1989b: 205). 시몽동의 개체화론에 따르면, 생명적 개체화는 일차적 개체화이고, 심리적·집단적 개체화는 이차적 개체화에 해당한다. 인간은 일차적으로는 생명체로서의 '개체'이면서 이차적으로는 개체초월적 관계의 '주체'일 수 있다. 다시 말해 인간이 생명체로서의 인간 개체성을 넘어서 자기 안에 내재하던 근원적인 자연의 퍼텐셜을 새로운 방식으로 실현하는 주체로 설 수 있는 것은, 오로지 다른 개체들과 연합해 내적 공명의 시스템으로 집단화하고 상호 협력적 관계의 앙상블을 이룸으로써만 가능한 것이다. 그런데 개체들 사이에 이런 개체초월적 관계를 성립시키고 개체들의 앙상블을 조직화하며 하나의 생명체를 심리·집단적으로 주체화하게 하는 것, 미약한 개체를 새로운 개체화(개체초월적 집단의 산출)의 동력으로 묶어주는 것, 그것이 바로 '기술적 대상들'인 것이다. 기술적 대상들은 인간과 자연 사이의 관계만을 매개하는 것이 아니라, 인간과 인간 사이의 관계를 매개하면서 인간을 새로운 위상의 존재자로 변환시킨다. 요컨대, '발명된 기술적 존재'는 과거의 사회적 인간들에게 소외(기계와의 관계에서의 불연속성과 탈착)를 불러일으키는 것처럼 보이지만 사실은 미래의 새로운 사회적 관계(앙상블을 구축하며 기계와의 관계의 연속성 회복)를 창조하는 '개체초월적인 기술적 관계'를 표현한다. 이와 같은 기술적 활동 안에서 인간들은 기술적 대상들을 매개로 서로 소통하며, 기존의 사회적 질서와는 전혀 다른 새로운 차원의 집단성을 구축할 수 있다. "인간이 인간을 만날 때 어떤 계급의 구성원으로서가 아니라 자신의 활동과 동질적인 기술적 대상 안에서 자신을 표현하는 존재자로서 만날 수 있는 그런 기술적 조직화의 수준이란, 바로 주어져 있는 사회적인 것과 개체상호적인 것을 초월하는 집단적인 것의 수준이다"(시몽동, 2011: 362).

시몽동은 인간이 물리생물학적 조건을 넘어설 수 있는 가능성을 생명체로서의 인간 개체 안에 내재하는 '전(前)개체적 퍼텐셜'의 존재와 '기술적 대상들의 관계적 변환 역량'에서 찾는다. 이런 견해는 인간을 결여체로 놓고 기술을 이 결여의 보완물로 보는 시선과는 분명 다르다. 가령 스티글레르는 인간을 근본적으로 결여된 존재로 전제하고 이 결여를 보완하는 보철물이 기술적 대상들이라고 본다. 시몽동은 인간에 내재하는 발명의 역량, 전(前)개체적 실재의 퍼텐셜리티를 전제하고 기술을 이 잠재성의 실현 매체로 이해한다. 인간과 기술이 분리 불가능한 관계를 맺고 있다는 점은 둘 다 동일하게 인정하지만, 인간을 본질적으로 결여된 존재로 보느냐 아니면 창조적 역량을 지닌 존재로 보느냐에서 결정적인 차이가 있다. 인간과 기술의 관계를 '결여-보철'의 관점에서 보는 것은 기술적 대상들을 도구화하고 '인간-기계 앙상블'의 효과를 인간의 의도와 같은 인간적 한계 안으로 축소시킬 수밖에 없다. 반면 인간과 기술의 관계를 '퍼텐셜 에너지-변환기(실현 매체)'의 관점에서 보는 것은, '인간-기계 앙상블'의 발명을 인간 자신의 한계를 넘어서는 변이 및 새로운 실재의 창조로 사유할 수 있게 한다.

또한 개체와 집단의 상호작용적 동시 결정과 같은 시몽동의 관계론적 생각은 포스트휴먼의 발생이 포스트휴먼 사회의 발생과 분리 불가능한 것일 수 있다는 것, 따라서 포스트휴먼 문제는 관계론적이고 집단적인 차원에서 접근할 필요가 있다는 것을 환기시켜준다. 시몽동의 기술철학이 포스트휴먼화의 모든 쟁점들을 해결해줄 수는 없겠지만, 적어도 인간중심적으로 첨단 기술을 사용하는 인간 개체들의 사이보그화에 대한 찬탄과 우려의 논의와는 전혀 다른 시선에서, 포스트휴먼 사회의 청사진을 그려보고 사유할 수 있는 하나의 가능성은 제공할 것이다. 요컨대 정보 기술의 탁월함과 준안정적인 시스템의 상전이에 근거하고 있는 시몽동의 존재론과 기술론에 따르면, 정보 소통을 통해 융복합적 네트워킹을 구축해가고 있는 '구체화하는 기술적 대상들의 앙상블'과 또한 정보 소통을 통해 정서적 공감과 내적 공명을 구축해가는 '개체초월적인 인간 집단'이 서로를 소외시키거나 상호대립하지 않고 상호 인과작용과 상호 조정 속에서 공진화하는 것이 포스트휴먼 사회의 모습일 수 있을 것이다.

5. 맺는 말: 포스트휴먼 기술문화를 향해

테크노크라시즘의 기술만능주의는 자연에 대한 인간의 정복과 인간의 자유를 위한 기계들의 노예화를 전제한다. 인간의 사이보그화 모델이 테크노크라시즘의 열망을 감추고 있다면, 시몽동의 '인간-기계 앙상블' 모델은 인간의 지배나 기술의 지배 어느 한쪽으로 치우치지 않는 '기술적 문화(culture technique)'의 수립을 전제한다. 기술적 문화는 인간과 기계가 동등하게 상호 협력적 존재자로서 관계 맺고 있는 문화적·기술적 존재들에 대해서 단지 사용이나 소유의 관점이 아니라 정보의 교환과 소통에 따른 관계 조절의 관점에서 바라보는 기술적 지혜가 확산되어 있는 문화다. 기술적 문화는 장인의 수공업적인 기술과 엔지니어의 기술공학적 기술 사이에 가치론적인 편견과 인식론적 실천론적 단절이 제거된 문화, 육체노동과 정신노동 사이의 위계와 차별이 사라진 문화, 특히 노동자나 자본가가 아니라 "기계들의 심리학자나 기계들의 사회학자, 통상 기계학자라고 부를 수 있는 자"(시몽동, 2011: 214)가 당당하게 사회적 지위를 얻고 작가나 예술가들과 나란히 문화 창조의 대열에 서 있을 수 있는 그런 문화다. 시몽동은 20세기의 정보 사회에서도 여전히 정보로부터의 소외가 인간을 고립시키고 있다고 진단하고, '기계학'과 '보편적 기술공학'이라는 기술학의 수립을 주창하며, 인문교양교육에 맞먹는 기술교양교육의 중요성을 강조한다. 기술적 앙상블을 물리적 조건으로 하는 인간 사회가 균형 잡힌 시스템을 유지하기 위해서는 무엇보다 기술적 정보의 균질한 소통이 요구되기 때문이며, 이는 또한 사회 구성원들 모두가 기본적인 기술적 인식을 갖추고 있어야 가능하기 때문이다.

　　인터넷이 등장하지 않았던 1950~60년대의 기술적 환경 속에서 시몽동이 선구적으로 주창했던 기술적 앙상블의 문화가 과연 오늘날의 디지털 네트워크 사회 속에서는 구현되고 있다고 할 수 있을까. 어쩌면 이런 기술적 문화야말로 현재 발생 중에 있는 포스트휴먼 사회가 장차 내적 공명으로 안정적인 시스템을 구축하게 될 때 비로소 갖게 될 특징에 해당할지 모른다. 물론 시몽동 자신은 포스트휴먼이나 포스트휴머니즘을 거론한 적이 없으며, 끊임없이 갱신되어야 하는 휴머니즘에 대해 언급했을 뿐이다. 시몽동은 '휴머니즘이란 인간적인 어떠한 것도 인간에게 낯선 것이 되지 않도록 하기 위해 인간 존재자에게 상실되었던 것을 자유로운 상태에서 누릴 수 있도록 다시 되돌려주는 의지'(시몽동, 2011: 148)라고 이해하였으나, 이런 "휴머니즘은 단번에 정의될 수 있을 하나의 독트린도, 심지어 하나의 태도조차도 결코 될 수 없는 것이다. 각각의 시대가 소외의 주된 위험을 겨냥하면서 자신의 휴머니즘을 발견해야만 한다"고 주장했다(시몽동, 2011: 150). 만약 '인간-기계 앙상블'의 포스트휴먼 사회가 '새로운 휴머니즘'으로서의 포스트휴머니즘을 발견해야 한다면, 어떤 기술적 앙상블을 매개로 조직화된 집단적 관계를 실현시키고자 하는지 포스트휴먼화의 잠재력을 지닌 인간 개체들 스스로 자문해볼 필요가 있다. 기술 네트워크의 증가하는 힘과 더불어 인간의 한계를 넘어서 소통하고자 하는 인간 안의 그 무엇이 개체초월적 관계망으로 조직화되는지가 결국 포스트휴먼 집단의 성격을 규정할 것이다. 포스트휴먼이 단지 기술의 효과인 것만은 아닌 것이다.

이 글은 《범한철학》 (제72집, 2014년 3월)에 게재되었던 학술논문을 다소 수정한 것이다.

확장된 마음과
자아의 확장

신상규

2.

1.   확장된 마음 논제와 운반자 외재주의

디지털 기술은 그것이 아니었다면 불가능했을 다양한 종류의 융합 (convergence)을 가능하게 만들었다. 하드웨어 장치들의 융합, 매체들의 융합, 다양한 애플리케이션의 융합 등이 그것이다. 그런데 가장 흥미로운 형태의 융합은 스마트폰과 같은 디지털 장비와 그 사용자 간에 발생하는 융합이다. 만약 우리가 스마트폰을 우리 인지 과정의 외화(externalization)로 간주한다면, 여기에는 주체와 도구 사이의 융합, 우리의 인지적 주관성과 그러한 인지 활동을 보조하거나 대체하는 장치 간의 융합이 있다. 인간과 디지털 기술 사이에 성립하는 이러한 융합은 인간, 도구, 환경 사이의 경계에 대한 근본적인 재검토를 요구한다. 자아와 도구 사이의 경계가 모호해지고 불분명해짐에 따라 자아에 대한 새로운 접근 방식이 요구되는 것이다.

최근 철학이나 인지심리학에서 인간 마음을 외부세계로 확장된 그 무엇으로 이해하려는 여러 시도가 있었다. 가령 앤디 클라크(Andy Clark)와 데이비드 찰머스(David Chalmers)는 우리가 외부 도구의 도움을 빌려서 인지적 활동을 수행할 때, 이 인지적 도구들과 연관된 머리 바깥의 상태나 과정들 또한 우리 마음이나 인지적 과정의 일부로 간주될 수 있다고 주장한다 (Chalmers & Clark, 1998). 이른바 확장된 마음(extended mind)의 논제이다. 확장된 마음 논제는 우리의 심성(마음)이 유기체(신체)의 내부 혹은 그 두뇌에 한정되지 않고, 피부의 경계를 넘어서 바깥으로 확장된다고 주장한다. 가령 찰머스는 앤디 클라크의 책 *Supersizing the Mind*(2008)의 서언에서 "아이폰은 나의 도구가 아니다. 혹은 온전히 나의 도구인 것은 아니다. 그것의 일부는 내 마음의 일부가 되었다"라고 선언한다. 이는 아이폰과 같은 외적 장치들이 우리 두뇌와 올바른 방식으로 결합할 경우 그것들 자체가 심성의 일부로 간주될 수 있다는 주장이다.

찰머스와 클라크는 자신들의 주장을 '수동적' 외재주의와 구분해 '능동적' 외재주의로 규정한다. 퍼트넘이 쌍둥이 지구 논증을 통해 옹호한 바 있는 수동적 외재주의는 원위(distal)의 환경적 요인이나 역사적 요인과 같은 외부적인 요소들이 심성상태의 내용(content)을 결정한다는 내용 외재주의 이다. 우리의 심성상태는 'that 절'로 표현될 수 있는 내용을 가지며, 내용은 특정 믿음과 같은 모종의 심성상태를 바로 그 믿음상태로 만들어주는 동 일성 혹은 개별화의 조건으로 작용한다. 그런데 그 내용을 결정하는 것이 바로 외적인 환경 속에 위치한다는 것이다. 하지만 이러한 내용 외재주의에 따르면, 내용을 갖는 심성상태 자체나 그것들을 변형하고 조작하는 심성과 정은 여전히 바깥이 아니라 우리의 안에 있다. 즉 생각의 내용은 외부적인 요인에 의해 결정된다 하더라도, 그것을 운반(담지)하고 있는 물리적 상태는 모종의 신경상태나 과정과 동일하거나 그것들에 의해 구현(realized)된다. 말 하자면 내용의 운반자는 우리의 두뇌 속에 있다는 것인데, 이러한 입장을 운반자 내재주의(vehicle internalism)로 부를 수 있다(Baker, 2009).

이에 반해 찰머스 등이 주장하는 바는, 내용을 담지하고 있는 물리적 상태나 그것을 변형하고 조작하는 과정 자체도 반드시 신체 내부에서 일어 날 필요는 없다는 일종의 운반자 외재주의(vehicle externalism)이다. 즉 이들은 내용 외재주의를 넘어서, 심성상태나 과정의 물리적인 운반자까지도 신체 바깥에 위치할 수 있다고 주장한다. 가령 클라크는 확장된 마음을, 인지의 물리적 운반자가 두뇌, 신체, 그리고 물리적 환경 자체의 어떤 측면으로까 지 퍼져나갈 수 있다는 견해로 규정한다(Clark, 2005: 1).

이러한 운반자 외재주의의 주장을 추동하고 있는 중요한 직관 중의 하나는 유기체가 자신의 바깥에 존재하는 환경적 구조 혹은 도구나 기술 과 결합할 때, 단지 수행하는 일의 효율성을 높일 뿐 아니라 수행할 수 있 는 일의 근본적인 범위의 확장을 가져온다는 것이다. 가령 인간은 환경적 구조 혹은 외부의 장치와 결합함으로써, 그 전에는 도저히 할 수 없었던 많

2장 ─확장된 마음과 자아의 확장

을 일들을 수행할 수 있게 된다. 이때 우리는 문제 해결의 엔진을 단지 인간만이 아니라 환경이나 비생물학적인 외부의 도구를 그 일부로 포함하는 탄력적이고 개방적인 통합된 시스템으로 간주할 수 있다. 만약 인간 내부의 구조를 그대로 유지한 채 이 외적인 요소들을 제거하고 나면, 인간은 마치 두뇌의 일부를 제거했을 때와 마찬가지로 문제 해결이나 행위 능력의 심대한 저하를 겪게 될 것이다. 가령 아이폰 사용이나 인터넷 연결이 불가능한 어떤 장소에 격리되어 있는 상황을 상상해보라.

그런데 통합 시스템에서 처리되는 일들의 많은 부분은 인간의 내부가 아니라 바깥에서 일어난다. 만약 바깥에서 일어나는 그런 과정이 인간 내부에서 일어나는 과정과 결합해 문제 해결을 위한 전체 과정의 일부로 작용하고 있다면, 그리고 그것들이 두뇌 속의 인지과정이 환경적 변화의 지각이나 행동의 산출에 기여하는 것과 유사한 방식으로 인간의 지각이나 행동 산출에 능동적으로 기여하고 있다면, 그것들에 인지적 지위를 부여하지 않을 이유가 없다는 것이 바로 운반자 외재주의자의 직관이다.

운반자 외재주의를 떠받치고 있는 철학적 기초는 매우 자유로운 형태의 기능주의이다. 기능주의에 따르면 심성은 다양한 물질적 기반 위에 실현될 수 있으며, 그 실현 기반의 물질적 구성은 심성상태나 과정의 심성적(인지적) 지위를 결정함에 있어 별다른 역할을 하지 않는다. 이는 심성상태나 과정이 기본적으로 기능적 종의 범주에 속하기 때문이다. 어떤 심성적 상태나 과정을 심성(인지)적인 것으로 만드는 것은 그것들이 속하는 인지시스템 내에서 그것들이 수행하는 인과·기능적 역할이다. 이러한 기본 생각을 확장해, 심성상태나 과정을 실현하고 있는 운반자가 물리적으로 어디에 위치하는지도 그 심성적 지위에 아무런 영향을 끼치지 않는다는 것이 확장된 마음 논제의 주장이다. 여기서 중요하게 고려해야 할 것은 그것들이 전체 시스템 내

에서 담당하는 인과·기능적 역할이다.[1]

그런 점에서 확장된 인지는 기능적 상태나 과정으로서의 심성을 실현하고 있는 수반적 기초의 확장에 대한 주장이다. 즉 확장된 인지는 기능주의의 직관을 보다 자유로운 방식으로 확장해, 두뇌와 신체, 감각기관과 운동, 그리고 비생물학적 도구들의 정보담지적 상태를 통합하는 확장된 시스템 전체가 심성상태나 과정의 수반적 기초를 구성한다고 주장한다. 이때 외부의 환경적 구조나 도구, 기술에 대해서 심성(인지)적 지위를 부여하기 위해 동원되는 기준은, 우리의 내적인 두뇌 상태나 과정을 심성적인 것으로 규정할 때 적용하는 것과 동일한 기준이다. 어떤 점에서 확장된 마음의 주장은 심성의 기능주의적 기준을 보다 철저히 일관되게 적용한 결과로 볼 수 있다. 우리의 두뇌 혹은 신체의 내부라는 위치가 심성의 지위와 관련해 어떤 특권적 지위를 누릴 별다른 이유를 가지고 있지 않다면, 그리고 우리 외부의 어떤 상태나 과정이 기능주의가 부과하는 심성의 기준을 모두 만족시키고 있다면, 기능주의가 그것들의 심성적 지위를 인정하는 것은 일종의 논리적 귀결이다. 만약 기능주의를 받아들이면서 이러한 귀결을 거부하고자 한다면, 두뇌 내부의 위치가 어떤 특권적 지위를 누리고 있음을 밝히거나, 외부의 상태나 과정이 기능주의의 기준을 온전히 만족시키지 못하고 있음을 보여줘야 한다. 이러한 점을 찰머스는 다음과 같이 적고 있다.

> 우리가 필요로 하는 모든 것은 동등성의 원리에 의해 포착되는 매우 약한 기능주의다. 거칠게 말해서 어떤 상태가 인지적 네트워크 속에서 심성적 상태와 동일한 인과적 역할을 수행한다면, 심성이 있음을 추정할 수 있다. 이

---

1   확장된 마음 논제가 갖는 이러한 자유로운 기능주의적 성격은 인지의 신체성에 주목하는 좁은 의미의 체화된 마음 논제와 미묘한 긴장관계를 유발한다. 이 점에 관해서는 신상규의 「반두뇌중심주의와 기능주의의 딜레마」를 참조하라.

는 (단순히 안과 바깥이라는 원초적인 차이가 아니라) 오직 이 둘 사이의 적절한 차이를 보여줌으로써만 물리칠 수 있는 추정이다(Clark, 2008: xv).

그런데 이 구절에 등장하는 '동등성(parity)의 원리'라는 표현 때문에 확장된 마음 논제에 대한 많은 불필요한 반론들이 제기되었다. '동등성'은 그것을 평가하는 기준이나 준거의 척도(조밀함)에 따라 상이한 판단이 가능할 수 있는 맥락 의존적 개념이다. 가령 아담스와 아이자와는 이 동등성의 개념을 아주 강하게 이해함으로써, 신경적 과정과 외부에서 일어나는 과정은 그 기저에서 진행되는 물리적 인과기제의 차원에서 전혀 공통점을 찾을 수 없으므로, 확장된 마음의 주장이 틀렸다고 비판한다(Adams & Aizawa, 2001, 2008). 나는 아담스와 아이자와의 이러한 비판이 확장된 마음 논제에 대한 오해로부터 비롯된 것이라 판단한다. 그들의 비판은 동등성에 대한 요구를 기능적 규준의 유사성을 넘어서서 물리적인 인과적 과정의 동등성과 같은 실질적인 유사성을 요구하는 것으로 이해한 것이다. 그러나 위의 구절에서 언급된 동등성은, 기실 심성을 정의하는 기준의 동일성이다. 이는 두뇌 내부의 과정에 적용되는 심성적 지위의 기준이 그 바깥에 대해서도 동등하게 적용되어야 한다는 주장에 불과하다. 이 기준에 따르면 두뇌 바깥의 상태나 과정이 심성적 지위를 획득하기 위해서는 모종의 적절한 인과·기능적 역할을 수행하기만 하면 되는 것이지, 두뇌 내부의 과정과 정확히 일치하는 기능적 역할을 수행해야 할 필요는 없다.

앞서 나는 확장된 마음의 기본적인 직관은 인간과 외적 환경(도구, 기술)의 통합된 시스템이 갖는 문제 해결 능력의 확장 때문이라고 주장한 바 있다. 그러한 직관에 보다 충실한다면, 내적 과정과 외적 과정의 유사성이나 동등성을 강조하기보다 이들 사이에 존재하는 차이점을 강조하고 그것들의 통합에서 오는 상보성을 강조하는 것이 더 현명한 태도인 것처럼 보인다. 가령 우리 인간은 얼굴인식과 같은 능력에서 매우 뛰어나지만, 복잡한 수학적 연산 능력에서는 많은 어려움을 겪는다. 반대로 디지털 컴퓨터는 얼굴인식 능력은 인간보다 못하지만, 수학적 연산 능력은 우리를 훨씬 뛰어 넘는다. 그런데 인간 내부의 과정과 외부의 환경적 과정은 이처럼 서로 차이 나는 특징들 때문에 각기 독립적으로는 수행할 수 없었던 많은 일들을 서로 결합함으로써 수행할 수 있게 된다. 만약 그러한 차이가 없었다면, 외적 과정이 우리의 인지적 능력의 확장에 기여할 수 있는 정도는 매우 제한적이었을 것이다. 그런 점에서, 확장된 마음 논제에 접근하는 올바른 방식은 유사성에 입각한 동등성이 아니라 오히려 내적 과정과 외적 과정의 차이를 전제한 일종의 상보적 통합(integration)의 관점이다.

2. 확장된 마음에서 확장된 자아로

그런데 확장된 마음의 주장에 따를 때 바깥으로 확장되는 것은 도대체 무엇인가? 찰머스와 클라크의 주장에 따르면, 심성의 확장은 최소한 세 가지 차원에서 말할 수 있다. 먼저 첫 번째 말할 수 있는 확장은 인지적 과정(process)의 확장이다. 이들은 그 대표적인 사례로 테트리스 게임을 수행하는 두 가지 방식을 들고 있다. 우리는 테트리스 퍼즐을 하는 과정에서 마음속으로 테트리스 모양을 회전시켜가면서 게임을 할 수 있다. 그러나 다른 한편으로 우리는 컴퓨터 화면상으로 테트리스 형태를 회전시켜가면서 눈으로 확인하며 퍼즐을 맞출 수도 있다. 후자의 경우가 바로 외부에서 일어나는 인지적 과정이다.

두 번째 말할 수 있는 확장은 성향적 믿음이나 기억과 같은 인지적 상태(state)의 확장이다. 그들이 들고 있는 사례는 알츠하이머병을 앓고 있는 오토의 노트북에 저장된 문장 혹은 정보이다. 오토의 노트북에는 "미술관은

53가에 있다"라는 미술관의 주소에 대한 정보가 저장되어 있으며, 오토는 미술관에 가려고 할 때는 언제든지 노트북을 열어서 그것을 확인하고 이용한다. 노트북에 저장된 이러한 정보는 기억이나 성향적 믿음에 해당한다.

인지적 과정과 상태의 확장을 좁은 의미에서 마음의 확장이라고 부를 수 있다면, 마지막으로 이야기 할 수 있는 것이 자아(행위자)의 확장이다. 인간은 외부의 자원과 결합해 일시적인(transitory) 통합적 시스템을 구성하게 되는데, 찰머스와 클라크는 이를 확장된 자아로 간주할 수 있다고 주장한다.

> 확장된 마음은 확장된 자아를 함축하는가? 그렇게 보인다. ······ 오토의 노트북에 있는 정보는 인지적 행위자로서 그의 정체성의 중심적인 일부이다. 이것이 말하는 바는, 오토 그 자신이 생물학적 유기체와 외적인 자원의 결합인 확장된 시스템으로 잘 간주될 수 있다는 것이다. 이러한 결론에 일관되게 저항하려면, 우리는 자아를 그 심층의 심리학적 연속성을 심각하게 위협하면서 발생적인 상태들의 단순한 묶음으로 축소시켜야만 한다. [그보다는] 더 넓은 견해를 취해, 행위자들 자체가 세계 속에 퍼져나가 있는 것으로 간주하는 것이 훨씬 나을 것이다(Chalmers & Clark, 1998: 18).

우리는 확장된 마음의 주장에 대해 여러 가지 불편함을 느낄 수 있다. 그런데 가장 근본적인 불편함 중의 하나는, 설령 외적인 과정이나 상태에 모종의 인지적 성격을 부여한다 하더라도, 어떻게 그것들을 '나'의 마음의 확장으로 간주할 수 있는가의 문제와 관련된 자아의 확장에 관한 의문일 것이다. 이 글의 목적은 이러한 의문에 답하면서 확장된 자아에 대한 한 가지 이해 방식을 옹호하는 것이다.

확장된 마음이라고 말할 때, 확장은 항상 어떤 무엇을 중심으로 일어날 것이다. 외부의 상태나 과정을 확장된 인지과정으로 이해할 수 있다면,

그러한 확장의 중심에는 이러한 상태나 과정의 주체가 있어야 한다. 즉 확장의 중심에는 나 혹은 나의 심성이 있으며, 외적인 작용은 나 혹은 나의 심성의 확장이다. 그런데 이는 나에게 속하는 인지과정이 나의 신체 바깥에 있음을 함축한다. 나에게 귀속되는 혹은 내가 소유하고 있는 인지과정은 분명히 '나'의 일부이다. 거시적인 일상적 대상에 적용하는 기준에 입각하자면, 어떤 대상은 그것의 부분들이 위치한 곳, 오직 그곳에만 위치한다. 일상적 대상의 공간적 위치에 적용되는 이 같은 기준을 인지에도 동일하게 적용할 경우, 나에게 속하는 인지적 부분이 위치한 곳이라면 그곳이 어디이든 간에 나(자아) 또한 거기에 존재해야만 한다는 결론이 도출된다. 이는 결국 내가 나의 신체 바깥에도 존재함을 의미하는 것이 아닌가? 그렇다면 나는 단순히 나의 육체 안에 한정되어 위치하는 것이 아니라, 모종의 분산된(distribu-ted) 상태로 저 바깥에도 위치해야 한다고 말해야 하지 않겠는가?

이렇게 이해했을 때 확장된 마음은 외적 요소로 간주되었던 신체나 세계의 역할을 새롭게 재해석할 방안을 제시할 뿐 아니라, 더 나아가 자아의 개념도 새롭게 재해석할 것을 요구하는 것처럼 보인다. 단순히 심성과정이나 상태의 확장을 말하는 '확장된 마음'의 주장과 그 주체인 자아의 확장을 말하는 '확장된 자아'의 주장은 분명 구분되는 주장이다. 그런데 찰머스나 클라크는 앞의 인용문을 통해서도 알 수 있듯이, 확장된 마음의 주장이 확장된 자아의 주장을 함축한다고 생각한다. 어떤 측면에서 그러한 함축은 너무나 당연한 것으로 보이기도 한다.

에릭 올슨(Eric Olson)은 확장된 자아의 주장을 사유하는 존재로서의 자아의 공간적 경계 혹은 공간적 위치의 확장에 관한 주장으로 이해한다 (Olson, 2011). 확장된 자아 논제는 자아를 구성하는 부분이 유기체의 피부 바깥에 위치하며, 그에 따라 심성상태의 주체가 피부의 경계를 넘어서 확장된다는 주장이라는 것이다. 그런데 올슨은 확장된 마음 논제가 곧장 확장된 자아의 주장을 함축하는 것은 아니라고 주장한다. 가령 나에게 귀속되는 인지적 상태나 과정이 나의 일부가 아닌 어떤 것에 의해 실현되는 것이 가능하다면, 확장된 마음의 주장으로부터 확장된 자아의 주장이 도출되지는 않는다. 올슨은 데카르트의 실체이원론이 그러한 사례에 해당한다고 생각한다. 실체이원론이 참이라면 나(마음)는 분명 나의 육체와 구분된다. 그런데 나의 기억이 부분적으로 나의 두뇌에 저장됨을 인정한다면, 나에게 귀속되는 인지적 상태가 분명 비물질적 실체(substance)인 주체의 경계 바깥에 존재할 수 있다. 따라서 올슨은 확장된 마음에서 확장된 자아로 나아가기 위해서는 '어떤 존재의 심성상태는 전적으로 그 내부에 위치해야만 한다'는 추가적인 전제가 필요하다고 주장한다. 그는 이를 심성-상태 내재주의(mental-state internalism)라는 이름으로 부른다(404). 심성-상태 내재주의에 따르면, 어떤 존재(행위자)의 심성상태는 그 존재의 경계를 넘어서 확장될 수 없다.

올슨에 따르면, 심성-상태 내재주의는 당연한 것이 아니라 정당화를 필요로 하는 주장이다. 올슨은 찰머스나 클라크가 염두에 두었을 가능성이 있는 다음 논증을 검토한다. 이 논증은 기본적으로 어떤 사람의 자아(인지의 주체)는 그 사람의 마음과 동일한 것임(one = one's mind)을 전제로 받아들인다.

i)   오토의 마음은 그의 심성상태가 확장되는 만큼 확장된다. (Otto's mind extends as far as his mental states extend.)

ii)   오토는 오토의 마음과 동일하다. (Otto = Otto's mind)

iii)   따라서, 오토는 그의 심성상태가 확장되는 만큼 확장된다. (Otto extends as far as his mental states extend.)

i)의 전제는 확장된 마음에 해당하는 주장이다. ii)는 인지적 주체로서의 오토가 오토의 마음과 동일함을 주장한다. iii)의 결론은 확장된 자아

에 해당하는 주장이다. 그런데 올슨이 적절히 지적하고 있듯이, 이 논증은 애매어의 오류를 저지르고 있는 듯이 보인다. i)에 등장하는 '오토의 마음'은 사실 '오토의 심성상태'를 달리 표현한 것에 불과하다. 그런데 ii)에서 사용된 '오토의 마음'은 '오토의 심성상태의 주체'라는 의미로 사용되고 있다. 그렇다면 결국 이 논증은 '오토의 심성상태가 피부를 넘어 확장'되므로, 그 결과 '그 상태들의 주체(오토)가 확장된다'는 주장을 반복하고 있는 것에 불과하며, 심성-상태 내재주의의 참을 이미 전제하고 있다.

나는 위의 논증이 심성-상태 내재주의를 입증하는 논증으로서 실패한다는 올슨의 주장에 동의한다. 하지만, 나는 심성-상태 내재주의는 일종의 추정의 보호를 받는 원칙이라고 생각한다. 따라서 누군가에게 이와 관련된 입증의 책임을 물어야 한다면, 그 입증(반증)의 책임은 그 원칙을 수용하는 사람이 아니라 그 원칙을 거부하는 측에서 져야 한다. 만일 누군가가 그 원칙을 인정하지 않아야 할 어떤 결정적인 이유를 제시하지 않는 한, 우리는 추정의 원칙에 따라 심성-상태 내재주의를 유지하게 된다. 올슨은 심성-상태 내재주의를 거부하는 철학자로서 자신과 함께 베이커와 같은 사람을 언급하고 있다. 나는 이들이 심성-상태 내재주의를 거부할 어떤 적절한 이유를 제시하는 데 실패했다고 생각한다. 올슨이나 베이커는 비록 서로 다른 내용의 주장을 펼치지만, 자아 혹은 행위자를 규정함에 있어서 모종의 유기체 중심주의를 옹호하는 공통점을 가지고 있다.

먼저 올슨의 주장을 간략히 살펴보도록 하자. 올슨의 전략은 일종의 귀류논증을 통해 확장된 자아의 주장으로부터 우리가 수용하기 힘든 반직관적인 결론을 도출하는 것이다. 그의 기본 논증을 간략하게 재구성하면 다음과 같다. 이 논증을 통해 그는 먼저 오토가 생물학적 유기체가 아니라는 결론을 도출한다(Olson, 2011: 486).

2장 -확장된 마음과 자아의 확장

1)   만약 오토가 확장된 자아라면, 노트북의 사용 여부에 따라 오토는 확장되거나 줄어든다(오토의 노트북이 언제나 오토의 일부인 것은 아니다. 만일 그가 그것을 사용하기를 포기했다면, 그것은 더 이상 오토의 일부가 아닐 것이다).

2)   유기체 O는 노트북을 사용하는가 여부에 따라 커지거나 줄어들지 않는다(노트북이 오토의 일부라고 하더라도, 그것은 O의 일부는 될 수 없으며 O의 환경에 속한다).

3)   따라서 오토는 생물학적 유기체 O가 아니다.(Otto≠biological organism O)

올슨은 3)의 결론에서 한 걸음 더 나아가 오토는 '어떤 시점에 노트북을 그 일부로 가질 수 있음'과 같은 양상적(modal) 속성을 갖지만 유기체 O는 그런 속성을 가질 수 없으므로, '오토는 본질적으로 유기체가 아닐 뿐 아니라 우연적이거나 일시적으로도 유기체일 수 없다'는 보다 강한 결론을 이끌어낸다. 그리고 이를 일반화해, 당장은 외적 심성상태를 가지지 않는다 하더라도, 추후에 외적인 심성상태를 가질 수 있는 (혹은 '어떤 시점에 노트북을 그 일부로 가질 수 있음'과 같은 양상적 속성을 갖는) 그 어떤 존재도 유기체가 아니라는 결론을 도출한다. 유기체는 그러한 양상적 속성을 가질 수 없기 때문이다. 결국 자아의 확장이 가능한 모든 존재는 유기체가 아니라는 것이다.

오토처럼 자아의 확장이 가능한 모든 심성적 존재는 유기체가 아니라는 주장은 얼핏 보기에 매우 과격한 주장처럼 보인다. 그러나 곰곰이 생각해보면, 이것이 바로 확장된 마음 논제가 궁극적으로 함축하는 바이며 그 내용 자체도 그렇게 과격적이지 않다. 오토와 유기체 O의 동일성을 부정하는 문장은 그것들을 개별화하는 동일성의 기준이나 지속성의 조건이 서로 다르다는 주장이다. 그것은 결코 오토와 유기체 O가 전혀 별개의 존재임을 말하는 것이 아니다. 가령 오토는 1인칭적 관점이나 행위의 수행 능력/

책임 등과 같은 개념을 통해 개별화된다. 이에 비해, 유기체 O는 그것의 생물학적 구성이나 기능을 통해 개별화될 것이다. 그럼에도 불구하고, 이는 가령 노트북을 사용하기 이전의 어느 특정 시점에 오토와 유기체 O가 외연적으로 사실상 일치할 가능성과 충분히 양립 가능한 주장이다. 올슨의 3)의 결론이 말하고자 하는 정확한 내용은 $\sim\forall F(Fotto \leftrightarrow Fo)$와 같은 기호화된 문장으로 표현될 수 있다. 이는 결국 $\exists F\sim(Fotto \leftrightarrow Fo)$의 주장으로, 오토는 가지고 있지만 유기체 O는 갖지 않는 속성이 있을 수 있다는 주장이다. 이와 같은 방식으로 3)의 결론을 이해한다면, 이는 확장된 자아의 주장에 아무런 위협이 될 수 없다.

그런데 올슨은 이 주장을 마치 $\forall F\sim(FOtto \leftrightarrow FO)$의 주장으로 이해하고 있는 듯하며, 그것에 입각해 확장된 자아 논제에 대한 추가적인 비판을 전개하고 있다. 그중의 하나가 그가 '너무 많은 사유자의 문제(problem of 'too many thinkers')'라고 부르는 문제이다. 우리는 우리의 신체에 해당하는 성숙한 정상적인 인간 유기체가 사유할 수 있음을 부정하지 않는다. 그런데 올슨에 따르면, 확장된 자아로서의 나와 나의 신체(유기체)가 서로 다르고 유기체 또한 사유함을 인정한다면, 현재 이 논문을 쓰고 생각하는 존재는 하나가 아니라 둘이 있게 된다. 말하자면, 한 명의 사유자가 있어야 하는 곳에, 두 명의 사유하는 존재가 있다는 것이다. 유기체가 아닌 인격(person)으로서의 나와 그것과 구분되는 유기체가 바로 그것이다. 나는 올슨의 이러한 주장은 3)의 동일성 부정 문장을 부당하게 이해함으로써 생겨나는 터무니없는 결론이라고 생각한다. 앞서도 지적했듯이, 3)의 결론이 말하는 바는 사유 주체로서의 자아 혹은 인격의 개별화/동일성 조건과 유기체의 개별화/동일성 조건이 서로 다르다는 것 그 이상도 이하도 아닌 주장이다. 굳이 말하자면, 오토와 유기체 O의 관계는 전체와 부분의 관계로서 이들은 일종의 구성적(constitutive) 관계에 놓여 있다. 청동 덩어리는 청동으로 만들어진 동상을 구성하지만, 이들의 관계가 정확히 동일성 관계인 것은 아니다. 청동 동상은 어떤 특정 시점에 특정의 형태를 띠고 있다. 그런데 동일한 시점에 청동 덩어리도 청동 동상과 동일한 형태를 띠고 있을 것이다. 이때 특정한 형태를 지닌 두 개의 대상이 존재하는가? 올슨은 마치 이때 두 개의 서로 다른 대상이 존재한다고 말하는 것처럼 보인다. 대상을 구획하는 두 가지 다른 동일성(정체성)의 기준이 있다고 해서, 수량적으로 구분되는 서로 다른 두 개의 대상이 존재해야 하는 것은 아니다.

올슨은 여기에 그치지 않고, 확장된 자아의 입장에서 O의 심리학적 상태에 대해 말할 수 있는 바가 무엇인지를 따져 볼 경우, 확장된 자아 논제는 다음과 같은 딜레마에 빠진다고 주장한다. 가령 노트북에 위치한 정보가 외부의 기억상태로 인정될 수 있다면, 그것의 귀속 주체는 유기체 O가 아니라 오토가 될 것이다. 이는 유기체 O는 노트북에 위치한 외적 심성상태의 주체가 아니라는 말이다. 만일 그렇다면, O가 최초에 노트북을 사용하는 순간에 노트북에 있는 정보가 오토의 믿음은 되지만 O의 믿음은 되지 않는다면, O에게는 도대체 무슨 일이 일어나는가?

올슨은 여기에서 오직 두 가지의 가능성만이 있다고 생각한다. 그 첫 번째 선택지는 O는 오토와 동일하지 않으므로, O가 갑자기 모든 심성상태의 주체가 아니게 되는 것이다. 그러나 노트북을 사용하는 순간에 어떤 존재의 모든 심성적 삶이 끝난다는 것은 믿기 어렵다. 그렇다면 올슨을 따를 때, 남아 있는 유일한 선택지는 O가 원래부터 심성상태(속성)를 갖지 않았다고 주장하는 것이다. 보다 일반화시켜 말한다면, 모든 유기체는 어떠한 심성적 속성도 가질 수 없는 존재임을 인정하는 것이다. 이러한 결론에 따르면, 유기체는 의식적이며 사유하는 존재의 신체일 수는 있지만, 유기체 자체가 생각하거나 의식적이 되는 것은 형이상학적으로 불가능하다. 따라서 올슨은 확장된 자아의 주장은 심성적 속성을 가진 유기체는 있을 수 없다는 결론을 함축한다고 주장한다. 그 결과 확장된 자아의 주장은 일종의 마음-육체 이원론, 보다 정확히 말해서 마음-생명 이원론으로 귀착된다. 이는 심리학적 존재와 생물학적 존재 사이의 실체 이원론이며, 생각하는 존재가 살아있는 존재(living thing)일 수 있음을 부정하는 주장이다(Olson, 2011: 448).

나는 올슨이 제시하는 딜레마 자체가 잘못 설정된 문제이며, 딜레마에서 각 축의 전개도 3)의 결론을 $\forall F \sim (Fotto \leftrightarrow Fo)$의 주장으로 이해하지 않는다면 도저히 정당화될 수 없다고 생각한다. 앞서 언급했듯이, 유기체 O는 오토를 구성하며 이들 사이의 관계는 부분과 전체의 관계로 생각될 수 있다. 확장된 마음 혹은 확장된 자아의 주장에 따르면, 오토가 노트북을 사용함으로써 생기는 변화는 오토의 구성적 기반이 확대되는 것이지, 유기체 O가 오토의 구성적 부분이기를 그치는 것이 아니다. 물론 노트북에 저장된 믿음의 귀속 주체는 유기체 O가 아니라 오토이다. 하지만, 유기체 O도 확장된 자아의 구성적 일부인 한에 있어서, 제한적인 의미이기는 하지만 그 믿음의 주체로 생각될 수 있다. 유기체 O는 그 자체로(per se) 그러한 믿음의 소유주체가 아닐지는 모르지만, 확장된 자아인 오토의 일부로서 여전히 그러한 믿음을 소유하는 주체의 일부일 수가 있다는 것이다. 따라서 오토가 노트북을 사용한다고 해서, O가 심성적 주체이기를 그치거나 혹은 원래부터 심성적 주체가 아니었다는 결론은 터무니없는 전제에 입각한 거짓된 딜레마에 불과하다.

3. 자아에 대한 유기체/신체 중심주의

올슨의 주장에 비한다면 베이커의 주장은 훨씬 온건한 입장이다. 어떤 차원에서 보자면, 확장된 자아의 주장과 베이커의 입장 사이의 대립은 어떤 실질적인 차이에 대한 것이라기보다 상당 부분 언어적 분쟁일 가능성이 크다. 먼저 확장된 자아와 관련된 베이커의 주장이 무엇인지를 간단히 살펴보자(Baker, 2009). 베이커의 주장에서 가장 핵심이 되는 것은 인격(자아)의 개념이다. 그녀에게 있어서 인격 혹은 자아는 경험의 지속적인 주체(enduring subject) 혹은 통합된 신체를 가진 행위자의 개념이다. 그런데 이러한 인격은 우리의 신체(유기체)에 의해 **구성되는** 물질적 존재이다. 인격과 그것을 구성하는 신체(유기체)는 그 지속(persistence) 조건이 서로 다르므로 동일성의 관계에 있지 않다. 인격은 그 자신을 그 자신으로 생각할 수 있는 개념적 능력인 1인칭적 관점을 가지는 한에서 지속한다. 이에 비해 유기체는 모종의 생물학적 기능을 유지하는 한에서 지속하는 3인칭적 지속조건을 갖는다. 따라서 사람은 본질적으로 생물학적 존재가 아니지만, 유기체는 본질적으로 생물학적이다. 유기체가 1인칭적 관점을 지니게 되면 인격이 된다. 그런데 유기체와 1인칭적 관점의 결합은 진화의 역사에 등장한 우연적 관계이다. 하지만, 인격과 1인칭적 관점의 관계는 본질적이다.

　　베이커에 따르면, 1인칭적 인격과 유기체 사이의 관계는 구성적인 관계이고 그것들의 결합은 우연적인 것이므로, 인격은 인격하부(subpersonal) 차원에서 얼마든지 유기적이 아닌 생체공학적 요소들을 그 부분으로 가질 수 있다. 비생물학적 요소들은 인격하부 상태에서 이루어지는 인지과정에서 핵심적인 역할을 담당할 수 있다. 과학의 발달에 따라 인간 유기체와 기계의 경계가 점점 옅어져 가는 추세를 보았을 때, 그녀는 인격이 유기체와 기계가 통합된 신체로 구성되거나 혹은 먼 미래에 순수한 기계만으로 이루어진 인공적 신체로 구성될 수 있는 가능성도 배제하지 않는다. 다시 말해 비유기적인 인공 장치들이 인격의 심성상태에 대한 물질적 운반자일 수 있다는 것이다. 베이커는 한 걸음 더 나아가 인격이 인지적으로 확장될 수 있다는 운반자 외재주의의 주장에도 동의한다. 가령 오토는 노트북과 같은 비생물학적 요소로 이루어진 운반자에 의해 구성되는 심성상태나 과정을 가질 수 있다. 따라서 그녀는 확장된 마음 논제에 대해 전혀 반대하지 않는다.

　　베이커가 동의하지 않는 지점은 확장된 마음의 주장에서 확장된 자아(인격)의 주장으로 나아가는 부분이다. 그녀는 오토와 그의 노트북을 부분으로 포함하는 통합적인 인지시스템이 있다는 것에 동의한다. 그러나 그렇다고 해서 오토가 그의 노트북을 포함하는 확장된 존재로 되는 것은 아니다. 베이커에 따르면, 인격으로서의 오토는 단순한 인지시스템이 아니다. 오토는 인격으로서 1인칭적 관점을 지닌 구체적 개별자이며, 그의 신체에 의해 구성되는 존재이다. 하지만 오토와 노트북의 결합, 혹은 오토의 신체와 노트북의 결합은 아무것도 구성하지 못하며, '오토와 그의 노트북'으로 지칭되는 개별자는 존재하지 않는다. 그런 점에서 오토는 오토와 노트북의 결합인 인지시스템에 대해서 존재론적 우선성을 갖는다.

　　베이커는 확장된 인지를 주장한다고 해서 지속적인 인격으로서의 자아가 바뀌게 되는 것은 아니며, 여기서 인지적 행위자에 해당하는 것은 여전히 그의 신체로 구성된 오토뿐이라고 생각한다. 달리 말해서, 인격은 신체에 의해 구성될 뿐 아니라, 인격은 그것을 구성하는 신체와 공간적으로 일치하며 그것을 넘어 확장되지 않는다는 것이 베이커의 요지이다. 물론 유기적인 신체는 기계와의 결합을 통해 인공적인 신체로 변화될 수도 있다. 그러나 인격을 구성하는 물질적 기반은 바뀔지 모르지만, 1인칭적 관점이 지속되는 한에 있어서 인격은 계속 동일하게 유지된다. 그리고 그러한 물질적 기반의 변화가 지속적인 인격(주체, 행위자)으로서의 나를 바깥으로 확장시키지는 않는다는 것이다. 인격으로서의 우리는 단순한 인지시스템이나 그 구성요소가 아니라, 여전히 행위자이자 경험의 주체이다. 그리고 자신의 신체를 넘어서서 확장되는 인격은 존재하지 않는다. 즉 피부는 인지의 운반자에 대한 경계는 아니지만, 인격이나 그 신체의 경계일 수는 있다는 것이 베이커의 주장이다.

앞서 나는 베이커의 입장을 올슨의 입장과 묶어서 일종의 유기체 중심주의라고 주장했다. 그러나 보다 정확히 말한다면, 그녀의 입장은 자아의 위치에 대한 신체 중심주의이다. 즉 자아의 위치는 그 인격을 구성하는 신체에 국한된다는 것이다.[2] 그런데 인격의 위치가 신체에 국한된다고 생각하는 베이커의 논증은 무엇인가? 자신의 논문에서 명백히 언급하고 있지는 않지만, 그녀는 오직 신체만이 1인칭적 관점을 유의미하게 말할 수 있는 경계라고 생각하는 듯 보인다. 베이커에 따르면 인격은 1인칭적 관점이 유지되는 한에 있어서 존재한다. 그리고 유기적이든 인공적이든 1인칭적 관점을 유지하는 최소한의 물질적 기반은 인격을 구성하는 신체이다. 그 신체가 소멸하는 순간 나 또한 사라진다. 이런 이유로 그녀는 신체가 인격의 물리적 경계라고 생각하는 듯 보인다.

행위자로서의 자아(인격)가 그 물리적 기반인 신체에 의해 구획된다는 베이커의 생각은, 법적 책임의 주체 등과 관련된 현재의 사회적 관행에 비추어 볼 때, 우리의 일상적인 직관과 매우 잘 부합하는 주장처럼 보인다. 그런데 만약 커즈와일과 같은 사람들이 말하는 정신-업로드가 가능해지고, 인간 자아가 현재와 같은 신체로부터 탈피해 일종의 정보로서만 존재하게 되는 경우라면 어떻게 될까? 정보로서 존재하는 자아가 특정의 영구적인 신체와 결합되어 있는 것이 아니라 필요에 따라 자유롭게 그 물질적 기반을 바꿀 수 있거나, 혹은 여러 다른 인격이 개별적으로 분리되지 않은 공통의 물질적 기반을 공유하는 것처럼 자아의 존재방식이 근본적으로 뒤바뀌게 되는 경

---

2   베이커에 따를 때, 나의 신체에 영구적으로 통합된 생체장치는 나의 일부를 구성한다. 인공적인 생체 장치는 오직 다음의 경우의 만족하는 경우에만 인격의 신체 일부가 된다. (a) it is causally integrated with the other parts that maintain the functioning of the body, and (b) it is permanently in place either inside the skin or attached to the skin on the outside.

1부 포스트휴먼의 무대

우라면 어떻게 될까? 이러한 상황은 곧 자아/인격의 죽음에 해당하는가?

그런 극단적인 경우는 아니라 하더라도, 우리는 이미 현실 속에서 유기적 신체에 입각한 자아 개념과 잘 부합하지 않는 다양한 현상들과 마주치고 있다. 가령 인터넷이나 SNS와 같은 가상공간 속에서 우리는 물리적인 접촉이 아니라 온라인상의 활동만을 통해 타인과 정서적 유대를 맺고 사회적인 존재감을 확인한다. 뿐만 아니라 가상공간 속에서는 '현실'의 인격적 정체성과 전혀 다른 성적/정치적/사회적 정체성을 가진 또 다른 '나'라는 복수의 인격성이 가능해진다. 전자적 공동체 덕분에 가능해진 새로운 형태의 소통, 접촉, 현전에 입각해, '현실'과는 매우 다른 조건, 제약, 가능성에 맞추어진 또 다른 나가 생겨나는 것이다. 또한 우리는 문자 채팅 등을 통해 원격으로 떨어져 있는 사람들과 끊임없이 '접촉'하고 있다. 이때 우리는 어떤 의미에서 우리의 신체가 물리적으로 위치한 곳에서만 존재하는 것이 아니라, 전자적인 통신망으로 연결된 원격의 현장에서도 '현전(presence)'한다. 지금은 원격 현전이 화상이나 음성, 문자와 같은 일부의 감각적 양상에 한정된 제한적 방식으로 이루어지지만, 미래에는 분명 나의 물리적 아바타와 같은 대체 신체가 원격에 현전하는 양상을 띠게 될 것이다.

이러한 현상들의 출현이 인격이나 자아 개념에 대해 갖는 함축은 무엇일까? 베이커의 주장은 1인칭적 관점을 지니는 인격이 유지되기 위한 최소한의 물리적 토대에 초점을 맞추고 있다. 나는 찰머스나 클라크가 자아의 확장을 말하면서, 1인칭적 자아가 지속되기 위해 필요한 최소한의 물질적 기반으로서의 신체 개념을 부정하고 있다고 생각하지 않는다. 찰머스나 클라크는 1인칭적 자아의 지속을 위한 물질적 토대가 아니라, 우리가 자아로서 수행하고 있는 일/자기인식/정체성/성격/자기표현과 같은 인격적 특성들의 물질적 토대가 무엇인지에 대해 말하고 있는 것처럼 보인다. 즉 확장된 자아 논제의 주된 요지는 우리가 인격으로서 갖게 되는 여러 본성이나 특징이 1인칭적 자아의 지속을 가능하게 하는 최소한의 물질적 토대인 신체에 의해 결정되거나 한정되지 않으며, 그러한 특성들의 운반자가 나의 신체의 경계를 넘어서 확장된다는 것이다. 따라서 확장된 자아 논제의 의의는 첨단 과학기술의 발전에 따른 새로운 현상들을 이해하고 설명함에 있어서, 베이커식의 신체 개념에 입각한 자아 개념이 갖는 설명력의 한계나 빈곤함을 드러내어 준다는 데에 있다.

4. '내러티브 자아'로 확장된 자아 이해하기

그런 점에서, 확장된 자아의 주장은 단순히 자아의 경계 확장에 관한 주장에 그치는 것이 아니라, 우리가 전통적으로 이해하고 있는 자아/인격 개념의 전복을 의도하고 있다. 전통적으로 자아는 외부세계와 대립되는 통일적인 의식 경험의 주체와 동일시되었다. 이는 나의 신체나 의지를 통제하고 의도와 계획을 만들어내며, 나의 믿음이나 기억, 가치관, 개성 등이 거주하는 장소에 해당하는 생각하는 **것**(res cogitans)으로서의 데카르트적 자아개념을 반영하고 있다. 오늘날의 철학자들은 데카르트가 말했던 비물질적 실체로서의 영혼 혹은 자아라는 개념을 수용하지 않는다. 그럼에도 불구하고 많은 철학자들은 여전히 데카르트의 자아가 담당했던 역할들을 대신 수행하는 어떤 물리적(신체적) 중추가 존재한다는 믿음을 포기하지 않고 있다. 즉 이들은 여전히 의식적 사유나 심성적 활동을 사물(thing)과 같은 성격을 갖는 자아에 귀속시키고, 자아를 모종의 형태나 위치를 점하는 일종의 사물과 같은 것으로 파악하는 어떤 실체적 자아개념을 유지하고 있는 것이다. 자아를 신체라는 대상과 밀접히 결합된 것으로 파악하는 베이커의 입장도, 자아가 일종의 신체적 중추를 갖는다고 생각하는 이런 전통의 연장선상에 놓여 있다고 생각한다.

1부 포스트휴먼의 무대

확장된 자아의 주장은 이러한 자아관에 도전하며, 자아라는 개념의 범주 자체를 다른 방식으로 접근해야 한다고 제안한다. 클라크에 따르면, '자아'라는 개념은 그 심층에서부터 비생물학적인 외부의 도구를 그 일부로 포함하는 탄력적이며 개방적인 시스템을 나타낸다. 그에 따르면, 생존과 재생산 문제의 보다 나은 해결을 위해서 외부의 비생물학적 도구나 자원과 협력하고 그에 맞추어 자신의 활동을 조정하는 것 자체가 인간을 인간으로 만드는 본질적인 특성이다. 그런 점에서 우리의 자아는 우리의 신체나 두뇌 속에 갇혀있는 내부적인 그 무엇일 수 없다. 인간의 자아는 생물학적 두뇌와 비생물학적 회로의 경계를 가로질러서 존재하는 사유/추론/행위의 체계이며, 그것은 결코 생물학적인 두개골이나 피부라는 경계에 의해 한정지어질 수 있는 것이 아니다. 인간-기술(도구)-환경의 공생은 비록 인간에 의해 구성되고 규정되는 것이긴 하지만, 동시에 인간의 가능성이나 잠재력을 근본적인 차원에서 재규정 혹은 조건 지우게 된다. 그 결과, 인간의 자아는 생물학적 두뇌 및 육체, 지능적 도구, 기술의 결합물로써만 그 전모가 드러나는 혼종체적 성격을 띠게 된다.

그런데 여기서 말해지는 자아는 더 이상 실체적인 대상으로서의 자아가 아니다. 이는 자아라는 이름으로서 행해지는 여러 과정이나 활동의 집합에 해당하며, 지속적인 경험의 주체로서의 자아라는 개념은 인지의 기제에서 벌어지는 다양한 상호작용으로부터 구성돼 나오는 '내러티브 자아'의 개념에 의해 대체된다. 데닛은 인간이 다른 동물이나 여타의 존재들과 구분되는 독특한 본성을 언어를 통해 자기 표상을 할 수 있는 능력에서 찾는다. 다른 동물의 경우 자신과 외부세계의 경계는 껍질(가재)이나 피부(호랑이), 혹은 집단(개미떼)을 통해 조직한다. 반면에 인간은 자신에 대한 이야기를 통해 그 경계를 조직한다. 스스로를 보호하고, 통제하며, 자기를 정의하기 위해 거미는 거미줄을 짓고 비버는 댐을 만든다. 그런데 인간은 이야기를 지어냄으로써 자신과 외부세계의 경계를 조직화한다. 즉 우리는 자신이 누구인가에 대해 스스로에게나 다른 사람들에게 끊임없이 이야기를 만듦으로써 자신을 보호하고 통제하며 정의한다.

> 거미가 의식적이거나 의도적으로 거미줄을 어떻게 짤 것인가를 생각할 필요가 없듯이, 비버가 전문적인 인간 공학자와는 달리 자신이 만드는 구조물을 의식적이거나 의도적으로 계획할 필요가 없듯이, 우리는 (전문적인 이야기꾼과는 달리) 어떤 이야기(내러티브)를 말할지, 어떻게 그것을 말할지를 의식적이거나 의도적으로 생각해내지 않는다. 우리의 이야기는 지어진다. 그러나 대부분의 경우 우리가 그것들을 짓는 것이 아니라 그것들이 우리를 지어낸다. 우리의 인간 의식이나 우리의 내러티브적 자아성(selfhood)은 그 이야기의 원천이 아니라, 그 산물이다. 이들 이야기의 줄기나 흐름은 마치 하나의 단일한 원천에서 흘러나오는 것처럼 보인다. 하나의 입에서 흘러나온다는 뻔한 물리적인 의미에서가 아니라, 보다 미묘한 의미에서 그러하다. 청자나 독자에 대한 이것들의 효과는, 그들로 하여금 그 말들을 하는 그리고 그것들이 그 사람에 대한 이야기인 하나의 통일된 행위자(agent)를 상정하도록, 간단히 말해서 내가 내러티브 중력의 중심이라 부르는 것을 상정하도록 조장하는 것이다(Dennett, 1989: 169).

요약하면, 데넷에게 있어서 자아란 어떤 살아있는 신체의 일대기를 구성하는 다양한 이야기들 속에서, 그 이야기들에 통일성과 정합성을 부여하면서 그 이야기 중력의 중심(center of narrative gravity)으로 구성되어 생기는 일종의 이론적 허구이다. 확장된 자아가 말하고자 하는 바는 이 같은 데넷의 내러티브 자아개념을 통해 보다 적절히 이해될 수 있다.

앞서 언급했듯이, 찰머스는 아이폰이 자신의 일부라고 주장했다. 그런데 아이폰이 나의 정신적 과정을 구성하는 정당한 일부라면, 나의 행동을 산출하고 통제하는 정신적 과정은 나의 두뇌 상태로부터 피부의 경계를 가로 질러서 아이폰이라는 외부의 대상에 이르는 분산적인 상태로 존재할 것이다. 그런데 이 경우 나의 자아는 어떤 모습으로 어디에 위치하는가? 그것은 우리의 정신적 작용이 분산되어 존재하듯이 분산된 상태로 존재해야 하는가? 그것은 문자 그대로 나의 두뇌(혹은 신체)와 아이폰의 물리적 결합이라는 상태로 존재하는가? 만약 그렇다면, 내가 아이폰을 침실에 두고 왔을 경우, 나는 지금 나의 신체가 위치한 서재와 아이폰이 위치한 침실에 분산되어 존재하는가? 그런데 우리는 이러한 질문에 대해 긍정이나 부정의 대답을 내리기에 앞서, 이런 질문 자체에 대해 약간의 당혹스러움을 느끼게 된다. 그것은 질문이 어려워서가 아니라, 어떤 식으로 대답하든 이것이 과연 올바른 형태의 질문인가 하는 의문이 앞서기 때문이다.

확장된 자아의 입장에서는 이러한 질문들이 '자아'의 개념적 범주를 착각해서 제기되는 잘못된 문제라고 생각한다. 즉 이러한 질문들 자체가 자아를 모종의 위치나 형태를 갖는 일종의 사물과 같은 것으로 생각하는 데카르트적 유산 때문에 생겨나는 질문들이라는 것이다. 내러티브 자아의 개념은, 이와 같은 당혹스러운 질문들을 피하면서 인간-도구-환경의 공생을 통해 규정되는 자아를 이론적으로 정립할 수 있게 토대를 제공해준다. 내러티브 자아의 개념에 따르면, 자아란 이제 우리의 정신적 활동이 일어나는 공간이나 정신의 여러 특성들이 귀속되는 대상(사물)적인 그 무엇이 아니다. 내러티브 자아로서의 확장된 자아는 '자아'의 개념을 우리의 사유를 총괄하는 어떤 통일적인 의식의 중추와 동일시하는 것이 아니라, 스스로에 대해서 말하고 말해지는 여러 이야기들을 하나로 묶어주는 내러티브의 중심과 같은 것으로 간주할 것을 촉구한다. 즉 확장된 자아는 우리가 수행하는 많은 일이나 성취하고자 하는 목표, 계획, 져야 할 책임을 하나의 집합으로 엮

2장 -확장된 마음과 자아의 확장

어주는 실과 같은 것이며, 어떤 공간을 점유하는 인지적 과정의 중심에 해당하는 것이 아니다. 앤디 클라크의 말을 들어보자.

> 나는 나 자신을 단지 물리적 존재로만 생각하지 않으며, 일종의 이성적, 지성적 존재로 생각한다. 나는 나 자신을 새로운 논문 쓰기, 좋은 남편 되기, 인간의 본성을 더 잘 이해하기 등등과 같은 진행 중인 목표, 기획, 책임 등의 집합으로 생각한다. 이들 목표와 기획은 정적인 것이 아니며 임의적으로 변경될 수 있는 것도 아니다. 나는 일생에 걸쳐 부분적으로는 이러한 기획과 책임의 흐름에 대한 추적을 통해 나 자신을 인식한다. 마찬가지로 다른 사람들도 나의 물리적 모양이나 형태만이 아니라, 기획과 활동 사이의 어떤 뚜렷한 연관을 인식함으로써 나를 유일무이한 개인으로 인식할 것이다(Clark, 2003: 132).

이러한 내러티브 자아는 우리 자신과 남들이 서로에 대해서 말하는 이야기에 의해서 확인되는 자아이다. 다시 말해 이는 우리의 기획과 능력, 가능성, 잠재력에 대한 우리 자신과 타인의 생각에 의해서 만들어지는 자아이다. 만일 이러한 내러티브 자아가 우리 스스로의 자아를 규정하는 하나의 방식일 수 있다면, 디지털 시대의 내러티브 자아는 우리의 두뇌와 우리가 의존하는 지능적 환경이 결합한 일종의 생-기술적 혼종물이 만들어가는 다양한 이야기 흐름의 묶음이 될 것이다.

지능적 환경의 출현에 힘입어 우리의 삶의 목표나, 기획, 스스로의 능력이나 잠재성에 엄청난 변화가 야기될 것임은 너무나 명백한 사실이다. 가령 오늘날에도 우리는 어떤 문제를 기획하고 해결하기 위해 다양한 외부적 도구들에 의존한다. 이 논문을 쓰는 순간에도 나는 다양한 서적이나 논문, 메모, 전자파일, 소프트웨어, 검색 엔진을 이용하고 있다. 그렇다면 이때 실제 문제를 해결하는 엔진은 단순히 나의 두뇌만이 아니라, 이들 기술적인 조력을 제공하는 다양한 도구들을 포함하는 매트릭스이다. 내러티브의 자아 개념에 따르면, 이들 도구들의 메트릭스는 나의 이야기 혹은 활동을 구성하는 요소로서, 내가 누구이며 무엇을 할 수 있는 존재인가를 규정하는 중요한 일부가 된다.

혹자는 이러한 주장에 대해, 그래도 궁극적인 제어권을 행사하는 것은 우리의 두뇌이며 스마트폰과 같은 도구들은 결국엔 우리의 통제를 받는 수동적인 상태에 머물러 있기 때문에, 내러티브 자아의 개념이나 그것에 입각한 자아의 확장은 실상을 반영하기보다 테크노필리아들의 과장된 수사에 지나지 않는다는 비판을 제기할 수 있다. 데닛도 '나는 내가 직접 통제하는 부분들의 총합'이라고 주장함으로써 자아의 궁극적 기준이 통제임을 시사한 적이 있다(Dennett, 1984: 82). 두뇌는 분명 연필이나 종이, 컴퓨터, 스마트폰은 할 수 없는 비대칭적 방식으로 나의 행동을 통제하고 선택을 하는 듯이 보인다. 만일 통제가 자아를 규정하는 궁극적 기준이라면, 우리의 자아는 여전히 생명-기술의 혼종체가 아니라 옛 방식의 생물학적 두뇌나 신체라고 해야 하지 않을까?

이러한 지적은 연필과 종이를 사용해서 계산을 하는 경우처럼 도구의 역할이 분명하게 수동적으로 머물러 있는 상황에서는 비교적 타당해 보인다. 하지만 최근 다양한 디지털 장비의 출현이나 기술의 발전이 시사하듯이, 우리를 둘러싼 도구나 환경이 점점 더 지능화될 경우 우리의 두뇌는 행동의 선택이나 통제와 연관된 많은 인지적 과정의 부담을 점점 더 지능화된 환경에 위임하게 될 것이다. 가령 아마존과 같은 전자 서점의 경우를 생각해보자. 하루에도 수십 수백 종의 새로운 책이 출간되며, 아마존에 저장되어 있는 책의 목록은 아무리 많은 시간을 들인다 해도 그것을 다 살펴본다는 것이 거의 불가능하다. 그런데 아마존은 나의 이전 구매행위나 브라우징의 패턴을 분석하고, 비슷한 구매행위나 브라우징 패턴을 보이는 사람들을 비교 분석한 다음에, 내가 관심을 가질 만한 책의 목록을 제시하는 알고리즘을 채택하고 있다. 많은 경우 나는 그 광대한 데이터베이스를 스스로 일일이 검색하고 찾아다니는 대신에 이렇게 제시된 목록에서 흥미로워 보이는 책들을 구매한다. 이 경우 과연 나의 선택을 통제하는 궁극적인 힘은 어디에서 오는 것일까? 이 경우 나의 생물학적 두뇌와 지능적 환경은 너무나 이음매 없이(seamless) 조화롭게 작동하고 있어서, 어디에서부터 나의 선택권이나 제어권이 작동하는지를 구분 짓기란 결코 쉬운 일이 아니다. 기술이 발전하면 할수록 나의 행동을 산출하는 통제 요인의 상관관계나 그 경계를 뚜렷이 구분 짓는 일은 점점 더 어려워질 것이다.

　　클라크는 통제의 개념에 입각해 생물학적 두뇌를 자아의 위치로 복권시키려는 이러한 시도는, 통제의 개념을 매우 제한적이고 강한 의미로 이해할 수밖에 없어서 결국엔 자아를 매우 빈약한 그 무엇으로 축소시키고 말 것이라고 비판한다.

> [통제에 입각해] 그러한 경계를 짓는 일은 마치 누군가가 내가 끊임없이 의존하고 있는 모든 비의식적인 신경활동을 단지 스마트한 내적 환경으로 격하시켜서, '진정한 나에서 배제되어야 한다고 주장하는 것과 유사한 일이다. 인지적 절단이라 불릴 수 있는 이러한 과정 다음에 남아있는 마음이나 자아란 실로 빈약한 것이다. …… 더 넓어진 세계와 맞닥뜨리는 지능적 시스템은 생물학적인 당신-더하기-소프트웨어 대행자이다. 이러한 외적인 정보들의 결합은, 마치 당신의 두뇌 속에서 작용 중인 다양한 비의식적 인지 메커니즘과 동일한 방식으로 도움을 준다. 그것들은 당신의 심리적 프로필(특징)이 새롭게 등장하는 것을 도우면서 끊임없이 일한다. 종국적으로 당신은 당신의 두정엽을 '이용'한다고 말할 때처럼, 매우 역설적이고 약화된 의미에서

1부 포스트휴먼의 무대

하지만 그래도 최종 선택권은 결국 마음의 **의식적인** 판단에 있으므로, 여전히 우리의 두뇌를 마음의 중추로 간주해야 한다는 재비판이 가능할 수 있지 않을까? 데닛은 우리 인지활동의 많은 부분들이 인격하부의 과정으로 이루어져 있음을 지적함으로써 이러한 반론에 응답할 방안을 제공한다. 데닛은 개체 차원에 속하는 의식적 마음의 역할은 목표를 정하고 구성원들이 공헌할 조건을 만들고 유지하는 매니저의 역할에 불과하며, 그것이 어떤 특권적인 통제권을 행사하고 있지는 않다고 주장한다. 여기서 문제가 되는 것은 다양한 신경적 혹은 비신경적 과정들이 모종의 특권적인 지위를 누리는 관점으로서의 사용자를 요구한다는 생각 자체이다. 만약 마음의 범위를 궁극적 선택을 행하는 부분으로 제한한다면, 우리의 마음은 전두엽과 동일시 될 수 있는가? 혹은 두뇌의 어떤 부분도 최종적인 선택권을 갖지 않을 경우, 마음과 자아는 사라지고 마는 것일까?

데닛이나 클라크에 따르면 두뇌의 다양한 신경 회로 및 비생물학적 회로들은 각기 다른 능력을 제공하며, 이들 모두는 서로 다른 방식으로 우리가 누구인지, 우리가 무엇을 할 수 있는지에 대한 우리의 생각 및 의사결정 그리고 선택에 기여한다. 특히 신체 외적인 비생물학적 요소들은 생물학적 두뇌가 제공할 수 있는 것보다 더 많은 능력을 가능하게 해주며, 그 결과 추가적인 방식으로 우리가 누구인지, 무엇을 할 수 있는지에 대한 생각 및 의사결정, 선택에 기여한다. 이 복잡한 매트릭스 중 어떤 단일한 과정도 그 스스로 내재적으로 사유하거나 궁극적인 통제권을 갖지 않으며, 그런 점에서 '자아의 위치'가 될 수 없다. 개별적 인간, 즉 나(자아)를 결정짓는 것은 이들 생물학적 회로 및 도구들로 이루어진 변화하는 연합이다. 따라서 클라크에 따르면, 우리는 변화에 계속 노출되어 있고 마음이라는 장치의 한 측면으로서 보다 많은 비생물학적 요소들을 추가하면서 피부와 두개골의 경계를 넘어서려는 충동을 갖고 있는 '부드러운 자아들'이다.

이 글은 《철학논집》 31집(2012)에 실린 「확장된 마음과 자아의 경계」의 내용을 일부 축소하고 수정한 것이다.

트랜스―, 포스트휴먼 담론과
증식하는 기호

미셸 콩스탕티니

3.

1. 서설: 담론의 가능성

그　장 클로드 코케의 중요 저서의 제목으로 쓰인 풍성한 표현 '의미탐구(Coquet, 1997)'—시니피앙의 기능과 시니피에의 두께에 관한 탐색으로 이해해야 합니다—에 따르면, 길잡이로 제시되는 학문에서 트랜스휴머니티 개념은 일종의 중대한 도전을 의미합니다…

나　고전적이면서 동시에 전혀 새로운 문제란 말인가요?

그　그렇습니다. 자료도 없고 기념물도 없으며, 다만 근본적으로 새로운 면모들만 갖춘 사회가 역사 학문에 제기할 문제에 비교할 만한 문제지요.

나　적어도 제 추측으로는 기호학의 토대를 구성하는 것, 즉 식별 가능한 시니피앙의 지도가 인간활동의 산물이기 때문이지요. 가장 경직되고 규범적인 약호부터(도로 표지판, 동작과 깃발—'수신호'—을 이용한 해상 유도장치 등) 가장 유연하고 심지어 불안정하기까지 한 체계까지(이런 체계의 방식으로는 그림, 연극, 무용으로 제작된 것을 생각해볼 수 있겠습니다) 포함해서 말이죠.

그　정확히 그렇습니다. 그리고 바로 그런 이유로, 포스트휴먼이나 트랜스휴먼 (당장은 이 둘을 구별하지 않겠습니다. 이 구별이 무엇을 의미하는지조차 지금으로선 모르겠어요) 활동의 산물은 본질적으로 인문주의적 학문인 기호학적 접근에 선험적으로 속할 수가 없는 거지요.

나　이런 말씀 드려도 될지 모르겠지만, 그래도 이 명백한 사실 앞에서는 멈출 수 있지 않겠습니까? 포스트휴먼이건 트랜스휴먼이건 그것에 관한 담론은 분명히 인간의 담론이라는 사실 말입니다. 트랜스/포스트 휴먼 개념은 인간적인 개념이지요.

그　Words, words, words, 또는 parole, parole… (말, 말, 말…) 여기서는 모든 게 스토리텔링이지요. 이걸 수사학이라고 부르셔도 좋습니다. 이 수사는 파뇰의 『마리위스(Marius)』에 나오는 '피콩맥주-레몬-퀴라소' 칵테일 제조법의 3분의 4[1]의 현대적 등가물 같은, '우리 뇌의 세 번째 반구'를 예고하는 말에서 정점에 달하죠. 더구나 저는 수사(修辭)를 집어내어 그걸 규탄한다거나 거기서 사용되는 말의 신뢰도를 떨어뜨릴 생각은 없습니다.

나　그래도 밀레토스 사람 헤카타이오스의 오래된 선언만큼은 아니지요. "그리스인들의 점점 증식하는 말은 우습기 짝이 없다."

그　그는 이렇게 덧붙였죠. "내가 보기엔 그렇다는 것이다…" 그래도 끝까지 명철하게 이렇게 말을 이었죠. "그리고 나는 내 말을 그런 말들 위가 아니라 옆에다 놓는다. ―아마도 똑같이 우습거나, 아니면 적어도 똑같이 따져볼 만한 말이니까…"

나　그러니까 분명히 모든 담론처럼 지시대상들의 적재 내용과 무게와 두께를 끌어들이는 담론이 분명하군요. 그리고 그 지시대상들 중에는 확인된 사실들, 수많은 검증 가능한 기술적 실현들, 그리고 검증이 불가능한 다양한 추정들이 있겠고요.

그　따라서 저는 그 개념을 수서해 픽션의 질서 속에 통합시킴으로써 재배치할 수 있습니다. 모든 픽션은 의미작용을 담은 과정처럼 전개되며, 이 사실 때문에 기호학적 탐색 활동에 속하지요.

나　어쨌든 당신은 트랜스휴먼/포스트휴먼을 무대에 올리는 인간적 담론에 관한 메타 담론을 지어보겠다는 거군요. 저는 따라가 보겠습니다.

1　(옮긴이) 파놀 작품의 해당 대목은 이러하다. "먼저 퀴라소 술 3분의 1을 넣어. 조심해, 아주 조금만 넣어야 해. 그리고 레몬 3분의 1을 넣어. 듬뿍. 그런 다음 피콩 맥주 3분의 1을 넣어. 그리고 색깔을 좀 봐, 얼마나 예쁜지. 그리고 마지막으로 물 3분의 1을 넉넉히 넣으면 돼. ― 그럼 3분의 4가 되잖나. ― 바로 그거야."

2. 픽션의 특이성

그   그런데 이제 우리에겐 많은 정의(定義)가 필요합니다. 첫 번째 어려움은 트랜스(trans-)를 해석하는 것입니다. 이걸 '초월적인(transcendant)'의 의미로 이해해야 할까요, '과도적인(transitoire)'의 의미로 이해해야 할까요? 달리 말하자면, 결과를 나타내는 한 점으로 간주되는 끝까지 내몰린 채 한 단계에서 다른 단계로 넘어가는 이행 말입니다. 그리고 초월적인 세계인 한 지역을 내재적인 세계인 다른 지역과 대립시키는 겁니까? 아니면 이 이행 자체를, 이미 넘어섰고 또 넘어서야 할 두 문턱 사이에서 우리가 지나야 할 갑문처럼, 지속성을 지닌 무엇으로 이해해야 할까요?

나   포스트휴머니티라고 부르는 최종 단계로 이끌어줄 중간 시기가 있다고 믿는 사람들은 후자의 방식으로 해석합니다. 그들은 혼합 이행기까지 포함해서 세 개의 시기로 된 변증법적 역사에 대한 비전을 갖고 있죠. 그런데 우리가 정확히 무엇에 대해 말하고 있는 겁니까? 시대에 뒤진 인간에 대해서입니까? 추월당한 인간에 대해, 초월된 인간에 대해, 증강된 인간에 대해서입니까? 우리가 무엇에 대해 말하는 거죠? 한 단계에 대해서입니까 아니면 하나의 학문에 대해서입니까? 하나의 '…이티(ité, 상태나 성격)'에 대해서, 아니면 '…이즘(isme)'에 대해서입니까? 전자사전이건 아니건, 사전과 백과사전에서 표제어로 찾으면 '포스트휴머니티', '포스트휴머니즘', '트랜스휴머니티', '트랜스휴머니즘'이라는 단어 뒤에서 전반적으로 동일한 고찰들을, 동일한 참고문헌들을 만나게 됩니다.

그   사실 '…이티'와 '…이즘'의 구분을 잘 이해해야 합니다(저는 멕시코 스페인어의 효력에 늘 매료되었는데, 이 언어는 모과잼을 'membrillate'로, 번석류 열매잼은 'guayabate'로, 복숭아잼은 'duraznate'로 지칭해서 결국 'ate'가 '잼'을 의미합니다). 우리가 휴머니티와 휴머니즘의 차이를 생각하면서 구분할 때처럼 말입니다. 전자(휴머니티)는 연구대상이고, 후자(휴머니즘)는 전자에 관한 명제이고 입장입니다. 그럼에도 오늘 우리가 고려하고 있는 이 짝패(couple) 속에서 우리는 각별한 상황에 직면합니다. 트랜스휴머니티를 주장하는 사람들은(따라서 트랜스휴머니스트들은) 분명히 존재하지만, 트랜스휴머니티는 확인된 사실을 초래할 수 있고 공시론적 분석의 대상이 될 수 있을 안정된 상태로 존재하지 않습니다.

나   우리는 조금 전에 픽션에 대해 말했습니다. 바로 그것이 관건입니다. 구성 말입니다(현실의 요소들에 토대를 둔 구성, 물론 인류가 살고 있는 현재의 현실, 인류가 살기 시작하고, 다르다고 느끼는 이곳저곳의 현실, 그리고 우리의 현 상태와 어느 정도 가까운 미래와 구분되는 현실 말입니다). 준안정상태(métastable)를 대상으로 삼는 구성이죠.[2]

그   바로 그렇습니다. 이제 우리는 첫 번째 본질적인 지점에 이르렀습니다. 방법들과 목표의 유기적 결합 말입니다.[3] '트랜스휴먼' 구축의 주된 방법들은 그 목표가 트랜스휴먼을 안정시키는 것이지요. 그 방법이란 상상의 두 방식인데, 예측(anticipation)과 외삽(extrapolation)입니다. 현재에서 출발하지만, 우리는 현재가 과거의 유산을 운반하고, 불연속적인 혁신들을 내포한 항구적인 움직임으로 이해된다는 걸 압니다. 우리는 그 혁신들의 무게와 리듬을 읽고 해석하지요. 현재에서 출발해, 우리가 현재에서 확인하거나 확인한다고 믿는 이 시간의 움직임에서 출발해 연장선을 긋고, 도달점을 그리죠. 잘 알려

---

2   준안정성에 관한 Claude GANDELMAN의 다양한 작업을 참조할 것. 특히 "The Metastability of Signs / Metastability as a sign", *Semiotica*, VIII-2, 1979, pp.83~139, 그리고 *Reading Pictures, viewing texts* (Bloomington / Indianapolis, Indiana University Press, 1991).

3   러시아 전(前)기호학(pré-sémiotique)에서 정립된 이 근본적이고 기능적인 짝패 (priem / ustanovka)에 관해서는 Roman JAKOBSON, "Poésie de la grammaire et grammaire de la poésie", *Essais de linguistique générale*, (Seuil, 《points》, 1977), pp.89~108.

진 고전적인 예들이 많습니다. 그중에서 신문이나 잡지의 기사들을 인용해 봅시다. 20세기의 50년대, 60년대, 또는 70년대에 '우리가 2000년에 살게 될 방식'을 묘사한 기사들입니다… 이것이 바로 예측을 위한, 미래의 이미지죠.

나 예측은 하이브리드 텍스트를 만들어내게 해주고, 우리의 담론은 끊임없이 이 혼종성(hybridité)을 실어 나릅니다. 과학에서 탄생한, 반은 인간이고 반은 기계인 피조물들, 예술을 통해 만들어진 반은 현실적이고, 반은 상상의 창작물들에 대해 말하지요. 페루 출신 예술가 파비안 산체스(Fabian Sanchez)는 '유기적이자 기계적인' 자신의 조각품들을 거론합니다. 이 주제에 관한 논문들에는 '생체역학(bio-mécanique)'이니, '생체정보과학(bio-informatique)'이니, '가상생체학(bio-virtuel)'이라는 용어가 가득합니다. 여담으로, 마지막 두 복합어에 관해서 우리는 형용사를 프랑스어에 처음 받아들인 것 —1647년에 보즐라가 확인한— 이 "서로 다른 언어, 특히 그리스어와 라틴어에 토대를 둔 다른 언어들에서 차용한 요소들로 구성된 단어에 대한" 것이었다는 사실을 상기할 것입니다. 이를테면 '생명'을 뜻하는 bio-와 '형태'를 뜻하는 라틴어 forma를, 또는 라틴어 bio-와 '잠재성'을 뜻하는 virtu-를 조합한 것이 그렇습니다. 말하자면 하이브리드 제곱인 셈이죠.

그 정말 그렇습니다. 그리고 이 혼종성이 전혀 새롭지도 놀랍지도 않다는 사실을 잊지 마세요. 브뤼노 라투르(Bruno Latour)의 말에 따르면 우리 인류는 '자연적인 것과 사회적 상징의 혼합'(Besnier, 2012: 105)을 구성하기 위해 갖다 붙이기를 그만둔 적이 없었습니다. 하지만 다시 말씀드립니다만, 외삽은 예측과 조금 다릅니다. 그리고 저는 외삽을 범기술적인 것(pantechnologique)의 이미지라고 부르겠습니다. 이미 존재하는 기술들, 국지적으로—개인에게나 집단에게—실무들을, 행동들을, 나아가 인간 존재라고까지는 말하지 않더라도(이렇게 생각하는 사람들도 있죠), 기능까지 전달하는 기술들에서 출발해서 우리는 그것의 확장을, 일반화를 그려볼 수 있습니다. 요컨대 국지적인 것에서 포괄적인 것으로 외삽(확대)하는 것이죠. 예를 들어볼까요? 은행 카드 사용만을 지불방법으로 제시하고, 그것을 전 인류에게 확장하고, 그 모든 결과(동전과 지폐와 수표의 소멸 등)를 거론하는 경제기사에서 그 예들을 찾아보든지, 아니면 온몸 속에 나노 임플란트를 고려하는 의학 기사를 보십시오…

나   하지만 그 두 가지 방식은 종종 합류하잖습니까.

그   바로 그래서 이 둘을 하나의 담론 속에 결합되어 만나는 방식들로 구분해야 합니다. 흥미진진하게 연구해볼 만한 온갖 종류의 변종들을 이미 제시하고 있는 '테크노 픽션(techno-fiction)' 같은 담론 말입니다.

나   그중에는 '예술적인' 변종도 있습니까?

그   바로 그렇습니다. 이제 더는 일반론에 머물러 있을 수가 없지요. 우리는 하나의 텍스트를, 다시 말해 하나의 자료체(corpus)를 보아야 합니다. 그 자료체가 실어 나르는 의미에 관해, 그것이 의미를 구축하는 방식에 관해 의문을 제기해야 하죠…

나   …어떤 사람들은 그걸 '제노 텍스트(생성 텍스트, géno-texte)'라고 부르지요…

그   …그것들 사이의 다양한 의미 수준의 상관관계에 관해서도…

나   …어떤 사람들은 그걸 '페노 텍스트(현상 텍스트, phéno-texte)' [4](Kristeva,

---

4   "우리가 **생성 텍스트(géno-texte)**라고 부르는 것은 문장의 구조들을 반영하는 것이 아니라 선행하거나 넘어섬으로써 그 구조들을 상기하는 언어학적 기능의 추상적 수준이다. (……) 생성 텍스트는 하나의 구조도 아니지만, 구조를 이루는 것도 되지 못한다. 왜냐하면 그것은 구조를 형성하는 **것**도 아니며, 금지된 채 남아 있을지라도 구조가 존재하도록 허용하는 것도 아니기 때문이다. 생성 텍스트는 무한한 시니피앙이다. 단수(singulier)가 아니기에 '이(ce)' 존재(être)'가 될 수 없을 것이다 (……)." 이 생각을 지나치게 단순화하고, 심지어 파리 기호학회의 후기 작업들에 비추어 고의로 곡해해서 우리는 그 대립만 채택한다. "현상 텍스트(phéno-texte)의 **표층**에서 생성 텍스트는 부피(volume)를 만난다. 현상 텍스트의 소통(communicative) 기능에 생성 텍스트는 **의미작용의 산출**(production de signification)을 대립시킨다."(Kristeva 강조)

1978: 223)라고 부르고요…

그   그리고 마지막으로 '예술적인' 변종의 몇 가지 예를 들어볼 겁니다. 잠깐 훑어보겠지만, 이건 별도로 고찰해볼 만한 대상일 겁니다. 우리가 '공상과학 소설'이라고 부르는 것을 저는 기꺼이 테크노 픽션 담론의 예술적 변종의 한 장르(문학, 만화, 영화 등)로 분류하겠습니다. 저를 따라오시지요…

3. 증강에 대해

그러니까 자료체. 자료체는 트랜스-/포스트-휴먼의 환상입니다. 제가 '환상 phantasme'(여기서는 반드시 첫 글자를 ph로 써야 합니다)이라는 말을 어떤 부정적인 의미로 쓰지 않는다는 점을 꼭 유의해주십시오. 저는 이 말을 경험, 이성, 그리고 앞에서 말한 예측과 외삽에 토대를 둔 상상, 판타지아(phantasia)의 산물로 이해합니다. 왜냐하면 우리는 트랜스/포스트휴머니티를 가시세계의 무대 위에서 펼쳐지는 포괄적 현상으로 보지 않고, 기껏해야 포괄적 트랜스휴머니티의 발단을 구성한다고 우리가 믿거나 혹은 일부 사람들에게 믿게 하는 국지적인 현상(올림픽 선수들과 나란히 뛰겠다고 나선 장애인 육상선수 오스카 피스토리우스의 의족 같은)으로 보기 때문입니다. 우리의 자료체를 구성하는 담론은 이중의 재료를 한곳에 모읍니다. 파이노메나(Phainomena, 현상)와 판타스마타(phantasmata, 환상), 가시세계를 드러나게 하는 인간정신의 힘인 판타지아(phantasia)라는 창조적인 힘의 두 가지 산물이지요.

나   바로 거기에 기호학이 타당성을 갖고 정당하게 개입하지요. 과거를 다루듯이 미래를 다루면서 현상계에서 의미의 유통을 가지고 꿀을 만들어내고(현상과 환상을 포괄함으로써), 전 인간적으로 혹은 후인간적으로 판단되건 그것을 인간의 척도로, 오직 인간의 척도로만 재지요. 프로타고라스가 이미 거듭 말했잖습니까. "인간은 만물의 척도다(Anthropos panton khrematon metron)". 이 경구에 어떤 심오한 해석을 제시해야 하건 말입니다.[5] 기호학은 하나의 '측정술(métrétique)'입니다. 플라톤에게 두 가지 '측정술'이 있는 게 사실이라면 기호학적 접근의 두 가지 길도 어느 정도 거기에 상응합니다. 고전적인 방법으로 불연속을 측정하고, 발화행위들(instances)에 대한 기호학의 간접적인 도정으로 연속을 측정하죠.[6]

ㄱ   따라서 우리의 환상 자료체를 위해 이중의 측정술(métrétique)을 활용하는 거군요.

ㄴ   게다가 그 자료체에서, f로 쓰며 대단히 부정적인 의미를 가진 환상(fantasme)에 대해서 빠뜨리지 않고 말한다는 것도 눈에 띕니다. '트랜스휴머니즘의 환상(fantasmes)', '몽상가의 환상', '조물주의 환상', '쾌락주의자의 환상', 이것이 제가 만난 몇 가지 표현들입니다.

ㄱ   그 판타지아(phantasia)로 무대에 올려진 것, 그러니까 한데 뒤섞인 모든 재료들은 집단행위자('트랜스휴먼 존재 (l'Être Transhumain)')인 한 주체의 이야기죠. 이 주체는 특별 배우들로(열광자, 의지주의자, 놀이자, 저항자, 체념자, 비판

---

5   이를테면 Jean-Paul DUMONT이 단장과 인용문을 번역 출간한 책(*Les Écoles présocratiques*, Gallimard, 1991, "Folio essais", pp.927~929)에서 한 해설을 참조할 것.

6   Michel CONSTANTINI, "Le syndrome de Kitty Wu, sorte d'état des lieux 2001 en sémiotique continuiste", *Du Sujet énonçant, l'École de Saint-Denis*, No.105~106, *Degrés*, a 1 ~a 33을 참조할 것. M. CONSTANTINI, 2006, "L'abbé Suger à Saint-Denis: les vitraux de l'Advent", dans *Art sacré, cahiers de Rencontre avec le Patrimoine religieux*, 21, Actes du colloque de Bourges 16-18 octobre, Images de la Vierge dans l'art du vitrail, pp.61~74에서 이 이원성의 실제 용례를 찾아볼 수 있다.

자, 몽상가, 이 정도만 해두죠[7]) 세분화될 수 있고, 변신(휴먼에서 포스트휴먼으로의 이행이라는 주제가 되는)—시작 상태에서 최종 상태로의 이행의 이야기—에 가담되는 존재지요.

나 따라서 우리는 거기에 뛰어들어, 표준 서사학의 도구들과 주체역학의 도구들과 마찬가지로, 기호학의 도구들을 가지고 읽을 수 있겠군요?

그 자료체를 훑어보시고, 그 환상들을 보세요. 환상들은 결핍과 만족 (한 가지 예만 들어보면, 한 가지 문제를 해결하는 모든 발견은 새로운 필요들을 낳고, 그 필요가 욕구를 다시 던지지 않습니까?), 금지와 위반(한 가지 예만 들어보면, 생물학의 한계를 넘어설 수 있나요? 넘어서야만 할까요?), 계약과 분규[8], 습득과 박탈(한 가지 예만 들어보면, 증가는 개선인가요? 더 많은 것이 더 나은 것인가요? 그 밖에도 가치론과 가치 분배에 관한 온갖 물음이 있지요), 혹은 연장과 정지, 가벼운 스침과 위축[9], 과잉과 부족 등의 범주로 조직되어 있습니다.

나 제 생각엔 알리 사이드(Ali Saïd)와 발레리 랄망-브레텐바흐(Valérie

---

7 여기엔 Jean-Marie Floche가 80년대 마케팅 분석이나 사진술의 분석에서 사용한 기호학 제곱수들(carré)에서 영감을 얻은 구성이 자리할 수 있을 것이다. 마케팅 분석에 관해서는(실제 가치들, 신화적 가치들, 비평적 가치들, 놀이적 가치들) Giulia CERIANI 가 *Marketing mouving, l'approche sémiotique*(L'Harmattan, 2003)에서 제시한 이중의 재평가(CERIANI가 전하는 Andrea Semprini의 재평가와 그녀 자신의 재평가)를 유익하게 참조할 것이다.

8 이 여섯 가지 용어는 서로 다른 방식으로 서사학 메타담론의 기본 구성을 직접적으로 참조한 것이다(기념비적인 두 작품에서 나온 고전적 길. Vladimir PROPP, *Morphologie du conte*, 1928, 이 작품을 재해석한 GREIMAS, *Sémantique structurale*, 1966과 그 이후).

9 이 네 가지 용어는 continuiste 기호학 메타담론의 기본 구성을 직접적으로 참조한 것이다 – Jean-Claude COQUET, *Le Discours et son sujet*, 1984에서 나온 우회적 (간접적) 길. Cf. M. COSTANTINI, KIM Young Hae, "L'effleurement et le retrait", in Bertrand ROUGÉ (dir.), *Ratures et repentirs (Rhétorique des Arts V)*, Actes du cinquième colloque du CICADA, Université de Pau et des Pays de l'Adour, Pau, 1996, pp.73~81.

Lallemand-Brettenbach)가 그들의 논문 「수선 인간에서 증강인간으로(De l'homme réparé à l'homme augmenté)」(2012~2013: 67~73)[10]에서 그들이 언급하는 트랜스휴먼 상황을 "하이브리스(hybris)와 메티스(métis) 사이의, 자기 조건을 뛰어넘어 오르려는 광적인 유혹과 '사려 깊은 신중함'(Vernant and Detienne, 1974: 17)[11] 사이의 영원한 균형상태"에 결부시키는 건 우연이 아닙니다. 여기서 제기되는 건 과잉(도달하지 말아야 할)과 부족(제거해야 할)의 문제입니다.

ㄱ   그 점에 대해서는 같은 카탈로그의 앞쪽에 실린 논문, 프레데릭 카플랑(Frédéric Kaplan)의 「20세기의 컴퓨터는 로봇이 될 것이다」(Catalogue, 2012~2013, pp.58~66)도 읽어보셔야 할 겁니다. 에오트보스(부다페스트의 명망 높은 대학 말입니다) 실험을 환기하는 논문입니다. 고깃덩이를 둘러싼 개들과 로봇. 무슨 일이 일어날 거라고 생각하십니까? 분명히 먹을 생각을 하지는 않지만—적어도 로봇이 생각을 한다면 말입니다—색깔에 이끌린 로봇들로부터 개들이 위협을 받는다고 느끼는 상황에서 말입니다. 어린 강아지들은 로봇을 거세게 공격했습니다. 우리에게 중요한 단 한 가지 결론은(분규/계약 문제에 내재하는 물음들은 따로 기록해 두셨죠.) '로봇들과 개들이 같은 공간을 잘 공유했다'는 사실입니다.

ㄴ   의미 생산을 평가하는 기호학적 도구들에 다름 아닌 이 모든 범주들을 가지고 우리가 무엇을 할 수 있을까요?

ㄱ   제기되었거나 또는 미리 상정해보는 이 모든 담론에서 우리는 인간(l'humain)과 인간이 아닌 것(le non-humain)의 대립축을 찾아낼 수 있을 겁니

---

10   〈*Et l'homme... créa le robot, Musée des Arts et Métiers*〉, CNAM, 30 octobre 2012~3 mars 2013, Samogy Éditions d'art, Paris, 2012, pp.67~73.(《Et l'homme... créa le robot(그리고 인간은… 로봇을 창조했다)》는 전시회의 명칭이자 그 전시회의 카탈로그였다. 이하 Catalogue로 표한다).

11   "용어 지도에서 메티스(métis)는 보통명사로 지성의 독특한 형태를, 사려 깊은 신중함을 가리킨다."

다. 그리고 우리는 한 가지 이야기를 듣기 때문에 문제는 한쪽에서 다른 쪽으로 이행하는 것이며, 이 이행이 어떻게 이루어지는지를 묘사하는 것이 될 겁니다. 존재론적 관점에서도, 윤리적 관점에서도 아니며 우리의 인식론 선을 고수함으로써 말입니다. 기호학은 존재에 대해 말하는 것이 아니라 존재가 얘기되는 방식에 대해, 우리가 존재를 알 수 있게 해주는 방식, 감춰진 것이 스스로를 감추는 방식, 드러내는 것이 스스로를 드러내는 방식, 의미의 발현이 갖추는 모든 양태들에 대해 말합니다.

나 인간이 아닌 것에서 인간으로의 이행은 인류에 대한 이야기가 아니겠습니까? 그 이야기를 하는 인류에 대한 이야기. 이를테면 통속적 다윈주의(la vulgate darwinienne)가 그렇지 않습니까?

그 바로 그렇습니다. 포스트휴먼(또는 트랜스휴먼)에 관한 많은 담론들이 대칭도형을, 인간으로 고정된 현 상태에서 트랜스나 포스트로의 이행을 이야기하는 데 전념하고 있는데… 이는 두 가지 생각에 토대를 두고 있지요. 인간 종의 진화가 피할 길 없다는 것, 그리고 기계와의 혼종을 향한 이 진화가 다음 단계의 실현이라는 것. 이 단계는 호모 사피엔스 사피엔스(homo sapiens sapiens)에서 과도기적인 호모 테크놀로지쿠스(homo technologicus)를 거쳐 호모 비오니쿠스(homo bionicus)까지 넘어가는 새로운 아바타까지(제임스 카메론의 영화 제목과 그 내용을 보십시오) 낳죠. 현재 상태는 확실히 결핍의 상태로 생각되었고, 그러니 현재 국지적으로 확인된 증강에서 출발해 약간, 많이, 완전히, 이미, 곧, 나중에 등 만족의 표준치에 부합하는 항구적인 제유법적 이행과 더불어 미래의 증강인간(l'homme augmenté)에 대한 얘기가 나올 겁니다. 그렇게 해서 아주 특별한 '안경'을 우리에게 제시하는 기술도 갖게 될 겁니다. 그 안경은 우리에게 창작물들을 보여줌으로써 창작자를 만나게 하거나, 자기 거실에 놓인 걸 미리 보고 감탄함으로써 가구 구매를 고려하게 해주거나, 별들을 식별하면서 감상할 수 있게(이를테면 인터넷으로 정보를 제공해주는 지리측정 프로그램과 연결해서 말입니다) 해주고 있거나, 앞으로 해주거나, 아니면 이미 해주고 있는지도 모릅니다.

나　구글 글래스 프로젝트 같은 것 말입니까?

4. 감퇴에 대해

그　그렇습니다. 그것도 그중 하나죠. 그렇지만 실제 데이터와 가상 데이터들을 포개어서 이 상황에 처한 개인에게 그의 능력(pouvoir-faire)을 증강해 줄 수 있는 체계 전체에 적용되는 얘기죠. 제가 제유법적 이행들에 대해 얘기한 건, 시각이 증강된(현실에 가상세계가 덧붙여진) 안경(또는 다른 물건들)에서 우리는 '증강현실'이라는 생각으로, 그리고 그것을 적용할 모든 분야로 넘어가며, '증강현실'이라는 생각에서 '증강인간(실제로는 '증강인류'를 뜻하는)'이라는 생각으로 넘어가기 때문입니다. 비록 '증강인간이 아니라 할인인간!'[12]이라고 외칠 수도 있겠지만 말입니다.

나　모든 획득에는 포기가 전제되지 않습니까?[13]

그　그런지도 모르죠. 피스토리우스로 돌아가보죠. 11개월 나이에 무릎 아래로 두 다리가 절단된 이 육상선수는 장애에도 불구하고 카본 섬유로 된 의족 덕에 경이로운 성과를 이루어냈습니다. 우리는 고도로 전문적인 기

12　Jean-Michel BESNIER, *L'Homme simplifié: Le syndrome de la touche étoile* (Fayard, 2012)에 대한 Roger Pol DROIT의 서평 제목, *Le Monde*, 2012년 11월 15일.

13　우리는 이 말을 GREIMAS와 COURTES의 정의에 따라 '숙고된 분리'라는 기술적 의미로 이해한다. GREIMAS, COURTES, *Sémiotique. Dictionnaire raisonné de la théorie du langage*(Hachette Université, 1979)의 Renonciation 항목을 참고하라. 그러나 성찰은 박탈(타동적인 분리)의 경우를 중심으로 전개되어야 할 것이다. 정면으로 보면, 획득(acquisition)은 할당(attribution)이라는 타동적 결합과 전유(appropriation)라는 숙고된 결합을 포섭한다(이 사전에서 이 용어들을 참고하라).

술과 신체기관의 인조화에 의지할 위험에 경계해 누구라도 그런 의족을 가지려고 스스로 신체를 절단하는 걸 상상할 수 있었지요. 그들이 의족을 타고난 다리보다 능력이 월등하다고 여긴다면 말이지요.

나   사이브(cyb)어네틱(ernetic) 오르그(org)아니즘(anism), 이것이 '자연' 신체기관과 보철물을 다양한 비율에 따라 혼성한 인간의 형체를 한 모든 합성물을 지칭할 때 쓰는 말입니다.

그   증강인간을 단수로 이해하든(피스토리우스) 아니면 집단으로 이해하든(트랜스휴먼), 그것은 더 할 수 있고, 더 알고, 더 가진, 따라서 나아가 더 존재하는 인간입니다. 경우에 따라서는 본래의 의미로건 비유적 의미로건 신체가 절단될지라도 말입니다.

나   하지만 바로 그러니까 이런 관점에서 보면, 또는 이 구상에서 보면 인간을 인류로 만드는 것이—하려는 마음, 하지 않으려는 마음, 할 수 있는 능력, 하지 않을 수 있는 능력, 혁신하지 않으려는 욕망, 그리고 아무것도 안할 가능성, 움직임을 따르지 않을 가능성(움직임이 있다면 말입니다)—사라질까 겁낼 일이 없는 것 아니겠습니까. 행위 거부나 무위 거부, 행위의 불능이나 무위의 불능에서 문제가 되는 건 부정적 가치들의 감퇴(놀이의 위축)입니다. 망설임에 자리를, 선택에 자리를 내줘라! 일반화된 프로그램 편성은 모든 차원에서 이쪽이나 저쪽에 대한 부정으로 작동하는 것처럼 보입니다. 그리고 '증강'은 '감퇴'를 동반하며, '획득'은 '박탈'을 동반합니다.[14] 몽상에 자리를, 무관심에 자리를 내줘라!

그   그건 우리 자료체 속에 있는 저항자의 담론이군요.

나   이 점에서 인셉션(inception) 개념이 흥미롭습니다. 그것은 수태(conception)처럼 수용(réception)을 대체합니다. 수태의 양태로 말하자면, 나는(천

---

14   위 사전에서 Privation 항목을 참조할 것.

1부 포스트류먼의 무대

가지 원인으로 내가 결정되었을지언정) 한 가지 생각을 만들어냄으로써 나를 받아들입니다. 수용의 양태로 말하면, 너는 내게 말을 걸고, 나는 너와 대화(말 없는 대화일지언정)를 시작하며, 그것이 내가 수락이나 거부를 또는 미묘한 차이가 있는 결정이나 무관심을 받아들이도록 인도합니다. 인셉션은 전혀 다른 것으로, 경계를 무너뜨리죠. 나와 너, 발신자와 수신자 사이의 경계를 말입니다.

그   우리가 더는 구분할 수도 없고, 어쩌면 구분하려고 애쓰지도 않는, 생물학적인 나와 인공적인 나 사이의 경계.

나   크리스토퍼 놀란의 영화 〈인셉션(Inception)〉이 2010년도에 대중용 영화로 만든 인셉션이란 개념은 연구해볼 만한 가치가 있습니다.

그   어쨌든 우리는 이 개념 때문이건 앞선 고찰들 때문이건 이제 본질적인 것으로 보이는 문제 속에 들어섰습니다. 양태의 문제 말입니다. 모든 게 양태들 주위로 돌고 있지 않습니까? 우리가 자유(할 수 있다)에 대해서나 아니면 철저한 부정(하지 않을 수 없다)에 대해 말하거나, 현재의 무지(할 줄 모른다)나 눈부신 미래(할 줄 안다)나 '진보'에 대한 저항(하고 싶지 않다) 또는 혁신을 향한 욕망(하고 싶다), 그리고 다른 모든 조합들에 말하건 말입니다. 아마도 사람들은 Semanticpedia나 DBpedia[15]를 통해 해결되고 있는 문제들 중 하나가 위키피디아(Wikipedia)에서 지혜롭고 효율적으로 서핑할 수 있게 하고, 인간만이 아니라 소프트웨어들에도, 정보 프로그램들에도, 특히 '구조화된 형태의 자료들 탐색과 추출'에 할애된 매개체들을 활용함으로써 서핑할 수 있게 해준다는 걸 확인하면 즐거워할 것입니다. 이를 통해 증명된 건 이중의 결핍, 이중의 '할 줄 모름'입니다. 시니피앙의 양적 대양에 빠진 인간의 결핍, 시니피에의 질적 마그마 속에서 갈피를 잃은 기계의 결핍이지요. 이

---

15   예를 들어 http://fr.wikipedia.org/wiki/DBpedia를 참조할 것.

점에서, 예견된 미래는 결정된 계획(하지-않을-수-있다) 한가운데 주어진 상황 속에서 무위의 능력은 물론이고 행위의 무능력(할-수-없다)에서도 벗어나는 것처럼 보입니다.

나　이미 아이작 아시모프가 그의 '양자 로봇(robots positroniques)'에 관해 거론했다가 1942년의 걸작 단편 「악순환」에서 그에 대해 보완 진술을 한 뒤로 엄청난 성공을 거둔 법칙들이 그걸 암시했죠. 첫 번째 법칙("로봇은 인간에게 해를 끼칠 수 없으며, 위험에 처한 인간을 방관할 수도 없다.")은 무관심을 축출하고, 두 번째 법칙("로봇은 인간이 내리는 명령에 복종해야만 한다. 다만 제1법칙과 충돌하는 명령만 예외다.")은 자유의 공간을 마련해주지 않지요.

5.　측정술(métrétique)과 거리(distance)

그　방금 본 것처럼, 두 경우는 환상 속에 모습을 드러냅니다. 끝까지 가서 만족을 얻든지, 아니면 조금 더 나아가고 싶어 하거나 조금 더, 아니면 더 크게 나아가려 하죠. 따라서 기호학은 한쪽에서 다른 쪽으로 인도하는 순간들에 관심을 가질 것이고, 단계들을 분류하거나 측정하는 데 집착할 것입니다. 한쪽은 디지털 보철기구(청각)가 자기 인생을 바꾼다고 강조할 테고, 다른 쪽은 나노외과술과 무한히 작은 '메스'에서 끌어내리라고 추산하는 무한한 혜택을 역설할 테지요…

나　…그 혜택으로부터 인류를 위해 무얼 얻어내리라고 추산합니까? 하지만 우리가 멀어지거나 가까워지는 귀중한 물건들에 가치론이 부여되는 순간부터 결합과 새로운 분리에 대한 판단들은 엇갈립니다. 많은 이들이 이 작업과 상실을 연결짓고 아연해할 것입니다. 우리가 자유의 상실이라고 말했지만, 실수와 불완전함에 대한 권리의 상실이기도 하지요.[16]

그　그들의 말에 따르면, 인간을 인류로 만드는 그 모든 것에 대한 상실입니까? 완전함은 욕망을 죽이고, 심지어 의미의 토대마저 죽입니다. 완전함의 예감(완전함과 우리를 분리시키는 거리, 우리가 처한 불완전함)은 그레마스에 따르면 가치세계로 내딛는 첫걸음입니다.[17] 하지만 우회로(voie oblique)는 열려 있습니다. 판단하기/번복하기/오판하기라는 세 도구를 통해 연장과 척도를 정의해야 할 겁니다.

나　자신을 판단하고, 자신을 오판하고, 자기 판단을 번복하는 건 어떻게 이해하십니까?

그　승마에 대한 흐릿한 기억이 떠오릅니다. 사람들이 말하길, 말은 속도가 어떠하건 앞으로 나아가면서 뒷다리들이 앞다리들의 발자국과 만날 때 스스로 판단하고, 뒷다리가 뒤쪽에 있을 때는 판단을 번복하고, 뒷다리가 앞다리보다 앞설 때는 오판한다고 하지요.[18]

나　휴먼, 트랜스휴먼, 그리고 포스트휴먼은 꼭 달려 나가는 말 같군요.

그　그리고 분석은 드러난 연장(延長)과의 관계를 고려한 거리를 가능한 한 측정하는 것이죠.

나　좀 알쏭달쏭한 말이군요!

16　GREIMAS는 서두에서 자신의 "백조의 노래(De l'imperfection, Pierre-Fanlac, Périgueux, 1987)"가 30년대에 카우나스 대학에서 중세철학을 가르친 그의 스승의 재발견된 마지막 텍스트(Lev KARSAVIN, De la perfection)에 응답한 것이라고 생각하고 흡족해 했다. Cf. Saulius ŽUKAS, 1996, "Karsavin et le monde intellectuel lituanien (à travers les souvenirs de A. J. Greimas)", Revue des études slaves, Institut d'Etudes Slaves, No.68-3, pp.367~373.

17　Lev KARSAVIN, De la perfection의 머리말을 참조할 것. Cf. A. J. GREIMAS, De l'imperfection, op. cit., p.99: "불완전은 의미를 향한 무의미를 우리에게 투사하는 점프대처럼 나타난다."

18　LITTRÉ 사전을 참조할 것. "오판하다(méjuger): (……) 3˚ 자신을 오판하다(se méjuger), v. réfl. 사슴이 뒷발을 앞발의 발자국 바깥에 놓는 것을 가리킨다". 하지만 이것은 3단 평가도구를 체계화하는 승마용어다. 개들과 관련해서 더 자주 쓰이는 3단 구성도 우리는 안다. 방어자세(se couvrir), 무방비자세(se découvrir), 잘못된 방어자세(se mécouvrir).

그   제가 측정술이라고 했잖습니까! 아니, 당신이 제대로 얘기하셨지요. 그래도 당신에게 명료하게 해명하기 위해[19] 예를 한 가지 들어봅시다. 프랑수아 손타그(François Sonntag)는 2011년 11월에 『통제 아래(Sous contrôle)』라는 작품을 쓰고 무대에 올립니다. 배경에는 때로 눈에 보이지 않는 카메라들과 때로는 영사할 목적으로 사용되는 단순한 소재로 축소된 스크린들이 벽처럼, 커튼처럼 설치되었지요. 우리의 극작가가 무엇을 표명하려는 걸까요?(Goetz, 2012) 인간이 트랜스휴먼의 예측 형태로 자신의 외삽을 해설하기 위해 무엇을 말할까요? 있는 그대로의 세계를 묘사하는 게 아니라 자신의 환상(phantasia)에 따라 자신이 상상하는 대로의 세상을 묘사하죠. 그리고 관객은 '제 입장을 정하도록 호출'되죠.

나   어떻게 말입니까?

그   '저건 우리랑 아주 먼 얘기다'라거나 아니면 반대로 '우린 저걸 벌써 넘어섰어'라고 생각함으로써, 말을 함으로써죠. 다시 말해 저자에 따르면 창작자가 예측 방식을 통해 '적절한 거리'에 자리 잡았다고 평가할 때 자신의 수용 거리를 선택하는 건 관객이라는 겁니다.

나   만약 그 관객이, 그 진술자가 이미 그걸 넘어섰다고 말하고 생각을 한다면 창작자는 진술자가 번복한다고 판단합니까?

그   '우리랑 아직 먼 얘기…'라고 생각한다면 그는 상대가 자신을 오판한다고 판단하지요! 우리가 예로든 경우, 저자는 '자신을 판단하는' 방식으로 이 작품을 만들었다고 생각하지요. 다시 말해 비교적 가깝지만 불확실한 미래를 위해 그럴듯한 설명을 제시한다고 생각하는 거죠.

나   얀 마루시히(Yann Marussich)의 '블루 리믹스(Bleu Remix)' 퍼포먼스에 대

---

19   그리고 또한 우리에게 해명하기 위해서도. 위의 각주에서 인용한 논문에 실린 Pierre BENOIT(1942)의 *Lunegarde* 분석 참조.

해서는 어떻게 생각하십니까? 마루시히는 화학 기술의 도움을 받아 자기 피부 위로 파란색의 분비물을 서서히 흘러내리게 해 다양한 체액(눈물, 침, 점액, 땀)을 보여줍니다. 신체의 일부는 다른 곳보다 빨리 물들어서 관객들의 관심을 끕니다. 예술가의 몸에서 나오는 분비물의 인위적인 색깔과 그의 굳은 자세가 액체 보철기구의 주입을 통해 유도되는 '사이보그 생성'의 이미지를 보여주죠.

그　올리비에 드 사가장(Olivier de Sagazan)의 '변형(Transfiguration)' 같은 신체적 정체성의 불안정성에 대한 탐색도 인용하실 수 있겠습니다. 그는 물감이나 진흙 같은 다양한 재료를 이용해 자기 얼굴을 변형하죠. 그의 퍼포먼스는 인간의 모호성을, 인간의 변신 욕구를, 다시 말해 증강 욕구를, 그리고 쇠약의 기호이며 감소의 기호인 최종 외모에 대한 걱정을 반향합니다.

6.　발구(跋句)

나　의미의 세계에 대한 분석—기호학의 최소 정의—을 앞으로 올 미지의 세계—포스트휴머니티—와 분리시키고 싶은 마음이 든다면, 우리가 알지 못하는 것에 대해서는 근본적으로 입을 다물어야 한다고 생각하고 싶은 마음이 든다면, 그래도 일화적인 것도 꼭 의미가 없는 건 아니라는 사실을, 더없이 미미한 우연도 기호학적 탐구에서나 경찰 수사에서나(이 비교는 종종 행해졌다) 이따금 결정적인 역할을 한다는 사실을 상기해야 할 것이며, 두 부류의 사소한 사실들을 소홀히 하지 말아야 할 것입니다. 분명히 하찮은 단서들이지만 언젠가는 의미망을 구축하는 데 기여할 수 있을지도 모릅니다.[20]

하나. 로봇이라는 단어는 1920년 프라하에서 창작되고, 1922년에 뉴욕에서, 1924년에는 파리에서 공연된 카렐의 R.U.R. 연극작품에서 조셉과 카렐 카펙 형제가 만들었다는 사실.[21] 이건 우리가 압니다. 우리가 잘 알지 못하는 건, 탁월한 원형기호학자 중 한 사람인 로만 야콥슨이 1920년에 프라하에 도착하자마자 데벳실(체코의 대표적인 아방가르드 예술단체-옮긴이) 그룹과 가까이 지냈다는 사실입니다. 이 그룹의 다양한 의미를 지닌 이름(머위, 모자용 트렁크, 국화과 식물, 그리고 '아홉 가지 힘') 또한 결정적으로 창의적인 이 형제들에게 빚지고 있지요. 이 '예술 단체'의 창립 모임을 그린 아돌프 호프마이스터(Adolf Hoffmeister)는 데벳실 극작 분과인 '해방 극장(Théâtre libéré)'에서 카렐 카펙과 로만 야콥슨이 나란히 함께한 첫 모임을 묘사한 판화도 그렸죠.

둘. 여전히 야콥슨입니다. 그는 나치의 협박 앞에서 망명을 떠나 1942년 미국에 도착했습니다. 클로드 레비스트로스는 이렇게 증언합니다. "야콥슨은 벨 전화회사에 다녔는데, 그곳에서는 언어의 소리를 분석하기 위한 기계들을 만들었고, 그 기계들은 커뮤니케이션 이론에 상당한 역할을 했다. 그는 내게 그곳 사정을 알려주었다"(2004). 그런데 「커뮤니케이션의 수학적 이론(A Mathematical Theory of Communications)」(1948) 논문의 저자인 클로드 섀넌(Claude Shannon)이 벨 연구소의 주요 연구원이었다는 사실과, 거의 같은 제목의 책(1949년에 워렌 위버(Warren Weaver)와 함께 씀)이 야콥슨의 유명한 논문 「언어학과 커뮤니케이션 이론(Linguistics and Communication Theory)」—프랑스어 번역본에서는 『일반 언어학 강의(Essais de linguistique générale)』의 제5장과, 섀넌의 모형에서 파생한 커뮤니케이션 요인들의 도식에 토대를 둔 제9장(「언어학과 시학(Linguistique et poétique)」)이다—에 무시할 수 없는 역할을 한다는 사실을 우리는 압니다. 1948년 봄, 야콥슨은 메이시 강연회(1942년부터 1956년까지 최고 수준의 학자들 사이의 만남을 주선한 재단의 이름을 딴 강연회로, 이 만남에서

---

20   일화적인 것의 기능에 관해서는 M. COSTANTINI, 1779 *Les nuées suspendues* (L'Harmattan, 《 Intersémiotique des arts》, 2009), p.7을 참조할 것.

21   R.U.R.(Rossum's Universal Robots), 체코어로는 Rossumovi univerzálni roboti.

사이버네틱스와 정보과학, 인지과학이 탄생하게 되었다)의 다섯 번째 강연에 직접 참석합니다. 이 다섯 번째 강연회는 무엇보다 언어의 구조에 관한 것이었지만 「언어학과 커뮤니케이션 이론」 논문에서 야콥슨은 사이버네틱스에 할애된 여덟 번째 강연회를 대단히 많이 인용하는데, 무엇보다 '예측되는 가능성(possibilités préconçues)'(또는 "미리 조립된 표상(représentations préfabriquées)")이라는 개념에 관한 도널드 M. 멕케이(Donald M. MacKay)의 입장을 인용합니다. 야콥슨은 근사성을 강조하죠. "언어학은 다른 것을 말하지 않는다"(Jakobson, 1977: 25~68).

마지막 우연의 일치. 「그리고 인간은… 로봇을 창조했다」 전시회의 위원인 지롤라모 라무니(Girolamo Ramunni)가 자신의 자료체의 역사를 그리면서 그것을 세 개의 장으로 나눌 때[22] 첫 장에는 카렐 카펙의 이름을 달고, 두 번째 장은 메이시 강연회들을 중심으로 구성합니다. 라무니가 설정한 세 번째 장, 오늘날 우리가 이미 폭넓게 가담하고 있는 '로봇혁명(robolution)'[23]에 대한 장에서는 의미의 학문과 모방 문제를 제기하는 트랜스휴머니티의 이 대기실 사이의 긴밀한 관계가 형성되는 걸 볼 수 있습니다. 로봇이 점점 더 우리 행위를 대체하면서 우리의 이미지가 되려고 하고, 또한 우리의 지성을 대체하고, 결국엔 일종의 대화를 나누듯 우리와 함께 산 뒤 우리의 뒤를 이으려는 건 아닐까요? 이 모든 것에 어떤 의미가 있는 걸까요?

(번역: 백선희)

---

22   "Une exposition pour l'avenir", Catalogue, op. cit., pp.16~23.

23   "Une exposition pour l'avenir", Catalogue, op. cit., pp.16~23.

해방인가 복귀인가?

미셸 우엘벡의 소설에 나타난 포스트휴먼의 모순적인 열정들

샤를 라몽

4.

1. 들어가며

현 인류의 소멸과 '포스트' 혹은 '트랜스' 인류의 도래는 미셸 우엘벡의 소설 『소립자』(1998)와 『어느 섬의 가능성』(2005)의 핵심 주제이다.[1] 동일한 등장인물이 나오진 않지만, 전반적으로 『어느 섬의 가능성』은 『소립자』의 후속편으로 간주될 수 있다. 21세기 말에 글을 쓰고 있는 포스트휴먼의 관점에서 『소립자』는 인류의 마지막 세대의 삶에 대해 들려주고, 고통과 노화와 죽음으로부터 해방된 '포스트휴먼' 종을 탄생시키면서 인류로 하여금 20세기 후반기에 스스로를 넘어서도록 했던 과학적 발견에 대해 이야기한다. 이 포스트휴먼 종(種)은 '트랜스 휴먼' 종이기도 한데, 왜냐하면 휴먼의 불행은 다양한 형태로 오래전부터 초래했던 '분리'로부터 해방되었기 때문이다. 사실 휴먼은 자신의 존재 조건에 다름 아닌 근본적인 분리(séparation fondamentale)에 대한 대체물을 찾아 헛되이(특히 사랑에서) 헤매도록 선고받은 '소립자'인 것이다. 『어느 섬의 가능성』은 『소립자』와 마찬가지로 휴먼과 포스트휴먼이 서로 겹치는 시기를 다루고 있긴 하지만, 이 시기를 훨씬 길게 잡고 있다. 서기 4000년경, 오늘날 우리가 알고 있는 인류의 형상은 완전히 사라지지 않았고(20세기 말 핵전쟁에 의해 피폭되어 거의 '야만의' 상태로 되돌아간 인간은 소수의 퇴화한 부족의 형태로 살아가고 있다), '미래인'들은 아직 도래하지 않았다. 격심한 기후 변화와 지형 변화가 있은 후 실제적으로 물이 빠져나가버린 지구에는 20세기 최후의 인간들의 클론인 중간자들이 전기 울타리로 보호된 거주지에 갇혀 고립된 채 살고 있다.

『어느 섬의 가능성』은 20세기 최후의 인간 중의 한 명인 다니엘이 1인

---

[1] 우리가 사용한 판본은 Michel Houellebecq, *Les particules élémentaires* (Paris, Flammarion, 1998)와 Michel Houellebecq, *La possibilité d'une île* (Fayard, 2005) 이며 이하 *Les particules élémentaires*은 *LPE*로, *La possibilité d'une île*은 *LPI*로 표시한다.

4장 -해방인가 복귀인가?

칭 화자의 시점에서 들려주는 '삶의 이야기'와 다니엘의 두 명의 신인류 후손인 다니엘24와 다니엘25가 선조인 다니엘의 삶의 이야기에 대해 '논평'하는 부분을 번갈아 가며 교차시킨다. 휴먼으로부터 포스트휴먼으로의 변모에 적극적으로 참여한 다니엘의 이야기와 먼 미래에 차례로 만들어진 그의 두 클론의 논평이 엇갈리며 줄거리가 전개될수록, '다니엘1'의 삶의 이야기는 점점 참을 수 없이 고통스럽고 절망적이 되어가고 그럴수록 먼 미래의 후손이자 논평가인 다니엘25는 이 정열에 이끌리게 된다. 신인류의 안정되고 동요 없는 삶이 다니엘25에게는 점점 견딜 수 없는 어떤 것으로 느껴지게 된 것이다. 결국 그는 안전하게 보호된 거주지를 떠나, 최후의 인간들이 누렸던 불안정하지만 풍부한 삶을 살기 위해 다른 많은 신-인간들처럼 '탈퇴하기'로 결심한다.

이렇게 두 소설은 휴먼과 포스트휴먼의 관계를 고통의 종과 권태의 종의 관계로 제시하는데, 쇼펜하우어에 따르면 고통과 권태는 욕망이 채워지느냐 채워지지 않느냐에 따라 인간 삶의 리듬을 결정하는 모순적인 두 정열이기도 하다. 미리 말하자면, 『소립자』에서는 포스트휴먼이 휴먼보다 바람직하게, 『어느 섬의 가능성』에서는 휴먼이 포스트휴먼보다 바람직하게 제시된다.

두 소설에 등장하는 두 주인공의 내면이 서로 극단적으로 대립하고 있긴 하지만, 그들의 여정이 죽음으로 귀착한다는 점에서 두 소설은 외형상 동일한 방식으로 끝난다. 『소립자』의 미셸은 마침내 인류로부터 벗어나, 다시 말해 고통으로부터 해방된 채 '바다' 속으로 가라앉고, 『어느 섬의 가능성』의 다니엘25는 '신인류'와 권태로부터 벗어나 다시 노예상태로 돌아감으로써, 다시 말해 인간조건으로 '복귀'하면서 바닷속으로 들어간다. 이러한 측면에서, 두 소설은 인간 욕망을 특징짓는 '딜레마(double blind)'의 구조를 제시하고 있다고 결론짓고 싶은 강한 욕망을 느끼게 된다. 더구나 인류에

대해 극도로 비관적인 이러한 비전에 따르면 포스트휴먼적인 해방이 휴먼
적 노예상태보다 인간을 더 고통스럽게 만들 것이기에 인간은 결코 자신의
고통에서 벗어날 수 없다고 말해도 좋을 성싶다.

　그런데 소설가를 철학자로 둔갑시키거나 소설적인 재료를 이런 짧은
추론으로 요약해버리는 것은 상식에 어긋나는 일이다. 더구나 『소립자』와
『어느 섬의 가능성』에서 드러나는 포스트휴먼에 대한 묘사는 휴먼에서 포
스트휴먼으로 넘어간 상황과 이러한 변화를 조장한 인물들의 차이를 그들
각각의 이야기 형태와 그들이 진실과 맺고 있는 관계를 통해 충분히 제시하
기에, 휴먼과 포스트휴먼에 대해 우엘벡의 평가가 보여주는 명백한 대칭을
어느 정도 무너뜨린다. ― 『어느 섬의 가능성』에 나타난 포스트휴먼과의 작
별과 달리 『소립자』에 나타난 휴먼과의 작별은 모든 차원에서 확실하고 적
절하다.

2.　신인류

　『소립자』에서 인류의 자손들은 이름이 없을 뿐만 아니라 묘사되지도
않는다. 소설은 전적으로 그들의 관점에서 3인칭 과거시제로 진행된다. 마치
연대기나 성서가 새로운 종의 시조-창조자의 삶을 이야기하듯, 미셸 디진스
키('디진스키(Djerzinski)'의 발음은 '예수(Jésus-Christ)'를 어렴풋이 연상시킨다)의 삶을
이야기한다. 포스트휴먼(일단 용이함을 위해 이렇게 부르기로 하자)의 전지적 시점
이 잘 드러나는 몇몇 언급은 언제나 '최후의 지식' 속에 있는 포스트휴먼의
우월성과 후대성을 강조한다. 그런데 소설 전체는 그 자체가 바로 '최후의
지식'의 총합이기에, '최후의 순간'을 살고 있는 인물들은 정의상 '최후의 지
식'에 접근할 수 없다. "미셸은 샤미에서 마지막 여름을 보내고 있지만, 그는
아직 그 사실을 모르고 있다", "그들은 니스 역의 플랫폼에서 헤어졌다. 그들은

아직 몰랐지만, 그들은 다시는 만나지 못할 것이었다"(*LPE*, 43: 327).[2]

『소립자』에서 소설 내내 비밀스럽게 제시될 뿐인 포스트휴먼의 존재를 확실히 확인할 수 있는 장소는 〈프롤로그〉와 〈에필로그〉에서이다. 우엘벡은 그들의 생각을 보여주기 위해 1인칭 복수 '우리'를 사용한다. 이 '우리'의 선택은 막 분리를 극복했고 그 결과 주관성을 뛰어넘은 포스트휴먼적 존재에게 아주 잘 어울리고 적당한 듯하다. 소설 전체를 감싸고 소설에 의미를 부여하는 〈프롤로그〉와 〈에필로그〉에서 이루어지는 포스트휴먼의 개입은(흔히 이 부분이 일종의 사회학 연구처럼 간주되는 경향이 있음에도 불구하고), 그것이 〈프롤로그〉의 시를 통해서이건 〈에필로그〉의 마지막 문장에서이건,[3] 텍스트를 매우 아름답고 장엄하게 만든다. 포스트휴먼은 파라다이스에 사는 천사나 '신'처럼 보인다.[4] 이 파라다이스는 인간들이 그들의 마지막 몇 해 동안 건설하고 파괴했던 떠다니는 관광용 '파라다이스'[5] 혹은 브뤼노에 따르면 헉슬리의 『멋진 신세계』에 필적한다.[6] 이 정서가 불안한 미셀의 형에 따르면 헉슬리의 소설 속에 나오는 세계는 인류가 지속적으로 열망해왔던 '파라다이스'에 대한 일종의 예고이자 상상이다. 사실상 『소립자』에 등장하는 포스트와

---

2 그 외, "[미셀은] 이 거주지에서 8년 이상 머물게 되리라고는 **아직 짐작하지 못했다**"(*LPE*, 113)(필자 강조). "그들의 시대는, 죽음에 대한 비극적인 감정을 노화라는 좀 더 일반적이고 물렁물렁한 감각 속에 빠트려 희석시켜버리는 전대미문의 이 변화를 **곧 이룩하려고 하고 있었다**"(*LPE*, 151)(필자 강조).

3 "우리는 오늘날 완전히 새로운 체제의 지배를 받으며 살고 있다. / 세상 모든 것을 엮어 주는 네트워크가 우리 몸을 감싸고 / 환희의 빛으로 우리 몸을 적신다"(*LPE*, 프롤로그). "그들의 마지막 대표자들이 사라져가고 있는 지금, 우리가 인류에게 이 마지막 경의를 바치는 것은 당연한 일이라고 생각한다. 이 경의도 언젠가는 잊혀지고 시간의 모래 속으로 사라져가겠지만, 적어도 한 번쯤은 이렇게 경의를 표할 필요가 있다. 이 책을 인류에게 바친다"(*LPE*, 에필로그).

4 "옛 인류의 눈에는 우리 세계가 천국처럼 보일 것이다. 하기는 우리도 이따금 농담 반 진담 반으로 우리 자신을 〈신〉이라는 이름으로 부르는 경우가 있다. 옛 인류에게 그토록 많은 꿈을 꾸게 만들었던 그 이름으로 말이다"(*LPE*, 394).

트랜스 휴먼은 외형상 현 인류와 다르지 않다. 미셸 디진스키가 더 이상 늙지 않는 그러나 어떤 나이에 도달한 창조자[디진스키 자신]의 외모를 영원히 간직하게 될 존재를 만들 수 있는 '완벽한 복제' 방법을 인류에게 물려주었기 때문이다.

이러한 몇 가지 설명을 제외하면 『소립자』에는 포스트휴먼에 대한 묘사가 거의 없다. 우엘벡은 그들에게 이름을 부여하지 않을 뿐더러, 그들의 나이가 모두 같은지 아닌지, 성인인지 아닌지, 성별이 있는지 없는지를 밝히지 않는다. 우리는 그들의 얼굴을 모른 채 그들의 목소리를 듣는다. 『어느 섬의 가능성』에서 상황은 좀 더 복잡하다. 클론들은 '신인류'라고 총칭적으로 불리는데, 그 이름을 보건대 그들은 여전히 휴먼과 근접해 있는 듯하다. 반면 『소립자』에서 포스트휴먼은 천사나 '신'에 훨씬 가깝다. 그들은 '파라다이스'가 아니라 황폐하고 적대적인 땅에 거주한다. 그들은 남성이거나 여성이며 (비록 그들이 쾌락 혹은 번식을 위해 성생활을 하지 않는다 할지라도), 멀리 떨어진 채 화면을 통해서만 서로 소통한다. 그리고 복수가 아니라 1인칭 단수로

---

5 "TMR이라는 고급 여행사는 〈코스카 로만티카〉호를 진수함으로써 호화 유람선 여행의 신기원을 이루겠다는 야심을 드러내고 있었다. 〈코스타 로만티카〉는 〈바다에 떠 있는 진정한 천국〉이라고 했다. 유람선 여행의 첫 단계는 이렇게 묘사되어 있었다. '유람선에 오르면 먼저 햇살이 가득한 커다란 홀로 들어가게 됩니다. 고개를 들면 유리로 된 거대한 둥근 천장으로 하늘이 그대로 보입니다. 다음에는 바다의 파노라마를 감상할 수 있는 엘리베이터를 타고 상갑판까지 올라갑니다. 상갑판에서는 뱃머리의 거대한 유리를 통해서 마치 대형 화면으로 보듯이 바다를 볼 수 있습니다'"(*LPE*, 282). 파라다이스에 대한 이러한 환영은 미셸의 형인 브뤼노의 시나리오 계획서에서도 볼 수 있다. "나는 새로운 예루살렘이라는 주제로 영화 시나리오를 한 편 썼어. 영화의 무대는 어떤 섬이야. 이 섬에는 벌거벗은 여자들과 크기가 작은 종자의 개들만 살고 있어"(321~22.)

6 "『멋진 신세계』에서 올더스 헉슬리가 한 놀랍도록 정확한 예언을 볼 때마다 나는 놀라. […] 『멋진 신세계』에 묘사된 사회는 비극과 극단적인 감정이 사라진 행복한 세계야. […] 유전자 조작, 성적인 자유, 노화에 맞선 투쟁, 레저 문화 등 모든 점에서 『멋진 신세계』는 우리에게 하나의 **천국**이야. 사실 우리는 지금까지 그런 세계에 도달하려고 노력해왔어. 비록 성공은 하지 못했지만 말이야"(*LPE*, 194~96)(필자 강조).

자신을 표현한다.[7]

　　그런데 이러한 상세한 설명은 기이하게도 신인류가 어떤 점에서 인류와 다른지 그리고 왜 달라야 하는지를 설명해주지 않는다. 유전자 변형으로 음식섭취와 소화의 사이클에서 벗어나 식물처럼 소량의 물과 소금으로도 살 수 있게 된 신인류는 신체적 능력에 있어서는 현 인류보다 뛰어난 듯하다.[8] 그러나 그들은 현 인류와 마찬가지로 추위, 피곤, 더위, 고통을 느낀다. 그들의 몸에는 피가 돌고 있는 것이다. 먼 곳의 사물을 보기 위해 다니엘25는 망원경이 필요하고, 그의 청각은 자신의 애완견 폭스보다 떨어지며 마지막 여행 때 그의 몸은 점점 더 악취를 풍긴다. 무엇보다 신인류는 불사의 존재가 아니며 '야만의' 휴먼이나 짐승에 의해 살해될 위험에 항시 노출되어 있다. 간단히 말해, 신인류는 약간 향상된 인간이지만, 이 단절이 그들을 전적으로 새로운 종으로 간주할 수 있게 할 정도로 대단한 것 같지는 않다. 더구나 다니엘25는 '논평'을 하는 중에, 신인류의 '보수성' 때문에 이 변신이 아주 미미할 수밖에 없었음을 명확히 밝힐 필요성을 느끼기도 한다.[9]

　　신인류는 '미래인'의 체제를 준비하기 위해 존재하지만, 그 체제의 전망은 소설이 진행될수록 밝지 않다. 『소립자』와 달리, 『어느 섬의 가능성』에서는 역할 분담 또한 어색하다. 포스트휴먼으로의 대전환 이후 2000년이라는 세월이 흘렀음에도 불구하고, 휴먼은 여전히 존재하고, 신인류는 휴먼과

7　　"저 멀리서 움직이고 있는 저 초라한 존재를 보라. 보라. 저들이 바로 인간이다. / 저물어가는 빛 속에서 나는 아무 아쉬움 없이 종의 소멸을 **지켜본다**"(*LPE*, 26)(필자 강조).

8　　"시간이 갈수록 나는 점점, 내 몸의 생화학적 구성이 그 어떤 동물에게서도 찾아볼 수 없는, 다양한 환경에 대한 놀랄 만한 저항력과 적응력을 부여했음을 알게 되었다"(*LPI*, 448).

9　　"우리를 최초로 무기 영양 동물 종으로 만든 표준 유전자 정정 플랜 이래로 그것과 비교될 만한 규모의 작업은 시도되지 않았다. 중앙 시테의 과학자들이 하늘을 날거나 바닷속에서 살아남을 수 있는 능력을 개발하자는 프로젝트들을 세워 우리의 동의를 구한 적이 있었다. 우린 오랜 토론을 거쳐 결국 그것들을 거부했다"(*LPI*, 414).

1부 포스트휴먼의 무대

여전히 가까이 있고, 미래인은 결코 개입하거나 의사를 표명하지 않은 채 자신을 기다리게 만들고 있는 중이다. 『소립자』에서 모든 것이 명확하다면, 『어느 섬의 가능성』의 몇몇 디테일은 거의 있을 법하지 않기도 하다. 인류의 퇴화가 진행된 지 2000년이 지났음에도 불구하고 가전기구와 권총이 있고 여전히 전기발전소가 돌아가고 있다. "네그라틴 댐에 도착한 나는 잠시 쉬었다. 거대한 터빈들이 천천히 돌아가고 있었다. 그것들은 이제 기껏해야 그라나다와 알리칸테 간 고속도로를 따라 불필요하게 줄지어 서 있는 소듐 가로등에 전기를 공급할 뿐이었다"(*LPI*, 444~45). 이 장면은 물론 아름답다. 그런데 핵전쟁이나 인류의 전적인 동요가 있은 몇 년 후의 장면이라면 그나마 받아들일 수 있겠지만, 인류와 신인류의 차이가 충분히 벌어질 정도의 세기가 흐른 후라면 이는 분명 불필요한 장면이다. 거의 영구적인 기계를 (소듐 가로등조차 반영구적이다) 만들 수 있었다면, 마지막 단계에 이른 휴먼은 이미 포스트휴먼에 도달해있어야 하지 않을까? 화자는 독자가 이러한 현상을 보고 놀라고 당황하리라 예견하고 선수를 치긴 했지만,[10] 독자의 놀라움을 완전히 사라지게 하지는 못한다.

3 삶의 이야기들

소설의 전체적인 서술 구성 역시 복잡한 문제를 야기한다. 포스트휴먼 혹은 그들의 시점에서 서술되는 인류의 종말에 대한 전지적 서술인 이 소설은 인간종말을 소재로 한 소설이 예외 없이 맞닥뜨리는 구성상의 난제

---

10 "인간에 의해 만들어진 장비 대부분이 수세기가 지난 후에도 여전히 작동한다는 걸 — 발전소들이 더는 아무도 사용하지 않는 전기를 수천 킬로와트씩 여전히 생산하고 있었다 — 확인할 때마다 나는 **놀랐다**"(*LPI*, 444)(필자 강조).

4장 -해방인가 복귀인가?

들에 간단하고 우아한 해결책을 대번에 제시한다. 누가 쓰는가? 어느 순간에? 어떤 독자를 위해? 등장인물들은 자신과 자신의 운명에 대해 무엇을 알거나 모르는가? 어떤 사건으로부터 어떤 예상을 할 수 있고 어떤 기억이 남겨지는가? 『소립자』의 에필로그에서 천사 화자들은 전 작품을 인류의 종말에 대한 '허구' 혹은 '믿을 만한 재구성', 일종의 최후의 증언, 아르카이브, '오마주'로 소개한다. 이 오마주는 2079년 오직 한 번만 쓰여질 수 있을 뿐인데, 왜냐하면 변이에 대한 기억이 생생하게 남아 있으면서도 그것을 평가할 수 있을 만한 충분한 시간이 흐른 후인, 변화로부터 멀지도 가깝지도 않은 시기여야 하기 때문이다.[11]

　『어느 섬의 가능성』의 서술 구성은 보다 복잡하다. 『소립자』에서 했듯이 프롤로그나 에필로그를 통해 단번에 해결하지 못한 채, 점점 강박적으로 텍스트의 성격 그 자체가 해결해야 할 주요 문제로 제기된다. 처음에 우리는 최후의 인간 중의 한 명인 다니엘의 과거사인 '삶의 이야기'와 다니엘의 먼 후손이자 신인류 클론인 다니엘25가 작성하는 그에 대한 '논평'을 번갈아 가며 읽게 된다. 그리고 다니엘의 '삶의 이야기'는 차츰차츰 어떻게 해서 이 '삶의 이야기'가 쓰여지게 되었는지 그 배경을 설명한다. 『잃어버린 시간을 찾아서』에 비견할 만한 서술 고리를 가진 이 소설을 읽으면서 우리는 그 이야기가 쓰인 경위를, 보다 정확하게 말하자면 이 '삶의 이야기'가 그 자신의 기원을 이야기하고 정당화하려는 목적 외의 다른 목적을 가지고 있지 않다는 점을 알게 된다(*LPI*, 93). 왕년의 코미디언인 다니엘은 20세기 말에 아주 유명했던 '광대'[12]로, 엘로헴 교단의 교주인 뱅상에게 관심을 갖게 되

---

11 『소립자』에서 최초의 포스트휴먼이 탄생한 시기는 "2029년"(*LPE*, 392)이며, 천사들은 그들의 이야기를 "그로부터 약 50년이 지난 후"(*LPE*, 393)에 위치시킨다.

12 다니엘1의 삶의 이야기는 다음과 같이 멋지게 시작한다. "광대로서 내 소명이 시작된 첫 순간, 그 순간은 내 기억에 얼마나 또렷이 남아 있는지!"(*LPI*, 19).

92	1부 포스트휴먼의 무대

고 지적으로 매료된다. 뱅상은 유한한 인류의 종말을 이룩하고 클론화를 통해 영생의 신인류로 옮겨가는 것을 사명으로 생각하는 인물이다. 애초에 그 계획은 전적으로 과학적이고 기술적인 차원의 것이었다. 우연한 기회에 다니엘은 뱅상에게 자기 삶에 대해 쓰겠다는 제안을 하게 된다. 이 제안은 우선 사료(史料) 혹은 개인적 증언으로 받아들여졌다. 그러다 그 이야기는 클론화가 진정으로 성공하는 날이 도래할 때까지 일종의 '임시방편'으로 도입되었다(*LPI*, 310).

　'삶의 이야기'는 추억, 성격, 개성을 집합시켜 생생하게 만들고 조직하면서 '서술적 정체정'이라고 할 어떤 것을 형성시키는 데 기여하기에, 개인의 '복제'가 목적인 프로젝트에서 역할을 맡을 수 있다. 자신의 '삶의 이야기'를 쓴 개인의 클론은 기억이 없거나 일관성 없는 기억만을 가진 개인의 클론보다 우수할 것이다. 이렇게 '삶의 이야기'는 점점 엘로헴 교단의 책임자들의 눈에 클론화 준비 과정에 또 인류가 신인류로 변화하는 과정에 필수불가결한 요소로 비춰지게 된다. 더구나 본질적으로 치유적이고 설명적인 성격을 가진 20세기 말의 '삶의 이야기'는 "불멸 지망자들"(*LPI*, 348)이 반드시 거쳐야 할 훈련의 일종이 되었다.

　'증언'에서 '임시방편'으로, 다시 신인류의 도래를 '준비'하는 것이 된 '삶의 이야기'는 엘로헴교로의 '개종'의 이야기로서 주요한 도구가 되고 전파의 주요 벡터가 된다. 가톨릭 전통에서 '성인의 삶' 혹은 보다 넓게 기독교 전통에서 예수의 삶이 가지는 모델로서의 가치는 일반화된 접속으로 인해 모방에 매우 민감해진 사회 내에서 급속히 확산된다. 인류를 엘로헴 교회로, 즉 포스트휴먼의 건설로 대대적으로 개종시키고자 하는 프로젝트에서, 다니엘의 '삶의 이야기'는 메스컴에 자주 등장하는 다니엘만큼이나 효과를 낼 수 있다. 다니엘이 자신의 이야기를 쓰기로 마음먹었을 때 그는 꽤나 유명한 작가였다(*LPI*, 418). 소설의 도입부에서 마치 평범한 자서전처럼 보였던 다니엘의 삶의 이야기는 이렇게 시간이 지날수록 인류를 파괴시킬 수 있는 무기, 치밀히 계획된 '반인류적 범죄'의 무기로 밝혀진다. "뱅상이 옳았다. 내 삶의 이야기가 배포되고 논평되면 그것은 우리가 알고 있는 대로의 인류에 종말을 고할 것이다. 마피아의 용어를 빌려 말하자면(그것은 분명 하나의 범죄, '반인류적 범죄'였다), 나를 '사주한 자'는 만족할 것이다. 인간은 둘로 나뉠 것이다. 인간은 개종할 것이다"(*LPI*, 418).

신인류가 최후의 인간들의 '삶의 이야기'의 작성이나 논평과 맺고 있는 이러한 관계가 꽤나 독창적이고 설득력이 있다 할지라도, 『어느 섬의 가능성』에서 이 관계는 몇몇 난점을 야기한다. 우선, 놀랍게도 대변화가 있은 이후에 클론-자손의 시조들의 '삶의 이야기'는 대변화가 일어났을 때와는 전적으로 상반되는 평가를 받는다. 자신들의 공동 조상의 삶의 이야기에 대한 독서나 논평은(소설의 1부와 2부의 제목은 각각 〈다니엘24의 논평〉과 〈다니엘25의 논평〉이다) 신인류-자손들에게는 필사와 논평을 통해 고대의 수사본을 후세에 물려준 중세 수도사의 훈련에 비교할 만한 일종의 훈련이었을 것이다. 혹은 미사 때 낭송하는 복음서의 구절이나 위인들을 기리는 국경일 축사처럼 일종의 경건한 오마주였을 것이다. 그런데 『어느 섬의 가능성』은 이러한 가정 중에 어떤 것도 확인시켜주지 않는다. 오히려, 신인류는 이 최후의 인간들의 삶의 이야기를 일종의 반면교사, 그 전철을 결코 다시 밟아서는 안 될 아주 오래전의 반면교사의 삶처럼 논평한다(*LPI*, 102: 183). 그 다음은 쉽게 짐작할 수 있다. 즉 삶의 이야기들을 논평하던 클론-자손들은 점점 그들이 가지고 있지 않은 웃음과 눈물과 욕망에 대해 향수 어린 호기심을 가지게 될 것이다(*LPI*, 63~64). 그런데 이러한 반전은 두 가지 점에서 있을 법하지 않다. 우선 신인류에게 길을 열어주었기에 칭송받아야 할 시조들의 삶의 이야기가 오히려 비하되었다는 점에서 있을 법하지 않다. 또한 인간 선조들의 삶의 이야기를 신인류의 '신앙의 지주'로 만든 '지고한 누이'가, 누구나 자신이 자주 접하는 것에 필연적으로 관심을 갖게 되리라는 것을 거의 예측하지 못할 정도로 순진했다는 사실은 있을 법하지 않다.

　또 다른 서술상의 난점은 소설의 끝부분에 이르러서야 가까스로 해결된다. 다니엘25는 변절하기로 결심하고, 보호된 거주지를 떠나(그때부터 일어난 일이 『어느 섬의 가능성』의 3부 〈마지막 논평, 에필로그〉의 내용이다), 긴 도보여행을 시작한다. 숲과 산맥과 사막을 거쳐 그는 바다와 진정한 삶으로의 '복귀(indélivrance)'에 이른다. 소설의 3부는 1인칭 단수의 것이기에("내가 방책의 빗장을 푸는 장치를 작동시키자, 폭스가 놀란 눈으로 나를 쳐다보았다"(*LPI*, 437)(필자 강조)), 독자는 즉각 다음과 같은 질문을 한다. 인적 없는 광막한 지구 위에서 점점 외톨이가 되어가는 다니엘25가 신인류에 작별을 고하는 이 이야기를 언제 또 어떻게 썼으며 후세에 전해주었을까? 다니엘25가 변절한 또 다른 신인류인 마리23이 남긴 메시지를 우연히 발견하는 순간에 이르러서야 독자는 이 질문에 대한 답을 얻는다. '얇고 투명하면서 찢어지지 않는' 플라스틱 종이 위에 기록해 금속 튜브 속에 넣은 메시지는 분명 오랫동안 보존될 수 있고 전해질 수 있기 때문이다. 독자는 곧 다니엘25의 마지막 이야기가 이와 비슷한 방식으로 쓰이고 보존되었다가 전해졌으리라 짐작한다. '흔적을 남기려는', '부조리한 혹은 숭고한' 인류의 의지를 증언하는 이 '수신자 없는' 메시지는 사실상 소설 전체의 특징을 보여준다. 독자가 손안에 들고 있는, 그 마지막 페이지를 결코 받아보지 못할 뻔했던 이 소설 전체의 특징 말이다.

4　인물들, 진리

　몇 가지 점에서 『소립자』와 『어느 섬의 가능성』은 공상과학소설로 분류될 수 있다. 소설의 시간적 배경은 미래이며, 소설 속 과학의 수준은 독자가 알고 있는 것과 아주 다르고, 더구나 인간은 새로운 종을 만들어낸다.

반면, 20세기 마지막 20~30년 동안 일어난 인류의 종말에 대한 이야기인 이 두 소설은 우리 시대와 인류의 진리를 알고자 하는 야망을 드러내기도 한다. 『소립자』는 도입부부터 물질적이고 정신적인 역량의 꼭짓점에 있는 문명을 전복시킨 대대적인 '형이상학적 급변'으로서 인류의 종말을 인류의 역사에 기입하고 정당화한다. 기독교인은 로마시민의 종교를 거의 이해할 수 없었고, 근대인은 기독교인의 신앙을 거의 이해할 수 없었다. 마찬가지로, 포스트휴먼은 여전히 분리와 고통과 공포, 결국 죽음 속에서 살고 있는 인간들의 욕망과 행위를 거의 이해할 수 없다. 두 소설은 인류 자체의 '거짓말'을 끈질기게 제시하고, 폭로하고, 조롱한다. 주요 인물들은 인간에 대한 실존적인 '이해'에 도달하는데, 이것이 그들의 생각과 삶을 결정적으로 변화시킨다. 『소립자』의 미셸은 20년 전에 돌아가신 할머니의 묘를 이장하면서 그 해골을 보게 된다. "그는 흙 칠갑을 한 채 눈구멍이 퀭하게 뚫려 있는 두개골과 거기에 매달려 있는 하얀 머리털 뭉치를 보았다. 그는 흙과 뒤섞인 채 흩어져 있는 등뼈들을 보았다. 그리고 그는 이해했다"(*LPE*, 286)(필자 강조). 다니엘 25는 길고 긴 여정 끝에 바다와 마주하게 된다. "그때 나는 '지고한 누이'가 왜 그토록 인간 선조들이 남긴 삶의 이야기를 공부하라고 강조했는지 이해하게 되었다. 나는 그녀가 도달하고자 했던 목표가 무엇이었는지 이해했다. 그 목표가 왜 결코 달성되지 않으리라는 것도 이해했다"(*LPI*, 334)(필자 강조).

두 소설은 인류와 신인류의 모순적인 정열에 대한 진리를 말하고자 하는 동일한 야심을 드러내지만, 닮은 구석이 없는 각각의 주요 인물로 인해 전적으로 상이한 결과를 만들어낸다. 이 등장인물의 차이는 소설의 발화 내용을 결정짓는다. 『소립자』의 미셸 제르진스키는 '일급의' 생화학자이다. 그의 삶은 온통 연구활동, 연구실, 논문 출판으로 이루어져 있다. 그는 오로지 합리성과 진리를 추구한다. 이 소설에서 포스트휴먼의 창조는 전적으로 합리적으로 이루어지는데, 그것은 과학자를 선두로 인류 전체가 고개를 숙일 수밖에 없는, 그리고 사실상 고개를 숙이는 과학적 발견의 결과이다. 미셸의 옛 상사인 데플레쉬앵이 말하듯이 말이다. "경제, 정치, 사회, 종교 분야의 어떤 권력도 합리적 확실성 앞에서는 무릎을 꿇지 않을 수 없어"(*LPE*, 334). 어떤 점에서 예수를 연상시키는 미셸은 모방, 경쟁, 폭력의 형태를 띤 것은 모두 거부했다. 그의 검소한 생활은 금욕주의자의 생활과 다를 바가 없다. 쾌락추구라는 보편적인 규칙의 '예외'로 묘사된 그는 아름다운 아나벨과 진지하고 아름답게 사랑을 하고 있지만, 소설의 상징적인 한 주요 장면에서 그녀를 포기한다(*LPE*, 264). 한 '댄스파티'에서 아나벨이 잘생기고 악마적인 한 청년의 거부할 수 없는 유혹에서 벗어나기 위해 도움을 요청하듯 미셸에게 같이 춤추자고 했을 때 그는 그녀의 권유를 거절했던 것이다. 미셸은 '무리에 합류하기'를 거부하고 또 '춤추기'를 거부하면서, 자신을 사랑하고 또 자신이 사랑하는 여인을 포기하게 될 것이다. 그러므로 『소립자』에서는 가장 염결하고 고결한 인물이 인류에 대한 작별을 고할 것이다.

　　『어느 섬의 가능성』의 다니엘은 미셸과 정반대의 인물이다. '광대'이자 매스컴을 타는 냉소적인 예술가인 다니엘은 대중들이 받아들일 수 있는 한계를 결코 넘지 않는 수준에서 아슬아슬하게 소란스러운 무대를 제공하면서 성공에 성공을 거듭한다. 그의 부와 명성은 모방과 경쟁의 세계에 적극적으로 참여함으로써 얻어진 것이다. 엘로헴 교단이 그를 동원한 이유 또한 대중을 끌어들이는 그의 능력 때문이었다. 『어느 섬의 가능성』에서 신인류의 창조는 과학 덕분이기도 하지만, 동시에 광고 캠페인, 신자 모집, 광신적인 의식, 한마디로 신앙에 필요한 일체의 도구와 장치 덕분이기도 하다. 물론 다니엘은 인류에 대한 어떤 진리를 추구한다. 하지만 그는 자신이 '진실함'이라는 수료증을 결코 받을 수 없으리라는 것을, 철저히 배후조종자로 남을 것이라는 것을 잘 알고 있다. 반면 자신의 성적 강박과 능력에 대한 그 자신의 묘사는 때때로 현실성이 결여되어 있다(*LPI*, 400: 429).

두 소설의 주요인물 사이의 대립(이는 그들의 파트너의 경우도 동일한데, 『소립자』의 아나벨이 사려 깊다면 『어느 섬의 가능성』의 에스더는 오로지 섹시할 뿐이다) 또한 두 소설의 문학적 골자에 영향을 끼친다. 즉 인류와 신인류에 대한 두 개의 대칭적인 작별을 이끌어낸다. 『소립자』에서 미셸은 소설의 다른 인물이나 사건과 마찬가지로 천사나 '신'의 경지에 이른 포스트휴먼에 의해 외부에서 과거 시점으로 묘사된다. 이들 천사 혹은 신들은 휴먼을 넘어선 존재이기에 그들이 제공하는 인류에 대한 작별의 묘사가 아름다움이나 치밀함에 있어 최고에 달하는 것을 방해하는 것이 소설 속에 있을 수 없다. 그들이 자신을 창조한 자에 대해 이야기할 때도 동일한 논리가 적용된다. 반대로 『어느 섬의 가능성』의 이야기는 능란하고 냉소적이지만, 문학적 혹은 지적 관점이 제한적일 수밖에 없는 개인 다니엘에 의해 만들어졌다. 그는 자신의 이러한 한계를 자주 그리고 기꺼이 인정한다.[13] 아주 의미심장한 한 부분에서 다니엘은 보들레르의 〈가난한 이들의 죽음〉에 대해 언급하는데("오호라, 위안을 주는 것, 살게 만드는 것도 죽음이려니!"), 그에 따르면 전체적으로 자기 삶은 이 복귀의 시에 대한 논평일 뿐이다. 이 정도로 '숭고한' 시 앞에서, 그는 단지 '고개를 끄덕'일 수 있을 뿐이었다. "나는 고개를 끄덕였다. 달리 내가 뭘 할 수 있었겠는가?"(*LPI*, 409). 때때로 강력한 엔진에 제동을 걸듯, 『어느 섬의 가능성』에서 소설의 많은 부분을 1인칭 화자, 즉 별 볼 일 없는 작가에게 맡기면서 우엘벡은 자신의 글쓰기에 제동을 걸었는데, 이 보잘것없는 작가의 펜 아래서 숭고한 진실이 쏟아져 나오거나 전복적인 걸작 『소립자』에서 읽을 수 있는 그토록 아름다운 문장들이 뿜어져 나왔다면 비논리적이

---

13 "나는 곧 내가 평생 익살꾼으로 경력을 쌓아 온 이전의 나를, 중간계급의 차라투스트라를 여전히 포기하지 않았다는 것을 확인하고 약간의 슬픔을 느꼈다"(*LPI*, 412).

1부 포스트휴먼의 무대

었을 것이다.[14]

이처럼 두 소설의 대칭은 전적이진 않다. 『소립자』에서 고통받고 분열되어 있는 인류에 고하는 작별의 어조는 자연스럽고 적절하고 심오하다. 반면 『어느 섬의 가능성』이 보여주는 완벽한 복제와 불멸의 권태로운 파라다이스, 다시 말해 신인류에 대한 거부는 발화, 있을 법함, 서술 논리의 측면에서 난제에 부딪쳤다. 이 문제들이 다소간 해결되긴 했지만, 여기서 우엘벡은 편안하지 않다. 아마도 파라다이스의 권태는, 그 권태가 필연적으로 동반하는 종말의 단계에 이른 인간에 대한 사랑과 함께, 인류가 '은밀한 안도감'을 느끼며 '자신의 소멸에 동의'(LPE, 264) 할 수 있으리라는 사실을 환기하는 것보다 다소간 더 진부한 (또한 더 바람직한) 테마이기 때문일 것이다.

(번역: 백선희)

---

14   내가 보기엔 2부 19장(295~97)이나 3부 4장(356~58)이 그 많은 예들 가운데 속한다.

4장 -해방인가 복귀인가?

2부

사이보그 행위자

사이보그와 그 자매들: 해러웨이의 포스트휴먼 수사 전략

김애령

5.

1. 들어가는 말

"나는 여신이 되기보다 차라리 사이보그이고 싶다"는 말로 끝맺는 도나 해러웨이(Donna Haraway)의 「사이보그 선언문(A Manifesto for Cyborgs)」은 1986년에는 초고의 형태로, 1991년에는 수정 확장된 지금의 형태로 발표되었다. 이 글에서 해러웨이는 "20세기 후반에 이른 우리의 시대, 이 신화적 시대에 우리 모두는 키메라이자, 기계와 유기체가 이론화되고 가공되어진 혼합물, 간단히 말하자면 우리 모두가 사이보그"라고 선언했다(해러웨이, 1997: 149). 이 선언문이 발표된 이래로 해러웨이의 '사이보그'는, 생명공학과 정보기술의 지배적 영향 하에서 이제는 인간이 더 이상 근대적 휴머니즘의 틀로는 정의하기 어려운 그 경계가 모호한 존재, 아마도 '포스트휴먼(posthuman)'이 되었다는 문제의식을 효과적으로 묘사했다. 이 효과적인 비유 덕분에, 해러웨이는 "다중으로 낙인찍힌(multiply marked) 사이보그 페미니스트"로 알려지게 되었다(해러웨이, 2002: 13). 해러웨이는 사이보그를 "사회적 실재임과 동시에 허구의 산물"(해러웨이, 1997: 148)이라고 소개했지만, 이 글이 발표되던 당시 그것은 사회적 실재로 경험되기보다는 SF 소설이나 영화의 상상력 속에서나 발견되던 낯선 것이었다. 그러나 해러웨이의 선언문 이후 지난 28년 동안 사이보그는 점차 사회적 실재로서 현실세계 안에 자리 잡았다. 『사이보그 안내서(The Cyborg Handbook)』가 출간되었고,[1] 미국의 몇몇 대학에는 사이보그 학과가 설립되었으며, 적지 않은 수의 자칭 사이보그학자(Cyborgologe)들이 등장했다(Harasser, 2011: 581).

해러웨이의 사이보그는 흔히 "우리가 지금 거주할 수 있는 포스트젠더(postgender)의 상징"으로 받아들여졌다(와이즈먼, 2009: 143). 물론 그 근거는 해러웨이에게 있다. 해러웨이는 「사이보그 선언문」에 "사이보그는 탈성차

---

[1]   Gray(Ed.)(1995), *The Cyborg Handbook*, Routledge: New York/London.

(postgender)의 세계에서 만들어진 산물이다"라고 적고 있다(해러웨이, 1997: 149). 해러웨이의 언급은, "사이보그 기술 덕분에 여성들은 생물학적 신체의 경계를 넘어설 수 있게 되었고, 스스로를 역사적 범주인 여성 밖에 있는 다른 대상으로 재정의할 수 있게 되었다"는 것으로 이해되었다(박진희, 2005: 56). 그러나 다른 한편 이와 같은 전망의 반대자들은 사이보그의 재현 이미지들이 여전히 젠더 이분법에서 자유롭지 못하다는 사실을 지적한다. "헐리우드 공상과학 영화에서 시각적으로 재현된 사이보그들은 서구에서 정형화된 젠더, 인종, 신체적 차이에 거의 도전하지 않는다"(와이즈먼, 2009: 149). 오히려 "사이보그 이미지는 기술이 가져다주는 구원에 대한 낭만적 서사의 일부로서 전통적 이원론 속에 다시 각인되기 쉽다"(와이즈먼, 2009: 150). 해러웨이 자신은 사이보그 '형상[2]의 해방적 잠재력 못지않게, 그것이 지닌 모호성과 어두운 측면을 인지하고 있다. 그녀는 사이보그가 "국가사회주의는 말할 것도 없고, 군국주의, 가부장적 자본주의의 서자"라는 점을 잊지 않는다(해러웨이, 1997: 151).

「사이보그 선언문」 이후 지속된 해석의 애매성에도 불구하고 해러웨이는 이후의 연구에서도 사이보그라는 '오염된 유산'을 버리지 않는다(해러웨이, 2005: 171). 해러웨이에게 사이보그는 유토피아적 꿈이 아닌 "현장에서 작업하고자 하는(on-the-ground working) 기획"이었다(Gane, 2006: 137). 이 기획을 지속하기 위해 또 다른 형상들, 사이보그의 '자매들'을 과학기술의 '겸손한 목격자(modest witness)'로 소환하면서, 해러웨이는 사이보그 형상의 소진되지 않은 유용성을 재의미화하고자 한다. 그리고 이 형상들의 관점에서 현실을

---

2   이 글에서 '형상'으로 번역하는 영어 단어 'figure'를 민경숙은 '비유'로 번역했다. 이 단어는 수사학에서는 흔히 '문채(文彩)'로 번역된다. '형상, 비유, 문채' 중에서 '형상'을 번역어로 택하는 이유는, 해러웨이가 'figure'를 어떤 사태를 '형상화(figuration)'한 결과로, 어떤 '모습'을 그려낸다는 점을 강조하면서 사용한다는 점에 유의하기 위해서이다.

더 복잡하게 묘사하고자 한다.

이 글은 수사학적 전략이라는 축에서 해러웨이의 주장을 재구성하고, '사이보그, 겸손한 목격자, 여성인간©, 앙코마우스™'와 같은 형상화 (figuration) 작업에 담긴 해러웨이의 의도를 추적하고자 한다. 해러웨이의 형상들은 과학기술 서사의 주인공을 바꾼다. 그것을 통해 해러웨이는 오늘날의 기술과학 담론이 무엇을, 혹은 어떤 관계를 드러내거나 감추는지, 이 담론 권력이 세계를 어떻게 주조하고 재생산해 왔는지, 그리고 그 안에서 누가 이익을 얻고 누가 고통을 당하는지 보여준다. 형상화와 더불어 아이러니를 해러웨이에게 '상황적 지식(situated knowledge)'을 효과적으로 묘사하고 설득하기 위한 수사 전략으로 채택한다. 형상화와 아이러니 같은 수사적 장치를 통해 해러웨이는 지배적 기술과학 담론에 대한 대안 서사를 제시하고, 현실세계를 보다 복합적이고 혼종적인 시선에서 묘사하고자 한다. 이 글은 해러웨이의 수사학이 오늘날 인간종이 직면하고 있는 포스트휴먼[3]의 상황을 효과적으로 묘사하고 비판적으로 숙고하기 위한 전략이 될 수 있음을 밝히고자 한다.

---

3 해러웨이는 '포스트휴먼'이라는 용어를 조심스럽게 사용한다. 「사이보그 선언문」을 비롯해 한동안 이 용어를 사용했지만, 곧 '포스트휴머니즘'이라는 용어를 피하기 위해 '동반종'과 같은 다른 개념을 도입했다고 밝힌다. 그러나 동시에 현실을 묘사하기 위해서 포스트휴먼이라는 용어를 사용하지 않는 것이 불가능하게 여겨지는 지점이 있음을 고백한다(Gane, 2006: 140). 해러웨이가 이 용어를 사용하지 않을 수 없다고 생각하는 지점은 근대적 휴머니즘 서사를 통해 만들어진 '휴머니티'라는 형상이 균열을 일으키는 지점, 즉 인간과 인간 아닌 것(동물, 기계, 물질) 사이의 경계가 더 이상 확고하게 지켜지지 못하는 지점을 지적할 때이다(Haraway, 2004: 47~61).

2. 형상화 전략의 의미

해러웨이의 텍스트는 은유들과 수사적 형상들로 가득 차 있다. 그녀는 형상들을 활용해 자신의 이론적 주장을 구성한다. 따라서 해러웨이의 텍스트를 유용하게 읽어내기 위해 "독자는 해러웨이의 암시적이고 모순적이며 일그러진 형상의 세계와 그 세계의 과도한 참조 체계에 응해야만 한다"(Harrasser, 2011: 586). "영장류, 사이보그, 여성인간ⓒ, 앙코마우스™ 그리고 겸손한 목격자, 흡혈귀" 같은 형상 안에 해러웨이는 각기 다른 문제제기, 개념화, 방법론, 정치적 입장, 구체적 물질성을 압축한다. 형상들은 그 자체가 방법론이며, 각기 자신의 방법론을 가지고 있다(같은 곳). 해러웨이의 형상들은 각기 다른 맥락에서 기호적이고 물질적인 권력관계를 표시하는 형상화 작업의 결과물이다. "형상들은 희망과 공포를 모으고, 가능성과 위험을 보여준다. 가상적으로, 그리고 물리적으로 형상들은 사람들을 이야기 안에 뿌리내리게 하고, 역사에 접속한다"(Haraway, 2004: 1).

해러웨이는 '형상(figure)'이라는 단어의 이중적 의미에 주목한다. 'figure'는 프랑스어에서는 얼굴을 뜻하고, 영어에서는 이야기의 윤곽이라는 개념을 담고 있다. '형상화하다(to figure)'라는 말은 '세다, 계산하다'와 함께 '이야기 속에 끼다, 역할을 맡다'를 의미한다. "비유[형상, figure]는 또한 그림 그리기이다. 비유[형상]는 그래픽 표현들과 일반적인 시각 형태들과 관련이 있으며, 이 사실은 시각적으로 포화된 기술과학 문화에서 적지 않은 중요성을 띠고 있다"(해러웨이, 2007: 55). 형상화(figuration)는 윤곽을 그리는 것이자, 시각화하는 것이다. 해러웨이에게 형상화 작업은 "수행적 이미지들이자 거주 가능한 공간"이다. 언어적이든 시각적이든 형상화 작업은 "논쟁의 여지가 있는 세계를 보여주는 압축된 지도"이다(같은 곳).

해러웨이는 비유(trope)가 언어의 특수한 활동이 아니라 언어의 일반적 특성이라고 생각한다. "수학을 포함한 모든 언어는 비유적(figurative)"이다. 언

2부 사이보그 행위자

어 자체가 비유로 구성되어 있고, 우리가 세계를 이해하고 해석하는 방식은 이미 수사적이다. 해러웨이는 기술과학의 모든 '물질적-기호적 과정'도 불가피하게 비유적이라고 밝힌다. 예를 들어 "칩, 유전자, 씨앗, 태아, 데이터베이스, 폭탄, 인종, 두뇌, 생태계 등"과 같은 "생명들과 세계들로 만들어진 작은 세트의 물체들"은 "문자적인 동시에 비유적이다"(해러웨이, 2007: 55). 이 각각의 단어들은 어떤 대상을 문자 그대로의 의미로 지시함과 동시에, 이 이름들 자체가 하나의 윤곽그리기이자 시각화로 어떤 의미망을 활성화하는 것이다. 이렇게 활성화되는 의미망 안에서 주어진 대상은 이해 가능한 것이 된다. 그렇게 대상 세계에 윤곽을 부여해 이해 가능한 하나의 이야기로 만드는 형상화 작업을 통해, 세계의 어떤 측면은 강조되어 가시화되는 반면 다른 측면들은 비가시적 영역에 감춰진다.

모든 언어가 비유적이라는 해러웨이의 주장은 언어의 외부나 텍스트의 바깥이 없다는 주장이 아니다. 해러웨이는 '물질적-기호적 세계'라는 개념을 통해 언어와 실재, 이야기와 세계 경험, 비유와 세계 (다시-)만들기의 관계를 포착한다. 해러웨이에게 현실적인 것과 비유적인 것은 공히 우리가 체험하는 물질적-기호적 세계의 구성요소들이다(해러웨이, 2007: 40). 해러웨이는 물질적-기호적 실천의 예로 가톨릭의 성찬의식을 가져온다. 성찬의식에 참여하는 사람들에게 빵과 포도주는 (어떤 의미에서) 예수의 살과 피가 된다. 그것은 상징 이상의 작용을 한다. 해러웨이의 '물질적-기호적 세계'는 기호와 물질이라는 두 개의 동떨어진 영역들의 결합이 아니라 과정적 침투이다. 그것은 기호의 육화이며 동시에 몸의 기호화이다. 그 관계는 구체적이고 실천적이며 경험적이고 구성적이다. 따라서 해러웨이에게 육체는 물체가 아니다. "육체에 관한 물질화된 기호현상인 친근함, 몸, 피흘림, 고통, 육감 등의 분위기들을 포함"하는 한, 그것은 단순한 물체가 아니다. 물질성은 기호적 의미화와 독립해서 이 세계 안에 존재할 수 없다. 해러웨이에 따르면, 우리는 은

유를 통하지 않고는 사유할 수 없고, 또한 기호적 의미를 갖지 않은 물질성은 이 세계에 존재하지 않는다(해러웨이, 2005: 147~148).[4]

해러웨이에게 세계를 이해하는 일은 이야기 속에서 사는 일과 관련된 문제이다. 이 세계에 이야기들의 바깥은 없다. 이야기들은 대상들 안에서 문자화된 것이며, 혹은 달리 말해 대상들은 얼어붙은(frozen) 이야기들이다(해러웨이, 2005: 178). 형상화 작업은 세계에 개입하고 세계를 변화시키는 기획의 중요한 부분을 차지한다. 해러웨이에게 형상화는 가능한 과거와 미래를 위한 무대를 재설정하는 것이며(Haraway, 2004: 47), 실천적·수행적 의미를 지니는 것이다. "형상화들은 우리에게 무엇을 해야 하는지를 [직접] 말해주기보다는, 그 안에서 일상의 결정들을 다르게 내리게 하는 판단의 틀(framework)을 제공한다. 형상화 작업을 통해 우리는 새롭고도 '다른' 이해의 방식을 제공받음으로써, 행동과 이해의 다른 방향성을 제안받는다"(Bastian, 2006: 1029~1030).

'사이보그와 그 자매들'의 대항적 형상화는 지배적 기술과학이 행하고 있는 현행의 '물질적-기호적 실천'에 도전하는, "좀 더 깊고 넓게 열려진 과학적 읽고 쓰는 능력(literacy)"을 얻기 위한 기획의 일환이다. 그리고 해러웨이는 이 리터러시를 "상황적 지식"이라고 부른다(해러웨이, 2007: 54).

---

4   스폴은 해러웨이의 수사학을 "체현적 수사학(embodied rhetorics)"이라고 해석한다. 그녀에 따르면, 해러웨이의 '체현적 수사학'은 육체적이고 감정적인 앎의 방식을 발견의 과정에 재통합할 가능성을 연다. 이러한 해석은 해러웨이가 형상화 작업을 통해 인식을 투명한 객관성의 시각을 중심으로 구성해온 인식론의 역사에 반대하여, 상황적이고 체현적인 과정으로 이해한다는 점을 올바르게 지적한다. 그러나 스폴은 여전히 해러웨이의 '물질적-기호적 실천'을 지식과 몸, 기호와 물질의 이분법 위에서 이 두 영역의 '연결 내지는 종합' 하는 것으로 이해한다는 점에서 한계적이다(Spoel, 1999: 201).

2부 사이보그 행위자

3. '겸손한 목격자'의 재형상화와 상황적 지식

해러웨이에 따르면, 서구 근대 과학은 객관적 지식이라는 믿음을 구성하는 자기 서사를 가지고 있다. 해러웨이는 스티븐 샤핀과 사이먼 셰이퍼의 저서 『리바이어던과 공기펌프: 홉스, 보일, 그리고 실험적 삶』(1985)의 논지에 따라 서구 근대의 과학실험에서 '겸손한 목격자(modest witness)'라는 주체 모델이 정착하게 되는 과정을 추적한다. 샤핀과 셰이퍼에 따르면, 1650년대와 1660년대 로버트 보일이 진공의 존재를 증명하기 위해 진행한 공기펌프 실험은 새로운 근대적 삶의 형태를 구축하는 기술들을 가동시킨다. 그것은 "공기펌프를 만들고 작동시키는 데 깊이 새겨진 **물질적 기술**, 그 펌프가 생산한 현상을 직접 목격하지 못한 사람들에게 알리는 방법인 **문학적 기술**, 그리고 실험적 철학가들이 서로 거래할 때 그리고 지식-소유권에 대해 고려할 때 사용해야 했던 여러 관습을 통합하는 **사회적 기술**[원저자의 강조]" 등이다(샤핀과 셰이퍼, 1985: 25, 해러웨이, 2007: 78에서 재인용). 그 기술들을 통해 지식으로 간주될 수 있는 것을 생산해내는 근대 과학의 생산 장치를 만든다.

이 생산 장치 안에는 서로 다른 두 층위의 비가시성이 작동한다. 그 하나는 절대적 객관성을 가지고 세계의 실재를 반영하는 과학자의 투명성이다. 과학실험의 주체는 '겸손한 목격자'여야 하는데, "겸손함을 가시화하기 위해 그 사람, 즉 실재를 거울처럼 보여주는 설명을 할 수 있는 목격자는 눈에 보여서는 안 되며, 자기 비가시성(self-invisibility)이라는 기이한 관습에 의해 구축된 강력한 '표시가 없는 범주(unmarked category)'의 거주자이어야 한다."(해러웨이, 2007: 76) 그리고 "이런 자기 비가시성은 겸손이라는 미덕 중에서도 구체적으로 근대적·유럽적·남성적·과학적 형태를 말한다"(해러웨이, 2007: 77).

또 다른 하나는 이 실험 과정에 개입된 계급과 젠더와 인종을 둘러싼 비가시화의 작동이다. 겸손하고 투명한 반영의 장에서, 누군가 수행해야만

하는 노동을 드러내는 것은 그 실험의 객관성에 누를 끼치는 오염이다. 실험은 흡사 어떠한 노동도 개입되지 않은 채 진행되는 것처럼 드러난다. 또한 실험 관찰자 지위에서 배제된 여성의 (비) 존재도 드러나지 않는다. 실험을 참관했던 여성들도 목격자로 기입되지 못한다. 해러웨이는 엘리자베스 파터의 분석을 인용하면서, 이 과학 실험이 단지 여성을 배제하는 권력이었을 뿐 아니라, 젠더를 생산하는 권력이었음을 지적한다. 과학 실험이 겸손한 목격자의 형상 위에 객관성의 서사를 수립하는 과정에서 젠더적으로 위험한, 즉 이제까지 여성적인 덕목이었던 '겸손함'이 과학기술 주체인 남성의 덕목으로 변모해 정착하게 된다. "여성의 겸손은 몸에 관한 것이었고, 반면 새로운 남성의 미덕은 지성에 관한 것이었다. 이런 겸손은 신사-과학자의 신뢰성에 매우 중요한 것이었다. 그는 세상, 즉 자신 이외의 것에 대해 보고해야 했기 때문이다"(해러웨이, 2007: 89).

이렇게 과학서사 안에서 겸손한 목격자는 젠더와 인종과 계급 범주를 초월하게 된다. 겸손한 목격자는 "자신의 보잘것없는 의견과 자신의 치우친 구체적 표현을 보태지 않으면서 대상 세계에 대해 말할 수 있는 적법하고 공인된 복화술사"로서, "사실을 확립시킬 수 있는 놀라운 권력"을 부여받는다. "그는 증언을 한다. 그는 객관적이다. 그는 대상들의 명확성과 순수성을 보증한다. 그의 주관성이 곧 그의 객관성이다"(해러웨이, 2007: 77).

해러웨이는 우선 서구 과학서사 안에서 공인되어온 이 투명한 객관성의 반영자인 '겸손한 목격자' 모델이 비유적 형상이라는 점을 지적한다. 이 형상은 과학적 실험 장치와 노동력의 개입을 감추고, '겸손함'을 신사 과학자의 신뢰성의 근간이 될 남성 젠더의 미덕으로 정착시키면서, '백인-부르주아-남성-신사-과학자'의 눈을 투명하고 초월적인 시선으로 만든다. 해러웨이는 이 근대적 과학서사의 물질화된 형상인 '겸손한 목격자'를 지금 시대의 토포스(topos), 즉 크로노토프(chronotope)[5]에 적합하게 재형상화하는 작업에 착수한다. 겸손한 목격자의 형상이 바뀌면, 그 목격자가 증언하는 객관성의 내용도 달라진다. 새로운 목격자들은 시각을 바꾸어 가시성의 경계를 이동시킨다.

해러웨이가 착수하는 '겸손한 목격자'의 재형상화는 과학적 지식의 '투명한 객관성'을 생산하는 근대 과학의 서사를 폭로하고 대체하기 위한 것이다. 해러웨이는 "객관성이 특별하고 특수한 체현에 관한 것이지 모든 제한과 책임의 초월을 약속하는 거짓 시력[시선, vision]에 관한 것이 아니라는 사실"을 폭로하면서, "제한된 위치 및 상황적 지식"이라는 여성주의적 객관성을 도출한다(해러웨이, 2002: 341).

해러웨이가 제시하는 상황적 지식은 시선의 은유로부터 출발한다.[6] 그 것은 구체적인 하나의 위치에서 보는 것에서 시작한다. "오직 부분적인 시각[관점, perspective]만이 객관적 시력[시선]을 약속한다"(해러웨이, 2002: 341). 해러웨이에 따르면, 표시가 없는 낙인찍히지 않은 자의 관점에서 본 진실은, 가능하지 않다는 의미에서 환상이고, 주관성을 배제한 객관성으로 만든다는 의미에서 왜곡이며, 경험적으로나 이론적으로 근거 지워질 수 없다는 점에서 비합리적이다. 또 과학기술의 실천은 "어떻게 볼 것인가? 어디로부터 볼

---

5 해러웨이는 시대적 토포스를 바흐친의 용어를 빌려 '크로노토프(chronotope)'라고 부른다. "문자 그대로 **크로노토프**는 화제의 시간 혹은 시간성이 조직되는 토포스(topos)를 뜻한다. 크로노스[시간]는 언제나 **토포스**와 서로 얽혀 있으며, 이 점에 대해서는 바흐친(1981)이 시간성을 조직하는 비유로 규정한 크로노토프 개념 속에서 풍요롭게 이론화했다[원저자의 강조]"(해러웨이, 2007: 108).

6 "시력[시선, vision]은 언제나 보는 권력의 문제"였고, "시각화(visualizing) 실천들에 내재된 폭력의 문제"였다. 해러웨이는 여성주의의 입장에서 시선의 은유를 바꾸고자 한다. 이제까지의 초월적 탈체현적(disembodied) 무한한 자기동일적 외눈 주체의 시선으로부터, 몸과 함께 어떤 구체적인 위치의 편파성과 부분성에서 출발하는 체현적 시선으로 지식의 출발점을 이동시킨다(해러웨이, 1997: 344~345).

것인가? 무엇이 시력[시선]을 제한하는가? 무엇을 위해 볼 것인가? 누구와
함께 볼 것인가? 누가 하나 이상의 관점을 갖게 되는가? 누가 색안경을 끼
게 되는가? 누가 색안경을 끼고 있는가? 누가 이런 시력[시선]의 장을 해석
하는가? 우리는 시력[시선] 이외의 어떤 다른 감각적 권력들을 양성하기를
바라는가?'를 물어야 한다(해러웨이, 2002: 347). 그리고 이 물음을 통해 무엇이
합리적 지식으로 간주될 수 있는가에 대한 정치적·윤리적 논쟁을 감수하
고 투쟁해야 한다.

　　해러웨이의 '상황적 지식'은 투명한 객관성이나 총체화된 앎에 저항한
다. 그렇지만 그것은 상대주의가 아니다. 해러웨이에게 "상대주의는 객관성
의 이데올로기들 속에 있는 총체화의 완전한 거울 쌍둥이다. 이 둘은 모두
위치, 체현, 부분적 시각[관점들] 속에 있는 이해관계를 부인한다"(해러웨이,
2002: 343). 상대주의도 총체적 앎 못지않게 '신을 흉내 내는 속임수(god-tricks)'
이며, 근대 과학의 수사학 속에 있는 공통의 신화이다. 이에 맞서 해러웨이
는 다차원적 주체성의 지형학에서, 다시 말해 부분적이며, 결코 완성되지 않
으며, 전체이며, 단순히 거기에 존재하며, 기원적인 인식 주체의 시선에서 출
발한다. 해러웨이는 여기에 객관성의 약속이 있다고 주장한다. 상황적 지식
이 객관성을 약속할 수 있는 이유는, 그것이 '관계적(relational)'이기 때문이다.[7]
상황적 지식은 "상호의존성, 긴장, 그리고 입장들 간의 연대감을 포함한다"
(Bartsch et al., 2001: 133). 상황적 지식은 하나의 위치에서 구체적이고 체현적인
시각에서 출발하지만, 관계성(relationality)과 연대를 통해서 그 부분성을 극

7　바르취(Ingrid Bartsch)와 디팔마(DiPalma)와 셀즈(Sells)는 입장이론과 해러웨이의
　상황적 지식의 차이를 분명하게 그려내기 위해, 상대적인 것(relative)과 관계적인 것
　(relational)을 구분한다. 이들은 여성주의 입장이론을 추상적 남성성이라는 표준에 저
　항하는 상대적인 것이라고 보는 반면, 해러웨이의 상황적 지식은 관계적이라고 본다.
　Bartsch et el., 2001: 132~134.

복할 수 있다.

상황적 지식의 출발점은 '위치'이다. "소재 파악이 불가능한, 그래서 무책임한 다양한 형태의 지식 소유권 주장에 반대"하면서, 해러웨이는 종속된 자의 불순한 위치를 상황적 지식의 거점으로 지목한다. 해러웨이는 "초월적이고 깨끗하기보다는 유한적이고 불결한", "주체 위치 및 그런 주체에 거주하는 방법들을 만드는 것을 포함하는 지식-만들기 기술들"을 가시화해, 지배적 기술과학 서사에 비판적으로 개입하고자 겸손한 목격자를 퀴어(queer) 존재들로 재형상화한다(해러웨이, 2007: 101). 사이보그와 여성인간©, 앙코마우스™는 그렇게 불려내어진 '겸손한 목격자'들이다.

불순하며 불결한 '겸손한 목격자'들의 위치에서 출발하는 상황적 지식은 반영(reflection)하지 않고, 회절(diffraction)[8]시킨다. 해러웨이에 따르면, 반영은 동일한 것을 다른 곳을 환치시킬 뿐이다. 그러나 "우리에게 필요한 것은 물질적-기호적 장치들 사이에 차이를 낳는 것, 기술과학의 광선을 회절시켜 우리의 생명과 몸의 기록 필름 위에 보다 유망한 간섭패턴을 얻는 것이다"(해러웨이, 2007: 63~64). 회절이라는 상황적 지식의 광학적 은유를 통해 해러웨이는 동일한 것을 반복하는 것이 아니라 차이를 만드는 것, 즉 "회절패턴이 상호작용, 간섭, 강화, 차이의 역사를 기록하는 방식"을 강조한다.

---

8 "회절[diffraction, 回折]: 입자의 진행경로에 틈이 있는 장애물이 있으면 입자는 그 틈을 지나 직선으로 진행한다. 이와 달리 파동의 경우, 틈을 지나는 직선 경로뿐 아니라 그 주변의 일정 범위까지 돌아 들어간다. 이처럼 파동이 입자로서는 도저히 갈 수 없는 영역에 휘어져 도달하는 현상이 회절이다. 물결파를 좁은 틈으로 통과시켜 보면 회절을 쉽게 관찰할 수 있다. 회절의 정도는 틈의 크기와 파장에 영향을 받는다. 틈의 크기에 비해 파장이 길수록 회절이 더 많이 일어난다. 즉 파장이 일정할 때 틈의 크기가 작을수록 회절이 잘 일어나, 직선의 파면을 가졌던 물결이 좁은 틈을 지나면 반원에 가까운 모양으로 퍼진다." 네이버백과사전[출처: 두산백과]. entry.nhn?docId=1155955&cid=40942&categoryId=32238

4.   사이보그와 그/녀의 자매들

해러웨이는 정착된 과학기술의 모범적인 주체인 겸손한 목격자의 자리에 오염된 형상들을 새긴다. 불손하고 오염된, 이제까지 비가시성의 그늘에 놓여 있던 퀴어 '괴물들'을 겸손한 목격자의 자리에 들어서게 하는 것이다. 이것이 해러웨이의 형상화 전략이다. 이 주체들은 결코 순진하거나 투명할 수 없다. 자연과 문화, 주체와 객체, 인간과 인간 아닌 것 사이의 경계가 내파된 오늘날의 크로노토프에서 목격자들은 순진함과 투명성을 이용할 수 없기 때문이다.

해러웨이의 첫 번째 겸손한 목격자는 사이보그이다.[9] 가장 먼저 "형상화 작업의 이동 동물원"(해러웨이, 2005: 214~215)의 일원으로 소개된 이래로, 변화하는 크로노토프에 맞춰 사이보그 형상도 진화한다. 특히 다른 자매들이 이동 동물원의 멤버로 소개되고 난 이후 사이보그 형상은 한층 복잡하게 그려진다.

처음 소개될 때부터 사이보그는 경계위반의 상징이었다. "사이보그는 인공두뇌 유기체이며, 기계와 유기체의 잡종교배이며, 사회적 실재임과 동시에 허구의 산물이다. [중략] 사이보그는 일종의 허구이면서도 동시에 20세기 후반 들어 여성의 경험으로 간주된 것을 변화시키려는 여성의 산 경험이다. 사이보그는 생사를 건 투쟁이다"(해러웨이, 1997: 148). 사이보그는 이제까지 의식적, 무의식적으로 비가시화되었던 경계 해체의 현실을 폭로하는 중요한 관점을 제공했다. 이분법의 신화를 깨뜨리는 혼종적 경계 위반의 존재로서 사

---

9   해러웨이는 자신의 형상화 작업의 이동 동물원의 첫 멤버로 사이보그와 함께 영장류를 소개한다. 해러웨이는 '영장류'가 사이보그와 함께 탄생했다고 밝힌다(해러웨이, 2005: 215). 해러웨이는 영장류를 '서양의 또 하나의 재현체계'로 읽는다. 해러웨이에 따르면, 이 재현체계는 "동물', '자연', '몸', '원시적', '여성' 등의 용어를 통해 서양이 자기(self)를 구성하는 방법"을 담고 있다(해러웨이, 2005: 98).

2부 사이보그 행위자

이보그는 인간과 동물, 유기체와 기계 그리고 물질적인 것과 비물질적인 것 사이의 경계가 이미 해체되었으며, 그 해체가 가속화되고 있음을 폭로했다.

해러웨이가 사이보그라는 형상을 도입하는 근거는 두 가지이다. 우선 사이보그는 경계 위반의 '기이한 낯섦(uncanny)'을 일깨우는 괴물 형상의 계보에 속한다. "괴물은 서구 상상력에서는 언제나 공동체의 한계로 규정되었다"(해러웨이; 1997, 206). 〈블레이드 러너〉의 여성 사이보그 레이첼[10]의 경우처럼, "사이보그는 불안감을 일으킬 뿐 아니라 에로틱한 환상을 촉발시키기도 한다. [중략] 사이보그는 에로틱한 침범을 강력하고 새로운 융합과 뒤섞기 때문에 종종 계급, 민족, 문화적 차이를 나타내 왔던 신체적 경계 논쟁의 무대가 된다"(헤일즈, 2013: 162). 또한 사이보그에게는 기원의 스토리와 목적론적 종말이, 즉 '창세기'와 '묵시록'이 없다. "사이보그 육화는 구원의 역사 바깥에 위치한다"(해러웨이, 1997: 149). 사이보그는 불순한 공간에서 서자로 탄생한 혼합물이자 돌연변이이기 때문에, 회복할 낙원도, 도달해야 할 역사의 목적(telos)도 갖지 않는다.

겸손한 퀴어 목격자의 첫 번째 형상인 사이보그는 그것이 소개된 이래로 몇 가지 약점을 노출해왔다. 우선 이 형상은 이제 1980년대 해러웨이가 처음 소개하던 당시의 강렬한 충격과 긴장을 상실한 것처럼 보인다. 사이보그는 은유로서의 생기를 잃어버린 '죽은 은유'가 되었다(Bartsch et al., 2001: 141). 사이보그가 사회적 실재로 받아들여지고 사이보그라는 용어가 남용되면서 그 형상이 담고 있던 은유적 긴장은 사라지고, 사이보그의 의미가 고정화되어 문자적 의미로 기입되면서 이 형상의 수사적 힘과 실험적

---

10 헤일즈를 쫓아 '여성 사이보그'라고 적고 있지만, 사이보그 레이첼은 '퀴어'이다. 그/녀는 유기체와 기계, 여성과 남성이라는 이분법적 경계 '사이'의 어딘가에 존재한다. 이러한 의미에서 사이보그를 '포스트젠더'라고 할 수 있다.

잠재력은 약화된다. 또 다른 약점은 "사이보그의 생산적인 잠재력은 언제나 그것의 과도하게 남성적(hypermasculine)인 기술과학의 선조들에 의해 제약받는다"는 점이다(Bartsch et al., 2001: 141). 이 위험은 해러웨이 자신도 감지하고 경고하면서, 감수했던 것이다. 문제는 이처럼 이미 죽은 은유가 된, 즉 문자적으로 그 의미가 고정되기 시작한 사이보그를 어떻게 다시금 재활성화할 수 있는가이다. "죽은 은유를 새롭게 소생시키려면, 그리고 낡은 은유를 다시 젊어지게 하려면, 은유의 서술 기능을 충족시켜야 한다. 은유를 하나의 이야기로 다시 만들어내어, 새로운 관점에서 사태를 기술할 수 있을 때, 은유는 다시 살아난다"(김애령, 2013: 217). 해러웨이가 사이보그 형상의 위험과 오염을 감수하면서 그것을 다시 퀴어 존재들로 재형상화하려고 노력하는 이유는, 이 은유를 되살림으로써 얻어낼 수 있는 다른 이득을 염두에 두기 때문이다.

1980년대에 처음 제안되었던 해러웨이의 사이보그는 '제2천년'이라는 새로운 시간적 토포스 안에서 재형상화되면서 새로운 이야기를 만들어낸다. 「선언문」 이후 일반화된 정보기술과 유전자 생명공학기술의 지배가 이 재형상화의 맥락이다.[11] 사이보그는 이제 '기술생명권력'이라는 크로노토프 안에 거주한다(해러웨이, 2007: 57). 이 새로운 조건에서 사이보그를 재형상화하는 방법은 그것을 분화하고, 다른 형상들과 관계 맺도록 만드는 것이다. "사이보그 인류학은 특수한 인간들—다른 유기체들—기계들 사이의 경계선 관계를 자극적으로 재비유[재형상화]하려고 시도한다"(해러웨이, 2007: 126). 그렇게 사이보그의 자매들인 여성인간©, 앙코마우스™가 '형상화 작업의

---

11   헤일즈는 사이보그가 더 이상 우리의 동시대적 상황을 이해하는 데 가장 강력한 은유가 아니라는 사실을 지적한다. 동시대의 경계 위반을 이해하기 위해서는 컴퓨터의 지배적 영향력을 숙고하면서 인간, 동물, 기계 사이의 역동적인 인지적 흐름을 상징하고 예시하는 '코그니스피어(cognisphere)'로 옮겨가야 한다고 주장한다(Hayles, 2006: 165).

이동 동물원'에 새로운 구성원들로 형상화 된다.

해러웨이는 여성인간©을 자신의 "대리인, 행위자, 자매로 채택한다"(해러웨이, 2007: 157). '여성인간(the female man)'은 조애나 러스(Joanna Russ)의 동명 SF소설(Russ, 1975)에서 가져온 형상이다. 이 형상은 '보편적 여성'이라는 서사가 이미 붕괴되었음을 표시한다. 여기 개입되어 있는 구문 ©는 정보학, 응용생물학, 경제학이 내파된 이후의 삶을 표시한다. 즉 여성인간©은 "상품형태의 생명" 이후를 의미한다. "러스는 『여성인간』의 제8부를 재일(Jael)의 대사, 즉 기술로 보강된 여성 전사의 "내가 누구지? 내가 누군가는 알고 있지만 나의 브랜드명이 뭐냐고?"(러스, 1975: 157)라는 대사로 시작하는데, 이 말이 나의 어조를 결정해주었다. 재일의 자매인 여성인간©은 "'기업화된' 여성의 총칭이다"(해러웨이, 2007: 157). 인간게놈프로젝트와 유전자은행©의 데이터베이스는 '브랜드 **인간**'이 되어버린 분류학적 유형의 **인간**'을 생산한다. "우리의 진위성은 인간 게놈을 위한 데이터베이스에 의해 보증된다"(해러웨이, 2007: 165). 여성인간©은 이 맥락에 놓인 관찰자이다. "여성인간©은 생식과학이 놓여있는 시장과 그 시장을 뒷받침하는 가부장적 가치라는 물적 조건을 나타낸다"(현남숙, 2013: 50).

또 다른 자매 앙코마우스™는 유방암을 만들 수 있는 인간 종양 유전자, 앙코진(oncogene)을 이식받은 쥐이다.¹² 그것은 "세계에서 첫 번째로 특허를 받은 동물이다. 그러므로 정의상 물질화된 새 비유[형상화] 작업 실천 속에서 그/녀는 발명품이다. 그녀의 자연적 서식지, 즉 그녀의 몸/유전자의 진화무대는 기술과학 실험실이며 강력한 국가-체제의 규제기관들이다." 이

12　이 상표의 특허는 하버드 대학이 소유하고 있고, 사용권은 뒤퐁(Dupont) 사(社)에 있었다. 뒤퐁의 역사는 나일론(화학공학)에서 시작해, 플루토늄(맨해튼 프로젝트)을 거쳐 앙코마우스™(생명공학)로 넘어간다. 앙코마우스™는 나일론과 플루토늄이라는 더 나이 든 형제자매를 갖고 있다(해러웨이, 2007: 187-189).

쥐는 또한 초국적 자본의 교환 회로에 놓인 평범한 상품이자 과학도구이다 (해러웨이, 2007: 176). 이 겸손한 목격자를 해러웨이는 '자매'라고 부른다. "남성이거나 여성인 그/녀는 나의 자매다. 그/녀는 우리의 희생양이며, 우리의 고통을 견디고, 문화적 특권을 가진 그런 종류의 구원, 즉 '암 치료'를 약속하는 역사적으로 특수한 강력한 방법으로 우리의 죽을 수밖에 없는 성질을 의미하며 규정한다"(해러웨이, 2007: 175). 해러웨이는 이 '상품-생명'의 역할과 고통에 대해 묻는다. "내가 나의 자매 종, 즉 나처럼 유방이 부여된 사이보그에게 묻고 싶은 질문은 단순하다. 즉 누가 그것으로 득을 보았는가? 앙코마우스™는 누구를 위해 살고 죽는가? 만약 그/녀가 강력한 의미에서 비유[형상]라면, 그/녀는 사람 전체를 불러 모은다"(해러웨이, 2007: 236). 계속해서 해러웨이는 다음과 같은 물음을 던진다. "1980년과 1991년 사이에 미국에서 아프리카계 미국 흑인여성들이 유방암으로 죽은 사망률이 21% 증가한 반면 백인 여성이 유방암으로 죽은 사망률은 그대로 일 때, 앙코마우스™는 무엇을 제공하는 것인가? [중략] 그/녀, 즉 완전하게 인공적이고 스스로 움직이는 이 유기체는 미래를 약속하는 비유인가? 그 연구 유기체에게 유발된 고통은 인간의 고통 구제에 의해 상쇄되는가? 그런 상쇄가 무엇을 의미할 것이며, 그 의문은 과학이라는 기계-도구 산업의 실천들을 어떻게 굴절시켜야 하는가?"(해러웨이, 2007: 237)

유전자 기술의 피조물인 여성인간©과 앙코마우스™는 해러웨이의 형상화와 글쓰기 안에서 '만난다.' 이들은 유전기술의 산물로 만들어진 자매들이다. 이 자매들을 사이보그와 함께 이 시대의 기술과학을 읽어낼 겸손한 목격자로 불러내면서, 복잡하게 혼종적이며 뒤섞여 난잡해진 '가족'의 현실이 드러난다. 해러웨이는 이 퀴어 자매들로 이루어진 겸손한 목격자 가족을 주인공으로 이제까지의 기술과학을 서술해온 플롯으로는 포착할 수 없었던 현실을 드러내는 새로운 글쓰기를 시도한다. 그리고 그 글쓰기의 무기로

'아이러니'를 채택한다.

5. 포스트휴먼 수사학으로서의 아이러니

해러웨이는 「사이보그 선언문」을 "아이러니컬한 정치적 신화를 정립하려는 노력"이라고 밝혔다. 그런데 왜 아이러니인가? 왜 아이러니여야 하는가? "아이러니는 심지어 변증법을 사용한다 하더라도 보다 큰 전체로 전화되지 않는 모순에 관한 것이며, 서로 양립 불가능한 것을 결합시킴으로써 초래되는 긴장에 관한 것이다"(해러웨이, 1997: 147~148). 아이러니는 종합과 지양을 거부하는 모순과 긴장과 역설을 내포한다. 총체적인 앎의 불가능성을 역설하는 아이러니는 '상황적 지식'을 기록할 수 있는 가장 좋은 전략적 도구이다.

전통적으로 아이러니는 "말하는 내용과 반대되는 의미를 전달하고자 할 때 사용하는 비유적 표현"으로 정의되어 왔다(벨러, 2005: 90). 그러나 이 정의는 아이러니의 특질을 설명해주지 못한다. 예를 들어 '소매치기 당한 전문 소매치기'의 상황이 보여주는 아이러니를 이 정의는 담아내지 못한다(뮈크, 1986: 20). 아이러니는 단지 반어적인 비유적 표현만을 의미하지는 않는다. 아이러니가 이해되기 위해서는 기대가 뒤집히는 상황적·맥락적 배반이 작동해야 한다. 다양한 실존적·상황적·언어적 아이러니들을 작동시키는 것은 바로 외양과 실체의 대조이다(뮈크, 1986: 23).

아이러니의 첫 번째 요소는 실체와 외양의 불일치를 만들어내는 가장(假裝)이다(뮈크, 1986: 46). 아이러니스트는 순진함을 가장한다. 아이러니의 대가 소크라테스는 플라톤의 대화편에서 "무지를 가장해 자신의 재능을 축소함으로써 상대를 당혹스럽게 하며 동시에 상대를 올바른 사고로 이끄는, [중략] 세련되고 인간적이며 유머러스한 자기비하의 모습으로 등장한다"(벨러,

2005: 93). 이 세련되고 고상한 아이러니는, 독일 낭만주의 아이러니스트 슐레겔(Friedrich Schlegel)이 생각한 가장 높은 완전성, 즉 "자신의 불완전함에 대한 의식을 자신의 텍스트에 새겨 넣을 수 있는 완전성"의 수사학이 된다(벨러, 2005: 99). 가장은 아이러니의 두 번째 요소인 외관과 현실의 대조를 야기한다. 드러난 외관이 실재와 일치하지 않은 곳에서 아이러니가 발생한다. 그리고 이 두 요소들은 웃음과 거리두기라는 아이러니의 다른 요소들과 연결된다. "아이러니는 내적으로는 진지함으로, 외적으로는 농담, 익살로 표현된다"(노회직, 2006: 82). 아이러니한 서술의 내적 진지함은 수미일관한 것이 아니라 외관과 현실의 차이와 가장을 함축하기에, 아이러니는 다시금 심각한 현실로부터의 거리감, 자유로움, 객관성, 놀이 등과 같은 효과들로 이어진다(뮈크, 1986: 59~60).[13]

슐레겔에 따르면, 아이러니에서 "모든 것은 유희이며 동시에 진지하고, 솔직하게 드러나면서 또한 깊이 숨겨져야 한다"(벨러, 2005: 89). 그리고 이것이 바로 해러웨이가 아이러니를 자신의 사이보그 신화를 위한 서사 전략으로 채택하는 이유이다. 슐레겔에게 아이러니가 지양되지 않는 대립과 중개되지 않는 차이를 내포한 "상반된 모멘트의 무한한 대립"으로 구성되어 있는 것처럼(노회직, 2006: 85), 해러웨이도 총체화를 거부하는 '상황적 지식'과 차이의 역사를 기록하는 회절의 장치로서 아이러니를 선택한다. "아이러니한 방식의 표현은 다양한 언어상의 전략들을 통해 언어로 표현할 수 없는 것을 간접적으로나마 구체화시켜 일반적인 언술과 직접적인 말의 한계를 넘어서려는 시도, 직접적인 의사소통의 한계 너머에 도달하려는 시도라고 할 수 있다"(벨러, 2005: 127).

---

13   이 밖에도 뮈크는 아이러니의 특질에 연극적 요소와 미적 요소를 덧붙인다(뮈크, 1986: 67~80).

따라서 해러웨이의 텍스트를 아이러니로 읽는 일은, 그녀가 제안한 사이보그의 정치학을 정확히 이해하는 일과 연관된다. 해러웨이의 사이보그를 유기체와 기계의 결합을 통해 만들어지는 신체적·인지적 증강이나 섹스 및 젠더 초월의 유토피아적 꿈으로 표상하는 것은, 그녀의 아이러니를 간과한 읽기이다.

해러웨이는 '페미니스트 SF 소설에서의 괴물 자아'와 '구성된 유색여성'을 사이보그의 아이러니한 신화에 중첩되는 두 가지 텍스트적 기원으로 가져온다(해러웨이, 1997: 195). 사이보그의 아이러니한 신화는 이 두 가지 서로 다른, 서로 멀리 떨어진 텍스트적 기원들 사이의 차이를 지양하지 않는다. 해러웨이의 사이보그 신화에는 한편으로는 정보기술과 생명공학의 산물인 유기체와 기계의 결합체 테크노보그(technoborg)가, 다른 한편으로는 '연합 사이보그(coalition cyborg)'가 놓여있다(Barstian, 2006: 1033). 해러웨이는 기술과학의 이 서로 다른 산물들 간의 긴장을 자신의 아이러니한 이야기 안에 남겨둔다. 기계장치와 유기체의 결합물인 테크노보그가 사회적 실재로 자리매김하는 것을 인정하는 것과 더불어 놓치지 말아야 할 사이보그적 현실은 "과학에 기초한 산업체에서 선호하는 노동력"이자, "세계적인 섹스시장, 노동시장, 재생산의 정치학이 일상생활 속으로 주마등처럼 흘러들어오는 실제의 여성들"인 유색여성들의 경험이다(해러웨이, 1997: 196). 정보기술과 생명공학이 만들어낸 기술과학 현실에서 '기계와 우리가 연결되어 있다는 사실'은 기계가 몸에 연결되거나 장착된다는 것이 아니라, 기계적 공간에 놓인 유기체가 피부를 넘어 기계와 결합된 경험을 생산하고 노동을 수행한다는 의미이며, 이것이 곧 연합 사이보그의 현실이다. 이러한 맥락에서 "사이보그는 일종의 허구이면서도 동시에 20세기 후반 들어 여성의 경험으로 간주된 것을 변화시키려는 여성의 산 경험이다. 사이보그는 생사를 건 투쟁이다"(해러웨이, 1997: 148).[14]

해러웨이에게 사이보그는 "특별하고 역사적이며 문화적인 실천 속에서 주조된 유기적인 것과 기술적인 것의 융합"이다(해러웨이, 2007: 123).[15] 즉 그것을 보편적으로 존재하는 사물이나 주체가 아니라 구체적인 역사·문화·과학서사의 산물이다. 해러웨이가 아이러니하게 묘사하는 사이보그는 보편화된 '하나의' 사이보그 표상을 뛰어넘기 위한 노력이다. 그 표상을 뛰어넘는 사이보그 현실을 묘사하기 위해서 해러웨이는 다른 자매들과의 연합 관계로 사이보그 이야기를 엮어나가며, 확장해간다.

마찬가지로 해러웨이가 언급한 '포스트젠더'도 극복되지 않는 긴장을 내포한 아이러니로 읽어야 한다. 포스트젠더는 젠더의 초월이 아니다. 해러웨이는 보편 여성의 해체와 이분법적 젠더 체계의 내파를 포스트젠더로 묘사한다. 재생산 기술과 생명과학기술의 발달로 인해 여성들 내부의 차이는 더 극명하게 벌어지고, 사이보그 기술의 영향력도 젠더·계급·인종의 교차 안에서 각기 다른 방식으로 동일하지 않은 강도로 작동한다. 그러므로 이 복합적인 포스트젠더 현실을 보고하는 목격자는 불순하고 오염된 순진하지 않은 퀴어들이어야 한다. 그리고 사이보그와 여성인간©, 앙코마우스™가 바로 이분법적 젠더 질서의 '사이'에 존재하는, 그것을 횡단하고 교란하는 퀴어 목격자들이다. 포스트젠더는 이 경계들 '사이'의 무수히 많은 가능성들을 지칭한다.

---

14 1986년 발표한 「사이보그 선언문」이 해러웨이가 컴퓨터를 이용해 작성한 첫 번째 글 중 하나라는 사실이, 이 언급을 이해하는 데 하나의 상상력을 제공해줄 수 있다. 그리고 해러웨이의 "왜 우리의 육체는 피부에서 끝나야 하는가? 혹은 우리의 육체는 고작 다른 존재를 피부로 감싸서 보호해야 하는가?"(해러웨이, 1997: 203)라는 물음도, 이러한 맥락에서 재해석될 수 있다.

15 "인공두뇌학에 도취되어 있던 클라인스와 클라인은 사이보그를 '자동으로 제동되는 인간-기계 체계'(1960: 27)라고 생각했다. 그들의 첫 사이보그 중 하나는 연속적으로 화학약품을 주사하도록 디자인된 삼투압 펌프를 이식받은 표준적인 실험실 흰쥐이다." 그리고 이 실험은 1960년에 이루어졌다. 해러웨이, 2007: 124.

"불완전함에 대한 의식을 자신이 텍스트에 새겨 넣는" 아이러니는 '상황적 지식'을 담아낼 수 있는 글쓰기 기술이다. 상황적 지식의 구체적 객관성은 부분적인 입장들의 상호 관계성과 연대를 통해 더 넓은 정치적 시선에서 만날 수 있다. 겸손한 목격자의 좁은 시선을 통해 회절된 패턴들이 결합해 만들어내는 차이들의 기록 가능성을 해러웨이는 신뢰한다. 해러웨이는 "반인종차별주의적이고 페미니즘적이며 다문화주의적인 기술과학 연구의 세계, 즉 문제가 많지만 강력한 그 세계를 '실뜨기 놀이'(cat's cradle)'라고 부르려한다."[16] "실뜨기 놀이는 집단적 작업의 의미를 불러낸다. 즉 한 사람이 홀로 모든 패턴을 만들 수 없다는 의미를 불러낸다"(해러웨이, 2007: 497). 실뜨기 놀이는 이기거나 지는 놀이가 아니다. 이 놀이의 목표는 재미있게, 새로운 패턴을 만들면서 실뜨기를 이어가는 데 있다. 해러웨이는 분리된, 모순적인, 갈등하는 부분들을 함께 모으고, 그것을 봉합하거나 지양하지 않으면서 유지하려고 한다. 그녀의 형상화와 아이러니한 글쓰기는 이러한 실천을 유지하기 위한 전략이다(Bartsch et el., 2001: 135~136).

'농담이면서 진지한 놀이'이고 '설득의 전략임과 동시에 정치적 방법론'인 그녀의 아이러니는 유연한 상상력과 날카로운 통찰력의 원천이지만, "반면 적절한 문화 자본을 갖지 못한 독자들에게 그녀의 글은 화가 날 정도로 모호하고 난해하게 보일 수 있다"(와이즈먼, 2009: 154). 그것은 아이러니라는 수사가 갖는 한계이기도 하다. 아이러니는 "재능을 갖추지 못한 자에게는 사실을 밝힌 후에도 수수께끼로 남기" 때문에, (헤겔이 비난한 대로) "모든 것을 무가치한 것으로 만드는 신성한 재간"이 될 수 있다(벨러, 2005: 89, 101). 그

---

16 해러웨이는 상황적 지식에서 출발한 연대와 관계성의 가능성을 묘사하는 다양한 은유들을 가지고 있다. '연합들, 행위자들, 실뜨기 놀이, 내파, 여자 부랑자 방법론, 그리고 분절화가 그것이다(Bartsch et el., 2001: 135).

러나 해러웨이에게 아이러니한 글쓰기 방법은 불가피한 선택이다. 기술과학의 기존 서사가 만들어온 목적론적이고 결정론적인 플롯을 뒤집기 위해서는, 외양이 보여주는 믿음과 현실의 실체가 다름을 드러내는 아이러니가 가장 적합한 비판적 정치적 수사학이 될 것이다.

정보기술과 생명공학의 지배, 인간과 인간 아닌 것 사이의 경계가 해체되고 문화와 자연이 내파된 현실에서, 인간은 더 이상 휴머니즘이 형상화했던 '휴머니티'의 눈으로는 오늘날의 시대적 토포스를 목격할 수 없다. 총제적이고 투명한 시선의 불가능성을 인정해야만 하며, 순진하고 순결한 '겸손한 목격자'를 상정할 수 없음을 이해해야 한다. 이러한 현실을 '휴머니티' 형상 이후의 현실, 즉 '포스트휴먼'이라고 지칭한다면, 이 포스트휴먼의 복합적이고 모순적이며 역설적인 상황을 묘사하기 위해서 상황적 지식의 아이러니한 글쓰기가 불가피하게 요청될 것이다.

6. 나가는 말

해러웨이는 사이보그를 재형상화하기 위해 자매 형상들을 불러낸다. 그리고 그들을 만나게 한다. 그 과정을 그녀는 『겸손한_목격자@제2의_천년. 여성인간©_앙코마우스™를_만나다』라는 제목에 담았다. 크로노토프를 묘사하는 '제2천년' 이메일 계정의 아이디는 '겸손한 목격자'이다. 해러웨이를 인터뷰한 구디브는 이 책의 제목을 진지하게 해석하면서, 여기의 "'@'는 포스트모더니즘이라는 용어에 관한 매우 곤란한 학술적 논쟁에 또다시 끼어들 필요 없이, 포스트모더니즘의 기조인 복잡한 관계그물망(경제적, 존재론적, 사회적, 역사적, 과학기술적) 전체를 실증한다"고 읽는다. 이 해석에 대해 해러웨이는 간단히 "그것은 또한 농담이기도 하다"라고 지적한다(해러웨이, 2005: 150). 해러웨이는 하나의 이메일 주소로 만들어진 이 제목 안에 자신의 아이러니한 글쓰기 방식을 구체적이고 선언적으로 예시한다.

해러웨이는 형상화의 의미는 "누구의 은유로 세계들을 불러 모으는가"에 있고, 그것은 곧 권력의 문제라고 적는다(해러웨이, 2007: 105). 따라서 어떤 형상화를 통해, 어떤 목격자의 눈을 통해 세계를 보는가는 중요한 정치적·윤리적 문제이다. 해러웨이는 또한 아이러니와 농담이 진지하면서도 유희적인 설득의 수사학이면서 정치적 방법론이자 전략이라고 이야기한다. 해러웨이는 기술과학의 현실과 실천에 대해 총체적인 반대나 거부를 표명하지 않는다. 생물학의 기업화가 그 자체로 모두 음모는 아니라는 점을 지적한다. "그러므로 모든 결과가 반드시 비참할 것이라고 가정하는 것은 실수이다"(해러웨이, 2007: 202). 기술과학의 현실은 되돌려지지 않을, 이미 자연과 문화가 내파된, 기계와 유기체의 경계가 허물어진 현실의 크로노토프를 구성한다. 사이보그와 그 자매들인 여성인간©과 앙코마우스™가 되돌아갈 수 있는 자연은 없다. 그/녀의 고향은 실험실이며 유전자은행이다. 되돌아갈 낙원이 없는 상태에서, 순수한 근원으로서의 결백한 자연을 꿈꿀 수 없다. 우리에게 가능한 것은 겸손한 목격자의 작은 눈을 통과하면서 회절된 패턴들을 모아서, 이러한 현실에서 누가 이익을 얻고 누가 고통을 당하는지 묻는 일이다. 구체적 입장에 의거해 각각의 쟁점을 섬세하게 분석하고, 타인들뿐 아니라 자신의 가정에 대해서도 의심해보아야 한다. 그러나 그것은 결코 소극적인 것만은 아니다. 해러웨이의 이 작은 출발점은 결코 무력한 의심과 회의에 머물지는 않는다. 최소한 해러웨이는 우리가 재형상화 작업을 지속하고 계속 새로운 이야기를 만들어 나갈 수 있는 한 실뜨기 놀이를 지속할 수 있다는 낙관적인 믿음을 버리지 않기 때문이다.

이 글은 《한국여성철학》 제21권(2014년 5월)에 수록되었던 것이다.

비인간적인 목소리: 현대 오페라극에 나타나는 새로운 인간상

이자벨 무앵드로

현대극은 동시대에 대한 하나의 비판적 반응도 아니고 하나의 논평도 아니다. 아니, 현대극은 미래를 위해 행해지는 것이며 앞으로 일어날 일에 대해 다룬다. 조금 더 노골적으로 말하자면: 현대극은 과거와 현재, 미래를 동시에[같은 채널에서] 붙잡고 있다. 현대극은 언제나 시간을 다루는 행위이며 모든 방향으로 흘러갈 수 있는 시간이 가진 능력의 형언 불가능성에 관한 행위이다. [중략] 현대극은 언어와 언어에 대한 우리의 소속감을 계속해서 탐구할 수 있는 실험실이 될 수 있다.

로메오 카스텔루치(Romeo Castellucci)[1]

우리가 단지 형식과 재현의 되풀이일 뿐이라고 치부하지 않는 한 가지 예술 장르가 있다면, 그것은 바로 오페라이다. 이 무겁고 값비싼 예술은 실질적인 수많은 참가자들(예술가, 기술자, 그리고 대중) 없이 존재할 수 없으며, 대다수의 재현 작품들은 과거에서 비롯된 것이다. 그런데 오페라는 수많은 공연 관계자, 본질적으로 극적인 성격, 과거와의 특별한 관계 등을 기반으로 인간이 스스로를 관찰하며 자신을 연출하고 미래를 실험하는 데에서 기쁨을 찾는 장소 중 하나이다. 사실 그 기원이 태고의 어둠 속에 묻혀 있는 오페라는 '자발적'인 예술이 아니다. 오페라는 르네상스 후기에 그 장르를 예술과 기술의 종합체, 권력의 과시품, 하나의 재현 매체로 만들어낸 문인, 예술가, 발명가, 후원가들의 집단적 창조물이다. 관습적이면서도 동시에 실험적인 이중의 긴장은, 강한 상징적 효과를 빚어낸 창조물들 속에서 예술과 기술을 결합시킨 이 거대 예술 형식[오페라]에 활기를 불어 넣고 있다. 오페

---

1 Alan READ, "Romeo Castellucci. The Director on this earth", in Maria M. DELGADO & Dan REBELLATO (éd), *Contemporary European theatre Directors*, London–New York, Routledge, 2010, p. 253에서 재인용.

라는 검증된 관습으로 복귀하는 방향과 기술적 '최신형(dernier cri)'으로 진보하는 방향 사이에서 끊임없이 자기만의 길을 찾고 있다. 매 시대마다 오페라는 세부적인 영역들을 혁신해왔다. 무대장식술 개발에서 시작하여 바로크 시대에는 기계들을 혁신하였고, 그 이후에는 조명 기술, 그리고 마침내 무대연출 기술(음향과 조명 연출을 위한 최초의 컴퓨터들이 오페라에 사용되었다)이 개발되었다. 이 훌륭한 기술적 실험 영역들은 오페라극 자체의 것이기도 한 한계들을 넘어서, 그리고 매체의 기술에 의해 관객이나 대규모 합창단 속에서 구현된 채 극장이나 무대에 나타나는 인간 집단이 지닌 육체의 한계들을 넘어서, '비인간적인(inhumaines)' 목소리와 함께 오페라에 몸체를 더해줄 영역들이다.

이 연구는 역사적 연대기 서술 방식으로 진행하거나 연구 대상을 동시대에 창작된 오페라에만 제한을 두지 않고 '살아있는' 오페라극, 즉 대규모 오페라 하우스에서 공연되고 특히 연출력 덕분에 (다시금) 세계적인 작품이 된 오페라극을 고찰한다. 우리는 오페라가 더 실험적인 여타 예술장르들과 마찬가지로 인간과 디지털의 잡종성, 가상과 현실의 다중성, 개인과 집단 정체성의 재형성 등과 같은 현 시대의 특정 문제들에 직면해 있는 사실을 발견할 것이다. 오페라는 오늘날, 디지털 테크놀로지에 의해 '증강'되었든 그렇지 않든, 자신을 특징 짓는 그 힘과 규모로 새로운 인간상들을 탐색하고 있다.

1. 목소리와 음악적 현존

연극성이란 한 현존(présence)의, 또는 여기 있음(être là) 의 환영이다.[2] 오페라의 본질적인 특징은 특별히 단번에 존재의 한 체제를 만들어낸다는 것이다. 비록 연출의 문제일지라도 그 전에 우리는 오페라가 [인간] 내면을 이야기하는 예술이라는 사실을 인정한다. 또한 오페라는 현대 신조어를 빌려

2부 사이보그 행위자

말하자면, '외밀한 것(extime)' – 자신에 대한 폭로로서의 외밀성, 즉 자신의 깊은 내면에 있는 것을 드러내 보이는 것이다(Gervais and Mariève, 1999: 52).[3] 이것은 우선 오페라의 목소리와 관계가 있다.

만약 모든 목소리들이 각각 환원 불가능한 독자적인 것이라면, '서명'[4]되었다고 말할 수 있을 정도까지 목소리의 이 내적인 구성요소는 오페라 곡의 기법을 통해 어떤 유연성을 획득하게 된다. 이 유연성의 변수들은 어떤 점에서 이 개별적인 서명을 장르 그 자체의 서명을 통해 겹치게 한다. 넓은 음역과 힘, 민첩성 등 오페라 곡의 세 가지 근본 요소들은 목소리를 거의 디지털적이라 할 만한 여성 고음의 절정으로 끌어올릴 수 있으며, 최저음의 깊은 기류 속으로 흘러들어 가게 할 수도 있고, 또한 극장의 거대함에 맞서도록 이끌 수 있었기에 오래전부터 오페라의 음성 이미지를 정의하였다. 그러나 여전히 오늘날까지 유효한 이 예술의 첫 번째 규칙은 오페라의 목소리가 커지지 않았다는 것이다. 모든 '효과'들은 '자연스럽다'. 인류학적인 변화에 대한 꿈을 다시 만들어내는 데까지 가지 않더라도, 오페라 곡은 음악적인 육체의 경계를 아주 멀리까지 밀어낸다.

그렇다고 해서 오페라의 목소리가 과연 '위조'될 수 있을까? 분명히 가능한 일이다. 이는 호르몬 조작을 통해 실현되었다. 17세기에서 19세기 초

2　디지털 시대의 극에 나타나는 현존과 현존의 효과에 관해서는, Joesette FERAL, *Pratiques performarives. Body remix*, PUR et PUQ, 2012; J. FERAL et & Edwige PERROT, *Le Réel à l'épreuve des technologies. Les arts de la scène et les arts médiatiques*, PUR, "Le Spectaculaire", 2013 참조.

3　이 용어는 세르쥬 티세롱(Serge Tisseron)이 '심리적인 만큼 육체적이기도 한 내면의 삶의 일부를 각자 자랑하기 위한 움직임'을 묘사하기 위해 제안한 것이다(Tisseron, 1999: 52).

4　Helga FINTER, "Signatures de voix", *Transhumanités: fictions, formes et usages de l'humain dans los arts contemporains*, (dir.) I. Moindrot et S. Shin, L'Harmattan, 2013.

사이, 사람들은 맑고 힘있는 고음의 목소리를 낼 수 있도록 어린 소년들을 거세시키며 '초자연적'인 목소리를 만들어내기를 시도했다. 아주 어린 시기에 시술을 받았기 때문에, 어린 카스트라토들은 인위적으로 획득한 발성 방식의 특수성에 숙달되도록 훈련받았다. 따라서 그들은 상상을 초월하는 음을 만들어냈으며, 끊기지 않는 길고 다져져서 낮아진 목소리, 조여진 목소리, 떠는 음을 만들어낼 수 있었다.

그렇기에 그들은 고유한 마술을 부릴 수 있었다. 사라진 이 목소리들의 아주 드문 기록들이 몇몇 남아있는데, 최후의 카스트라토들 중 한 사람이었던 알레산드로 모레스키(Alessandro Moreschi, 1858~1922)는 시스틴 대성당에서 노래하였다.[5] 낡은 시술방식과 시술 받을 당시 연주자의 나이는 그토록 오랫동안 사람들을 매혹시켰던 그 목소리의 풍성함을 충분히 표현할 수 없도록 방해한다. 최근 사람들은 음향사(史)의 이 '결핍된 아카이브'를 다시 만들어내기 위해 노력했다. 이번에는 여성 목소리와 남성 목소리를 섞는 기술적인 조작으로 말이다. 과거의 훌륭한 성악가들에게 바쳐진 제랄드 코르비오의 영화 〈파리넬리(Farinelli, 1994)〉에 사용된 음 테이프가 그 예이다. 이 같은 흥미로운 시도 외에, 그 영화의 매력 중 하나는 파리넬리의 예외적인 목소리의 놀라운 효과를 과시하는 것이었다. 또 다른 매력은 영화 산업이 급성장하기 이전에 '디보(divo)'라는 용어를 사용함으로써 그 자체로 하나의 예술 작품으로, 또는 하나의 다른 종자처럼 인식되고 취급된 디바(diva)의 실체를 만들어낸 것이 바로 오페라였다는 것을 상기시키는 것이다.

발터 벤야민의 용어, 예술작품의 '아우라(단일성, 희귀성, 인접성과 접근불가능성을 특징으로 하는)'를 빌려 생각해보면, 어떤 식으로 오페라 가수가 처

---

5 Moreschi, *The Last Castrato, Complete Vatican recordings*, [1902, 1904], Pavilion records, 1987.

2부 사이보그 행위자

음에는 남성 중심이었지만 이후에 여성이 주가 된 초기 '디바'들의 '아우라'가 생성될 수 있었는지 이해할 수 있다. 개인과 자막 한 구석에 이중으로 '표시'된 채, 오페라의 목소리는 음을 투사한다. 단, 쩌렁쩌렁한 목소리의 테너에 대한 특정 고정관념이 떠오르듯[6], 강렬함 속에서만 투사하는 게 아니라 부드러움 속에서도 투사한다. 오페라 성악가들은 3000석 극장의 맨 끝 열까지 숨소리를 듣게 할 수 있으며, 멀리 있든 가까이 있든 관객들의 감정을 고무시킬 수 있다. 유일무이하고 드문, 가까우면서도 접근 불가능한 오페라의 목소리는 내면을 투사하거나, 적어도 내면에 환영을 제시할 수 있다. 이러한 내면의 과시, 또는 동질의 외밀성은 디비즘(divisme)[7]을 탄생시킬 수 있었다. 그것은 오늘날 자기 자신을 연출(또는 허구화, fictionnalisation)함으로써 반향을 일으키고 있다. 이는 동시대 문화의 특징이기도 하다.

성악가 고유의 목소리 외에도 오페라는 오늘날까지 여전히 영향력 있는 물질적 장치들을 만들어냈다. 오페라 곡의 탄생이 17세기에 발전된 새로운 건축물들, 즉 '이태리식' 극장들과 관련 있다는 것은 잘 알려져 있다. 20세기 중반까지 서구의 지배적인 모델이 되기 전에 말이다. 자궁 모양의 둥근 형태인 이 극장들은 성악가들과 관객들을 무대 배경과 앞쪽의 오케스트라를 중심으로 분리해 놓은 채 같은 폐쇄형 공간에 배치되었다. 거대하고 움푹 패인 이 공간은 오랫동안 무대 측면에서는 성악가들의 보석상자였으며, 극장 측면에서는 소란스러운 사교의 장이었다. 관습과 관례 조직이 조금씩 팽창하는 극장을 통제하였다. 성악가들의 육신이 표준화─아리아를 만들

---

6 펠리니(Fellini)의 〈그리고 배는 항해한다(E la nave va)〉(1983) 안에 벌어지는, 기계들의 소란스러운 굉음을 배경으로 이루어지는 오페라 결투 참조.

7 (옮긴이) 오페라 성황을 이루고 있던 시기에 영화가 여전히 자신만의 특색을 모색하던 당시, 디비즘(divisme)은 영화라는 장르에 배우들의 극적인 공연들에 관한 하나의 신화를 주입하는 것처럼 보였다. 연극과 오페라의 유산을 물려받은 (대다수 해외로부터 영향을 받은) 이 같은 극들은 영화 장르에 스타 체계(star-system)를 도입시켰다.

어내는 그들의 순수한 악기였던 옛 육신의 목소리는 카스타피오르(Castafiore) 방식으로 사라져버렸다—되면, 그들이 공연하는 장소 역시 허구적이고 상징적인 영역에서처럼 현실 영역에서 변해버렸다.

　　마찬가지로, 우리가 오페라의 음향-공간이라고 부를 수 있는 그것 또한 확장되었다. 물론 건축 덕분이지만 — 오페라를 위해 도시에는 어떤 공간이 있으며, 어떤 사회적 역할이 있고 어떤 음향 효과가 있는가? — 또한 음향 기술의 덕도 있었다. 대형 극장들(종합 체육관이나 여타의 대형 공간들)이나 야외 공연장들(경기장, 공원, 원형 경기장 등)에 음향 장치를 넣기 위해 다양한 실험들을 시도하였다. 그러나 오페라는 20년 동안 '진짜 아마추어들'에 의해 타락한 생산물이라고 비난받았다. 왜냐하면 이 장르를 대중화시키기 위한 이 같은 시도들은 사후적으로 봤을 때 장르의 잡종화를 위한 첫 번째 시도들로 드러났으며, 귀족 장르(오페라)를 대중적인 실천으로(경기, 대중가요 콘서트) 이식시키는 시도들로 드러났기 때문이다. 오페라의 목소리에 음향을 넣지 않는다는 규칙은 그 자체로 여기 저기에서 위반되었다. 특히 음악적 연속성이 존재하지 않는 작품들에서 말이다. 예를 들어, 밥 윌슨(Bob Wilson)이 연출한 〈마술 피리〉(오페라 드 파리, 1991) 이후로 노래화되지 않은 음성 부분들(달리 말해, 발화된 대화들)은 규칙적으로 음향화되었다. 다음과 같은 방식으로 두 음향 규칙은 서로 교체되었다. 노래를 부르는 목소리에는 투사된 음이('인공적인' 오페라 음향이지만, 육체 자체에서 나온 소리), 말로 발화하는 목소리에는 음향화된 음이('자연적인' 발화 음이지만, 기술에 의해 확장된 소리). 음향 규칙의 교체(인간/기계)는 오페라극의 장면과 음향, 암시에 대한 가능성을 증가시키면서 목소리에 서로 반대되는 두 가지 음 정체성을 부여한다. 자연스러움과 인공성에 대한 기준들은 오페라에서 분명히 뒤섞여 나타난다. 2000년대 초반까지는 드물었지만, 오페라에서 대화에 음향 효과를 넣는 것은 이제 거의 일반화되었다. 음향 효과는 정신 현상 깊숙한 곳에 미끼를 던질 수 있

도록 하는 데 사용되거나(그것은 발리코프스키(Warlikowski)의 〈메데이아(Médée)〉[8]
에서 겉모습과 관습의 그럴듯한 외관 밑에 숨겨져 있는 실제 폭력이 갑자기 모습을 드러
내도록 했다), 또는 반대로 가까운 것과 먼 것, 사적인 것과 공적인 것, 자연적
인 것과 만들어진 것, 현실적인 것과 허구적인 것 사이에서 '적응'할 수 있도
록 하는 데 사용되었다.

　　결국 음악이 제일 중요한 오페라에서조차 외부 음향 테이프(bande-
son)는 그와 같은 장치를 보충해줄 수 있다. 비록 1950년대부터 연극에 음
향 테이프가 악용되기 시작했지만, 그것들은 적어도 고전극에 한해서는 오
페라에 아주 천천히 침투하고 있다. 음향을 넣는 의성 작업을 도입하는 것
은 주요 오페라의 관례를 망가뜨린다. 음악으로 음향 공간을 포화시키기
때문이다 — 사실, 이 관례는 19세기에야 부과되었기 때문에 비교적 최근에
생겨난 것이다. 오늘날 연출가들은 이 음향 영역의 유리를 부숴버린다. 그리
고 그들은 역설적으로 뜻밖의 소리들(크리스토프 마르탈러(Christoph Marthalner)
의 〈피가로의 결혼〉[9]에서 자동 제어 장치가 부착된 좌석 한 개의 모터 등), 아니면 예측
불가능한 소리들을(리차드 브뤼넬(Richard Brunel)이 연출한 〈피가로의 결혼〉[10]에서
개 짖는 소리 등) 도입한다. 오페라 가수들에게 짧은 순간, 엉뚱한 상대(물건, 동
물)들을 제공하는 이러한 방식은 당연히 오페라의 권위를 실추시킨다. 관중
을 실제의 시공간 속으로 우스꽝스럽게 돌려보내면서 가상의 배경과 실제

8　체루비니(Cherubini)의 〈메데이아(Médée)〉, 크르지츠토프 발리코프스키(Krzysztof
　　Warlikowski) 연출(2008년 브뤼셀, 2012년 파리 샹젤리제 극장(Théâtre des
　　Champs Elysée)에서 재공연).

9　〈피가로의 결혼(Le Nozze di Figaro)〉, 크리스토프 마르탈러(Christoph Marthaler) 연
　　출(2001년 잘츠부르크, 2006년 파리 가르니에 오페라 극장(Opéra Garnier)에서 재공
　　연).

10　〈피가로의 결혼(Le Nozze di Figaro)〉, 리차드 브뤼넬(Richard Brunel) 연출(엑상프로방
　　스, 2012).

공연의 배경을 단번에 이동시키기 때문이다. 더 방해되는 것은 오페라 극중 사건 사이(공연 전과 각 막들 사이에, 게다가 하나의 시퀀스 도중이나 두 개의 장면 또는 두 개의 막을 잇는 도중)에 소리 나는 목욕(bain sonore)을 만든 것이다. 발리코프스키나 마르탈러가 시간성을 폭발시키면서 자주 하듯이 말이다. 마찬가지로 쉐뤼비니(Chérubini)의 〈메데이아〉 첫 공연이 한창 진행되고 있을 때 'A Whiter Shade of Pale' 또는 'I Got You Babe' 노래가 흘러나온 예가 있으며, 〈피가로의 결혼〉 두 번째 공연의 4막 서두에서 가수가 카운터테너(fausset)의 목소리로 프랑스어 노래를 부르다가 유리로 만든 하모니카 연주를 한 예가 있다.[11] 부드러우며 폭력적이고 폭발적인 두 개의 시퀀스들은 전통 오페라 관객들에게 어마어마한 분노를 불러 일으켰다.

　　마이크, 음향 테이프, 음의 중단, 관객의 침해 등 여러 측면에서 관람자를 피곤하게 하는 이러한 위반적인 연출들은 여러 지각 체계를 도입하게 하였으며, 목소리가 이중으로 서명된 점과 극장이 (음악과 재현된 작품에) 이중으로 할애된 점이 가장 뚜렷한 특징이었던 과거 오페라의 틀을 깨뜨렸다. 어떤 점에서는 숭고하기까지 한 그러한 효과들에 의존하는 것이 꼭 필요한 것은 아니지만, 이제 오페라의 소노토프(sonotope)가 새로운 인간형과 그 인간형의 출현에 대한 탐구의 길을 열어주는 다수의 잠재적인 참조점을 포함하고 있다는 점은 분명하다.

　　　이 탐구를 위한 특별한 방법들 중 하나는 현재 이미지의 기술을 매개로 이루어진다.

11　이는 레시타티브(récitatif)를 위해 이 연출에 제안된 이색적인 음향 선택이다. 무대에서 완전한 역할을 하는 실제 인물인 '레시타티비스트(récitativiste)'는 클라브생(clavecin)이나 피아노가 아닌 음을 사용하는데, 그는 휴대용 전자 파이프오르간 위에서 맥주병 속에 숨을 불어 넣으며(맥주 한 모금을 마시면, 한 음계가 올라간다!) 소리를 낸다.

2. 가상과 현실 사이

연출된 오페라 작품을 극장 외부의 라이브 이미지로 재현한 초기의 중계방송(retransmissions)들은 음악 애호가에게는 그다지 당황스러운 것이 아니었지만, 큰 영향력을 가지고 있었다. 현실 세계와 오페라 세계 사이의 이 같은 충돌은 원래 정치적인 목적으로 계획된 것이었다. 요셉 스보보다 (Josef Svoboda)는 노노(Nono)의 오페라 〈인톨레란차(Intolleranza, 1965, 보스톤)〉에서, 공연에 반대하며 밖에서 시위하는 사람들을 직접 촬영한 이미지들을 사용하였다. 그 후 스보보다는 익살스러운 축하로 방향을 돌릴 수 있었다. 20년 후 1825년 국왕 대관식을 위해 지시된, 따라서 악보가 최근 완전히 복원된, 로시니의 오페라 〈라임 여행(Voyage à Reims)〉의 재상영을 기념하여 루카 론코니(Luca Ronconi)는 은밀한 미소를 지으며 1970년대 아방가르드 방식을 다시 사용하였다. 이 연출은 오페라의 아주 짧은 역사(대관식을 구경하기 위해 거리에 나왔다가 주막에서 서로 안면을 트는 인물들)와 오페라 연출의 역사적 일반화(프랑스 왕의 궁정, 길거리 행진)를 나란히 발전시켰다.[12] 첫 번째는 극장에서 상연되었으며 극장 밖에 설치된 잡다하고 장엄함이란 거의 찾아볼 수 없는 환경(1825년 당시의 의상이지만 최신의 장식품을 매단, 바닥에는 텔레비전들이 있고 현대적인 욕실이 있는)에서 커다란 화면으로 중계 방송되었다. 두 번째는 도시풍 퍼레이드의 경우였는데, 심각하게 우스꽝스러웠으며 실내 화면에서도 볼 수 있는 것이었다. 이 두 가지 연출을 결합한 것은 왕에 대한 경의를 표하는 마지막 합창 바로 직전, 오페라의 마지막 무대(장면)에서였다. 그 행진은 곧 극장으로 침입하여 전반적인 흥겨운 분위기 속에서 잔치와 공연을, 조롱과 축하를 검증(sceller)하였다. 재현이라는 닫힌 시간 속으로의 현실 세계의 침투는, 만약 그 분명한 기원이 해프닝의 실천에서 비롯된 것이라고 한

---

12 페자로(Pesaro, 이탈리아), 1985. 작곡가의 탄생지인 이 도시에서는 매년 축제가 열린다.

다면, 여기에서는 편재하는 그 차원을 통해 상연과 사회망을, 공연과 그에 대한 즉각적 평가를, 사건을 둘러싸고 있는 틀과 실시간 상으로 파생되는 생산물의 망 위로 전파되는 것 양자를 연결하는 어떤 실제적인 용도를 기대했다.[13] 이와 같은 연출에 의해 항의 행위와 재현, 참여와 공연 사이의 경계를 흐릿하게 할 수 있었고, 오페라의 경우 별로 실천되지 않은 예술의 사회적 의미를 재고하도록 부추길 수 있었던 것이다.

그러나 직접적으로 화면을 삽입하거나 가상 창조물을 개입시키는 상호작용 게임과 같은 현시대의 기술이 손댈 수 없는 스타 가수들을 포함한 인간 형상의 이미지를 수정하며, 정규적이고 심층적인 방식으로 오페라에 사용되기 위해서는 또 다른 20여 년을 기다려야 할 것이다. 이 영역에 있어서 오페라는 선구자가 되기는 힘들었으며 이와 같은 기술들은 다른 곳, 특히 무용이나 연극, 공연과 같은 영역에 적용되었다. 직접 촬영한 배우들을 실시간으로 상영하는 것과 특수효과의 장식적 형식이 보편화된 것은 이를테면 2000년대 베를린의 민중극장(Volksbühne)의 트레이드 마크였다. 같은 시기에 살아있는 예술가들과 가상 창조물 사이의 상호작용은 1999년에 상영된 머스 커닝엄(Merce Cunningham)의 〈바이페드(Biped)〉처럼, 오늘날 오페라의 전통이 되어 있는 안무법을 탄생시켰다.[14] 이와 같은 다양한 실천 속에서 현실의 출현은, 만약 그것이 이미지의 정당성을 인증하거나 가상 창조물을 실재하는 것으로 현실화시켰다면, 가상 창조물의 프레그넌시(prégnance, 지각 또는 기억에 대한 강한 호소력-옮긴이) 앞에서 또는 실재화된 사물의 매혹 앞에

---

13 여기서 '2차 화면(텔레비전 시청자들이 채널 자체에 장착된 인터페이스를 통한 사회망 속에서 논평을 하며 프로그램을 시청한다)'을 떠올려보자.

14 이 문제 전체에 관해서는, Clarisse BARDIOT, *Les Théâtre virtuels*, 베아트리스 피콘-발랭(Béatrice Picon-Vallin)의 지도 하에 쓴 박사학위논문, Université Paris III, 2005 참조; 사이트 http://olats.org에서 교정본을 볼 수 있음.

서 부분적으로 사라졌다. 현재의 기술은 직접성의 한 단순한 요소가 되기 보다 데리다의 용어를 빌려와 말하자면, '차연(différance)'의 형식을 만들어냈 다. 데리다에게 이 '실제 시간'은 하나의 프레임, 몽타주, 중개자에 의해 연기 된 시간이다(Perrot, 2013: 73).[15]

오페라에 커다란 반향을 일으킨 이 장르의 첫 번째 연출은 지오르지 오 바르베리오 코르세티(Giorgio Barberio Corsetti)와 피에릭 소랭(Pierrick Sorin) 이 편집하고 2007년에 밀라노와 파리에서 연속적으로 공연한 로시니 (Rossini)의 〈시금석(La Pietra del Paragone)〉이다. 이 공연의 성공에는 현대의 '완 전히 미디어적인' 것의 거짓을 공격하는 것과, 성공의 넘쳐흐르는 힘을 로시 니가 작곡한 악마에 홀린 듯한 음악의 리듬으로 잠재운 채 유용하게 활용 하는 것 등의 두 가지 도전이 엮여 있었다. 무대 위 주요 장식은 마이크와 카메라, 영구적으로 촬영된 연기자들과 삽입 화면에 나타나는 성악가들의 이미지를 보여주는 거대한 화면들과 함께 영화 제작소를 연상시켰다. 성악 가들이 과거 디바들의 위상에서 리얼리티 방송에 나오는 완전히 가짜인 배 우들의 위상으로, 또는 실험실에 갇힌 인간 실험용 쥐와 같은 경지로 추락 할 위험에 빠지도록 만든 그 이미지들은 조롱을 자아내는 인물의 성격을 과장하는 모습을 가까이서 관찰하는 재미를 곁들이며, 배우들의 표정 연기 를 확대시켰다. 장식들은 배후조종자에 의해 무대 위에 설치되거나 회수되 는 축소 모형들에서 시작하여, 무대 한 측에 준비되어 있었다. 라이브로 촬 영되고 실시간으로 회수된 축소 모형들의 이미지는 비율 놀이(한 사람이 수족 관 속에 나타나고, 다른 사람은 바나나 위에 앉아 있는 등)의 묘미를 더해주었다. 무 대의 벽걸이들이 파란색 천으로 완전히 덮여, 축소 모형들의 이미지가 화면

---

15   여기에서 E. 페로는 Jacques DERRIDA & Bernard STIEGLER, *Echographies de la télévision*, Paris, Galilée/INA, 1996 , pp.48~49를 언급함.

에 보이지 않게 하는 우스꽝스러운 상황(테니스공들이 무대 위를 슬로 모션으로 횡단하거나, 크레페 빵들이 프라이팬에서 뛰어난 재능과 솜씨로 튀어 오르는 등)을 가미시키는 동안에 말이다. 이 같은 장치들 전체는 생물과 무생물 사이의 경계를 익살스러운 방식으로 허물어뜨리고 사물들을 인물의 지위로 끌어올리면서 모든 음성 공연과 기술 공연을, 실제 현존과 그럴싸한 영상투사를 동시에 기념하였다.

더 최근에 들어와서 케이티 미첼(Katie Mitchell) 같은 연출가는 전체적인 분위기든, 반음계든, 또는 당연히 레퍼토리든 간에 현저하게 색다른 특징으로 그것에 필적할 만한 연출 방식들(실시간 상영, 화면 삽입, 분해, 증대 등)을 개발하고 있다. 그녀는 신경과학 분야의 발전에 호기심을 품고, 특히 미시 심리학(micro-psychologie)에 관심을 갖고 의식의 미묘한 움직임과 기억의 혼란, 이야기의 잔류 효과 등에 전념한다. 미첼은 1970년대의 손꼽히는 아방가르드 작품들 중 하나인 노노(Nono)의 〈사랑이 충만한 위대한 태양 속에서(Al gran sole carico d'amore)〉를 무대에 올린 2009년 잘츠부르크 음악제에서 공공연한 성공을 거둔 이후, 이듬해 암스테르담에서 날카로운 비평의 긴장감 속에서 만프레드 트로이얀(Manfred Trojahn)의 〈오레스트(Orest)〉를 연출하였다. 오레스트의 환각이 갑자기 나타나도록 연출하고 무대에 딸린 사다리 위에서 인물의 꿈틀거리는 영혼을 지각할 수 있도록 연출하기 위해 미첼은 무대의 높이를 적극 활용한 2층짜리 무대장치 속에서 무대 공간을 병렬로 분할하고, 빛과 표면의 효과로 2차원의 환영을 만들어냈으며, 색으로 구분된 구역으로 무대 표면을 분해하였다. 무대의 좌우를 역전시키거나 색깔의 스펙트럼을 뒤바꾸고 시간의 흐름을 팽팽하게 당겼다 느슨하게 풀었다 하면서, 마치 하나의 화면이 무대를 집어삼킨 것처럼 실제 장면들이 갑자기 '전환'되거나 사라졌으며, 픽셀 처리된 가상 이미지들이 생생하게 나타났으며, 장면들은 서로를 뒷받침해주었고, 영상들은 실시간으로 지하에 사는 것의 세세한 모습을 크게 확대해서 보여주었다. 이러한 종류의 현실 장소들은, 인간 행동에 영향을 미치면서 스스로 존속하며 현실 장소를 사로잡으며 스스로를 팽창시키는 가상 속에서는 열망의 안식처가 될 수 없는 것처럼 보인다.

　이러한 탐구들은 다음 해 엑상프로방스(Aix-en-Provence)에서 창작된 중요한 작품인 마르틴 크림프(Martin Crimp)의 대본[16] 에 기초를 둔 조지 벤자민(George Benjamin)의 〈Written on skin〉을 풍요롭게 한다. 이 작품을 케이티 미첼(Katie Mitchell)이 마음을 평온하게 내려놓게 만드는 아름다움을 부여하면서 투명하게 연출한다—얼음의 색채, 피부의 색채. 이야기는 두 가지 시기(18세기와 확실하게 말할 수 없는 또 다른 한 시기)와 독특하면서도 비어 있는 곳이 많아 다른 요소들이 스며들기 쉬운 여러 배경들(실재, 가상, 가상의 작법, 천사들의 장소)에서 전개된다. 우리 인간 존재는 과연 어떤 존재인가? 이 질문에 〈Written on skin〉은 '예술만이 존재를 완성시키고 자유롭게 하는 그런 존재들', '스스로를 서서히 좀먹는 가상의 창조물들', '과거, 현재, 미래에 걸친 모든 시대의 인간들'이라고 우리에게 답한다. 음악(유리 하모니카 속에서 뒤섞이는 비올라의 사랑의 음색) 속에서만큼 각본 속에서도, 오페라 그 자체를 위한 혁신이 아닌 오래된 요소들과의 연결망을 탐색하는 이 오페라 속에서는 인

---

16 "한 부유한 토지 소유자가 채색 삽화 책 한 권을 상영하는 임무를 부여받은 예술가 한 명을 자신의 집에 초대한다. 이 작품은 자신의 가치없는 정치 권력 행사와 아녜스(Agnès)라는 자기 부인의 겸손함과 유아적 순종으로 구현되는 가정의 질서가 그에게 가져다주는 평온한 기쁨을 이미지로 영원히 담아내야 했다. 그런데 이 책을 상영화하는 일은 부인이 반항을 하는 데 있어 유리한 촉매가 된다. 성공으로 둘러싸인 첫 번째 유혹을 받은 후, 부인은 그 책의 내용에까지 영향력을 행사하기 위해 그 책의 삽화가와 새로운 친밀감을 나눈다. 그녀는 남편에게 자신이 실제로 얼마나 궁극적이고 탁월한 도전 행위를 벌이는지 보도록 강요한다" (Martin CRIMP. 다음에서 재인용: Renaud MACHART, "Le meilleur opéra écrit depuis vingt ant?", *Le Monde*, 2012년 7월 9일).

간 정체성의 모순들이 격렬히 요동친다. 무대 위에서는 여러가지 기술들이 소개된다. 기술들은 다른 것들 사이에서 편재성을 창조하고, 비합리적인 것과 설명되지 않은 것이 손에 잡힐 수 있게 해준다.

마찬가지로, 동시대 오페라의 무대는 새로운 기술들을 작품에 집어넣는 것에 안주하지 않고 과거의 기술들에도 매료되어 있다. 환등기, 회전활동 거울, 초창기 영화, 녹음 등과 같은 참조들이 인간성의 프로메테우스적인 차원을 탐색하기 위해 오페라에 소집되었다.

3.   단일과 복수(複數)

이 같은 긴장으로 인해서 공연 창설자 로베르 르파쥬(Robert Lepage)의 〈파우스트의 영벌(永罰)(La Damnation de Faust)〉(2001년 파리, 2008년 뉴욕)과 같은 오페라 공연이 탄생될 수 있었다. 한쪽 벽에 설치된 스크린에서는 거대한 밀착인화(planche-contact)가 연속적으로 상영되고, 시간의 흐름을 빠르게 하거나 느리게 하면서 운동감을 해체시켰다. 이 공연은 환상적인, 재현 불가능한 것으로 보이던 원작과 완벽히 조합을 이루며 공연되었다. 더 염려되었던 것은, 윌리엄 켄트리지(William Kentridge)가 2011년에 뉴욕과 엑상프로방스에서 연출한 쇼스타코비치(Chostakovitch)의 〈코(Le Nez)〉였다. 이 공연에는 콜라주와 예술가의 그림을 활용한 기술들을 사용하였다. 이는 고골(Gogol)의 환상적인 이야기의 취지(자신만의 삶을 살고 있던 한 남자가 어느 날, 자기 코를 잃어버린 것을 깨닫고 코를 찾기 위해 떠난다)와 20년대 '정치적 선동과 선전' 미학, 그리고 인간 복제와 개인의 불안정성을 향한 실제적인 걱정을 한번에 모두 보여주기 위한 것이었다. 이 두 가지 작품들은 10년의 간격을 두고 아주 다른 방식으로 낯선 것을 향해 천천히 나아가는 인간성의 가장행렬을 보여주었다.

2부 사이보그 행위자

기이하고 우스꽝스러운 개별 창조물(오페바흐, (Offenbach))들—〈호프만의 콩트(Contes d'Hoffmann)〉에 나오는 뛰어난 기교로 고음을 내는 에나멜 눈의 자동인형을 생각해보자. 이 자동인형은 로버트 카르센(Robert Carsen)에 의해 눈먼 시인[17]의 등을 경쾌하게 올라타고 가는 음탕한 인형으로 변형되었다—에 집중되어 있는 같은 영상들과 달리, 몇몇 예술가들은 이번에는 집단적으로 종에 대한 다음 탐험을 즐길 공통의 몸(corps commun)이라는 또 다른 길을 탐구하고 있다. 낙관적인 예상: 호세 몬탈보(José Montalvo)[18]가 안무를 감독하고 연출한 라모(Rameau)의 〈팔라댕(Paladins)〉에 나오는 창조물들의 행진을 보라. 이들은 동물의 다리를 지닌 동물 또는 인간들이 쌍을 짓거나 무리 지어 또는 떼를 지어 갑자기 나타난다. 이 영상은 인간이 살아있는 자들의 억제할 수 없는 역동에 참가하는 환상적이면서 도시적인 지구 공동체들의 영상이다. 또는 비관적인 예견: 나아가고 있는 인류를 보라. 찬란한 요람인 본원의 숲을 떠나, 마법사이자 음악가인 클링조르(Klingsor)의 세계에서 숭고한 타락을 발견하고, 결국에는 자신의 운명을 향해 전진하는 자기의 무리로부터 추방당한 인간 대중을 보라. 로메오 카스텔루치(Romeo Castellucci)가 〈파르지팔(Parsifal)〉[19]에서 그리는 것은 자비 없는 영상이다. 그가 연출하는 것은 자신에 대한 무지에서 세상에 대한 자각으로 이끄는 초보적인 여정을 밟는 젊은 파르지팔의 운명이 아니라 오늘날 극단까지 치닫고 있는 인간 종의 진화이다. 오케스트라 박스에서 크레셴도(crescendo)의 힘으로 올라오는 오케스트라와 합창단의 음역 속에서 200명의 단역배우들이 20분간 굴러가는 양탄자 위에서 관중을 마주보고 행진하는 동적이면서 동

---

17   파리, 바스티유-오페라(Opera-Bastille), 2002.
18   파리, 샤틀레 극장(Théâtre du Châtelet), 2004.
19   브뤼셀, 모네 극장(Théâtre de la Monnaie), 2011.

시에 고정된 마지막 장면은 아주 강렬한 힘을 보여준다. 여기 대대적인 강제 이주에 꼼짝 못하게 된 말 없는 인류가 있다. 여기 인류에 닥쳐올 계절에 따른 이동(transhumance)이 있다.

(번역: 김지수)

로봇 배우들:
로봇공학을 위한 연극

쟈방 파레

7.

1.   운동학과 로봇공학

운동학 이론은 자동화된 동작의 재현에 필요한 관절과 신체 각 기관들의 위치 그리고 방향들 간의 관계를 분석하는 것으로써 로봇을 둘러싸고 움직이게 하는 좌표 체계를 이용한다. 이 준거체계를 세계좌표계라 부른다. 만약 어떤 로봇이 한 작업장에 고정되어 있다면, 좌표계는 로봇과 조립라인에 나타나는 사물들 전체에 공통적이다. 예를 들어 이런 유형의 프로그래밍은 로봇이 어떤 대상을 포착하고 그것을 나사로 조이고 용접하거나 채색할 수 있는지를 예상하게 해준다. 땅에 고정된 세계좌표계와는 반대로, 로봇의 자세 또는 로봇 기관들 각각의 방향은 국지적 좌표계를 구성하는 다른 매개변수들에 의존한다. 이런 기술적인 설명은 생산라인 상에 또는 접근 제한된 고급기술 분야에 존재하는 산업용 로봇과 자동화 시스템의 경우에 해당한다.

후기산업용 로봇, 다시 말해 우리가 앞으로 설명하려는 의인화된 유형의 사회적 로봇은 이제 고정된 한 지점에 매이지 않아도 된다. 게다가 이 로봇은 차츰 이동할 수 있게 되면서, 관절이 붙어있는 신체기관들과 함께 로봇의 관절들 또한 움직인다는 사실을 고려해야 한다. 이는 서로 매우 다른 동작들을 조정하고 프로그래밍 하는 형식들을 전제로 한다. 더 이상 기계나 자동인형이란 의미에서의 로봇이 문제가 아니라, 지금까지 우리의 상상력을 가득 채웠던 여러 종류의 창조물이란 의미에서 로봇이 문제된다. 미래에 이런 유형의 로봇들이 우리 주변에서 공존하게 되리라는 사실 때문에 그 로봇들은 이미 새로운 분류학을 암시하는 매우 복합적인 대상으로서 특별히 주목을 끌고 있다.

생산 라인에서 일하는 노동자의 업무와 마찬가지로 산업용 로봇의 작업도 기계의 작동과 유사했다. 특히 이런 자동기계 유형은 몇몇 아방가르드 운동의 무수한 독신자 기계들(Tomkins, 1968), 문학에 나오는 어떤 고문 기계들(Kafka, 1919), 미셸 드 세르토(Michel de Certeau)가 말한 비현실적이거나 이론적 허구에 지나지 않는 것들(Certeau, 1976)과 같은 반(反)사실적인 기계들의 영감의 원천이었다. 그런데 후기산업용 로봇의 활동은 더 이상 고정된 작업장에 국한되지 않으며, 우리는 신화, 신앙, 환상적이거나 환영적 표상들에서 자란 공상과학소설의 로봇에서 그다지 멀리 있지 않다(Dick, 1998). 이런 로봇의 활동은 단순히 기계화된 기능이나 그것의 은유로 지각되는 것이 아니라, 젯슨 가족의 로지(Rosie: 1962년 미국에서 방영된 〈우주가족 젯슨〉에 등장하는 가정용 도우미 로봇-옮긴이) 이미지처럼 일종의 서비스로 느껴진다. 이 유형의 로봇은 이제 반복적인 생산 작업과는 아무 상관이 없다(일본에서 후기 산업용 로봇공학의 발달은 산업의 새로운 방향설정으로, 이는 새로운 경제 분야가 창출되리라는 전망 하에 연구와 생산 장비에 재투자하게 만든다. 당시까지 주로 차량이나 가전제품을 제조했던 산업용 로봇들—일본이 주요 생산국이다—이 지금부터는 다른 유형의 로봇들을 조립하기 시작할 것이다. 일본에서 이 새로운 세대 로봇(NGR)의 발달을 추동시킨 요인은 세 가지이다. 낮은 출산율과 고령 인구의 증가, 서비스업의 낮은 생산성과 이 분야의 확대, 자동차 산업 이후 임박한 대공업분야에 대한 연구가 그것이다). 게다가 청소기 **룸바**(Roomba: 미국의 아이로봇 사에서 2002년 개발한 최초의 로봇 진공청소기-옮긴이)에서 강아지 **아이보**(Aibo: 일본 소니사가 1999년 개발한 장난감 강아지 로봇-옮긴이)까지 이런 로봇들은 예술적 차원에서, 이번에는 새로운 사실주의의 형태로, 새로운 소유의 형식을 촉진시키고 있다. 심지어 일부 예술 분야에서는 로봇공학 분야 연구의 진정한 발판으로써 픽션 기계들의 무대 출연을 제안하고 있다. 오사카 대학 '로봇배우 프로젝트(Robot Actors Project)'의 휴머노이드나 안드로이드를 위한 연극 목록이 바로 그런 경우이다.[1]

기술적으로 이 새로운 로봇들을 조정하기 위해서는, 이들이 더 이상 한 곳에 고정되어 있지 않기 때문에 출발할 때 균형 잡혀 있던 로봇의 최초 위치가 기존의 세계좌표계를 대체한다. 따라서 이 로봇들은 무대 뒤에서의 재충전을 벗어나기만 하면 배우가 될 수 있다. 게다가 앞으로는 로봇이 손을 내민다든가(악수는 로봇 와카마루를 입증하는 주된 특징) 축구를 하는 등(로보캅(RoboCup)은 1997년 이후 인공지능과 로봇공학 분야에서 이루어진 국제적인 협력의 가장 중요한 발판이다), 다른 대상들과 부딪히고 주위 환경과 상호작용할 수 있다는 사실을 고려할 필요가 있다. 오늘날 로봇의 프로그래밍과 무대 연출은 로봇의 행동들을 통해 또는 로봇이 한 인물을 연기한다는 사실을 통해 로봇이 자유의지와 지향성을 가진다는 인상을 줄 수 있다. 현재까지 로봇은 생산조립라인에서 충돌이나 주도적 행동을 한 적이 없다. 갑작스런 작업사고가 발생했을 때 그 원인은 인간이었다(1979년 1월 25일 미시간 주 플랫 록의 포드 공장에서 발생한, 로봇이 일으킨 최초의 치명적인 사고는 젊은 노동자의 성급함이 원인이었다. 부품들을 접합시키던 로봇의 느린 속도에 노동자가 마침내 서두르며 조작의 속도를 높이기 위해 부품 하나를 집어 들었다. 로봇에게 등을 돌리고 있던 그는 로봇이 금속 팔을 내밀어 자신의 후두부를 부서뜨리는 것을 보지 못했다. 그는 즉사했고 이어서 기계는 희생자의 동료들에 의해 작업이 차단되기 전까지 자신의 임무를 계속했다).

따라서 로봇을 가정생활에 통합시키려면, 기계의 맹목적인 노동력을 잊어버리고 주의 깊고 인내심이 있는 '인간 공존형 로봇(friendly robots)' 이미지의 지능형 오토마타를 생각해야 한다(차세대로봇(NGR)은 살림과 안락함, 편리와 안전한 운동성, 집과 도시의 지능화와 같은 다양한 사회적 쟁점들에 활기를 불어넣는 데 일조할 것이다). 후기산업용 로봇은 그 자신이 진화하고 있는 이 세계에 대해서 더 복합적인 기술(記述) 체계를 가져야 한다. 그래서 로봇의 방향과 속도에 대한 정확한 예측이, 그 로봇이 가령 달걀 같은 어떤 대상을 움켜쥐

---

1   Cf. *I, Work*(Osaka University, 2008.11.25) ; Mori no Oku(《Au coeur de la forêt》, Mini Theater, Aichi Arts Center, 2010.8.21~24.) ; *Sayonara* version I (Mini Theater, Aichi Arts Center, Triennale d'Aichi, 2010.9.30.) ; *Sayonara* version II (post Fukushima), *Three Sisters, Android Version* (2012).

기에 적합한지, 또는 계단 같은 장애와 접촉할 수 있는지 알아보는 데 결정적인 관건이다. 사실 절대적으로 후기산업용 로봇은 국지적 좌표계에 따라 작동하는 장치로 정의될 수 있을 것이다. 그런데 이 국지적 좌표계는 자신의 변화 환경이 되는 또 다른 국지적 좌표계 안에서 움직인다. 인간의 존재가 SMART(Spatial Management, Analysis and Resource Tracking) **맵핑**(지도제작법) 좌표계에 첨가되는데, 이 좌표계 또한 감각적 매개변수들 사이의 미묘한 차이와 접속들로 이루어진 것이다. 이 로봇들은 수동적이거나 적극적일 수 있고, 반작용을 하거나 뒤로 물러날 수 있으며, 또는 더 일반적인 방식으로 상호작용할 수 있다. 그리고 그것들은 더 이상 '실행-정지(on-off)'의 스위치방식이 아니라, 해석 능력의 정도 차이를 지니고 있는 '원인-결과(if-then)' 방식으로 작동한다.

프로그래밍은 연결시켜야 할 데이터들의 해석에서 시작해 이루어진다. 동작들을 조직한다는 것은 여러 요소들 사이에서 연결 가능한 것들을 판별하고 그것들을 연결시키는 일이다. 따라서 인간과 로봇 사이의, 그리고 로봇을 통한 인간들 사이의 의사소통을 고찰하려면, 그들이 같은 공간에서 상호작용한다는 사실뿐 아니라, 한 쪽이 인공적인 행위자인 반면 그의 사용자는 살아있는 존재라는 사실을 고려해야만 한다. 그럴 때 이 둘 사이의 관계는 결국 동물행동학에서 연구된 것과 매우 유사한 도식을 모방한 사회적 관계에 근거해 확립된다. 여기서 결정적인 관건은 분명 공감이다(Wall, 2010). 후기산업용 로봇공학은 생명을 부여받은 이 새로운 장치들에게 새로운 기능들을 부여하기 위해 동작의 프로그래밍뿐만 아니라 세계와 행위들의 모델화를 검토한다(Paré, 2013). 지금까지 이런 연구들은 연구실 실험 장치들의 틀 안에서 수행되어왔고, 로봇공학 전문가 히로시 이시구로(Hiroshi

Ishiguro)²와 극작가 오리자 히라타(Oriza Hirata)³가 무대에 올리기로 결정하기 전에는, 시장이나 진열장 그리고 박물관에서 시범을 보이는 경우에나 소개되었다. 그들의 기획은 로봇과 함께 연극하는 상황을 통해 미래의 사회문제들을 염려하고 강화하는 도시 가정생활의 여러 상황들을 자연스럽게 안착시키고자 하는 것이다.

2. 무대 연출과 로봇공학

이시구로 교수의 말대로라면 '로봇배우 프로젝트'의 공연 목록이 오늘날 4편에 이르고 이미 다른 세 편의 작품들도 준비 중에 있는데, 여기서는 이 작품들 중 첫 번째 작품인 2008년의 『일하는 나(I, Work)』를 다시 검토하는 것이 적절할 것 같다. '와카마루(Wakamaru: 일본 미쓰비시 중공업이 개발한 휴머노이드형 로봇-옮긴이)' 모델의 두 로봇과 두 배우를 무대에 올렸던 이 예술적인 로봇 퍼포먼스는 몇 가지 이유로 눈에 띈다. 한편으로는 예술적 기술적 측면에서 선구자라는 특성 때문에, 다른 한편으로는 이 작품이 연극 작품으로 수용되었다는 점에서 그렇다(Paré, 2012). 와카마루 로봇은 두 작품에서 연속적으로 사용되었다. 두 번째가 2010년 작『모리 노 오쿠(Mori no Oku)』였다(이 작품은 극장 공간 중앙에 무대를 설치한『숲 속에서』를 로봇을 등장시켜 다시 각색한 것이다. 무대 위에서 로봇 와카마루가 관객, 다시 말해 관찰자들과 똑같은 입장을 취한다. 로봇들은 배우들 주변에서 그리고 그들 사이에서 연기를 한다. 그들은 다른

---

2   오사카 대학의 공과대학원(Graduate School of Engineering Science), 조정기계학과 (Department of Adaptive Machine), 인공지능로봇학 연구소(Intelligent Robotics Laboratory)의 소장.
3   일본의 작가이자 연출가, gendai kogo engeki(구어체 연극)의 실천에 기초를 둔 극단 Seinendan의 창립자이자 단장.

사회 그룹 또는 다른 종에 속한 관찰자로서 인간들을 바라본다). 히라타는 두 작품 모두에서 인간들과 함께 있는 로봇의 존재와 협력 문제를 고찰하기 위해 한편에서는 무엇보다 감정들에 의한 정체성 추구를 통해, 다른 한편에서는 관찰자와 증인의 자격으로, 완전히 대립하는 무대 장치들과 두 개의 상이한 서사구조를 사용했다. 이 두 작품은 로봇과 함께하는, 아니 더 정확히 말해 로봇 역할을 하는 로봇 배우들을 등장시킨 최초의 연극 작품들이다. 그리해 인간 배우에게 요구할 수 있을 것과 같은 소격(疏隔)이 로봇 연기에도 도입되었다(Stanislavski, 2011). 이 로봇들은 그들 자신의 역할을 하지 않고, 로봇이라는 등장인물을 연기한다. 그들의 배역과 텍스트, 미리 정해둔 그들의 문제제기가 그들의 성격을 구성한다. 선(先) 프로그래밍과 원격 로봇공학이 관건인 만큼, 더 이상 퍼포먼스가 라이브인지 녹화인지를 알아보는 것도, 장치들 간의 상호작용에 관한 문제도 제기되지 않는다. 이 작품은 연기를 통해 맺어지는 인간들(배우들)과 로봇들(와카마루들) 사이의, 그리고 공연이라는 형식으로 로봇과 함께 현존하고 있는 인간들(배우들/관객들) 사이의 관계 양상을 무대에 올리려 시도한다. 연극 작품의 목표는 이런 식으로 실험실에서 다루어지는 모습 그대로 로봇의 현실을 관객에게 제시하고, 로봇들이 우리가 상상하는 것과 얼마나 다른지 보여주는 것이다. 이시구로 교수가 '로봇배우 프로젝트'에 관해 설명한 대로, '간격을 메워야 하는' 것이다.[4] 왜냐하면 이런 유형의 기술응용 단계에서 의인화된 로봇들이 더 일반적으로 발전하고 있는 무대는 아직도 대체로 실험실이기 때문이다. 모르모트거나, 연구소의 홍보 전략과 홍보 매체를 통하는 경우 외에 그곳에 일반 관중들이 접근할 기회는 드물기 때문에, 실제로 존재하는 여러 유형의 로봇들에 대해 의견을 가지기는 어렵다. 실험실은 유희적인 장소일 수도 있고 심각한 장소

---

4 http://ocw.osaka-u.ac.jp/engineering/robot-actors-project/syllabus

일 수도 있지만, 대개의 경우 노예 로봇이나 악의적인 창조물들로 가득 찬 공상과학 영화의 관객들이 상상할 수 있는 환경과는 매우 다르다.

첫 번째 작품에는 일 년 동안 제목이 붙여지지 않았다는 일화가 있다. 그 일 년은 실험실 조건에 의존해있던 상태에서 연극 무대를 완전히 사용할 수 있는 상태로 이행할 수 있도록 준비하는 데 필요한 중간 기간이었다. 그만큼 실험실의 테스트나 홍보 작용의 연극적 버전이 문제가 아닌 것이다. 연기자들의 연기에 대한 다양한 보고를 통해 이 두 연출을 분석해볼 수 있다.

히라타의 연극은 모래언덕(『모래와 군인』), 박물관(『도쿄 노트』), 또는 세상과 단절되어 별로 생각할 일이 없는 듯한 방 등 비시간적인 여러 장소들로 이루어진다. 텅 빈 공간에서 마치 모든 일이 말들 사이에서 일어나는 것처럼 심오한 쟁점들이 점점 뚜렷해진다. 배우가 지속 시간을 판단할 수 있는 유일한 사람이어야 함에도 불구하고, 히라타는 연기자들에게 거의 초 단위로 지시를 내린다. 히라타 작업의 이런 측면이 로봇을 등장시킨 작품들의 극작법과 로봇의 연기 유형을 일정한 논리 속에 위치시킨다.

이시구로 교수에 따르면 첫 번째 작품은 일을 하지 않는 사람의 집에서 그다지 기능을 잘 수행하지 못하는 로봇의 이야기다. 더 정확히 말해서 실업자의 집에서 일하고 싶어 하지 않는 로봇의 이야기다. 아무런 의욕도 없는 사람의 집에서 우울증에 걸린 로봇이랄까. 간단히 말해서 로봇공학 전문가에 따르면, 인간에게도 로봇에게도 상황이 순조롭지 못한 것이다.

사실 20분간 진행되는 이 첫 번째 작품은 인간들에 '대비해(versus)', 그리고 이어서 로봇들에 '대비해(versus)' 실존을 비유적으로 표현한 일종의 우화이다. 즉 인간은 우주 안에서 살고, 로봇은 인간들의 집 안에서 산다. 여기서 집은 어떤 집이든 상관없을 것이다. 모든 문이 닫혀 있는 방과 같다. 즉 무대 장치는 단순하고 어두우며, 문짝 구실을 하는 두 개의 판자가 무대 안쪽에 놓여있고 중앙에는 나지막한 작은 탁자가 있다.

첫 장면은 우주와 별에 관한 책을 읽는 것으로 시작되고, 마지막 장면은 주인공들이 일몰하는 장면을 보러 무대 밖으로 나가는 것으로 끝난다. 관객이 목격하는 인생의 한 단면이 역설적인 진술처럼 이 두 순간 사이에 상징적으로 기록된다.

무대 오른쪽 바닥에 한 남자가 앉아 있고 로봇은 관중을 바라보며 무대 왼쪽에 있다. 남자는 책을 읽고 로봇에게 질문을 한다. 그것은 로봇이 잘 아는 과학 정보들이다. 그러나 남자는 곧 이어 로봇을 불러 왜 자신이 이 모든 질문들을 하는지에 대해 자신에게 되묻지 않느냐고 로봇에게 물어본다.

이제 저녁식사 시간이다. 아내가 요리사를 연기하는 또 다른 로봇이 준비한 식사를 가져온다. 인간과 로봇의 차이는 인간은 음식을 먹는다는 사실에 있음을 강조된다.

맛에 대한 대화가 이어진다. 무대 위 로봇과 인간들은 요리사의 솜씨에 찬사를 보낸다. 그녀(요리사 로봇)의 요리는 나날이 좋아지고 그 자신은 맛을 볼 수 없는데도 인간들의 입맛을 아주 잘 맞춘다. 남자가 부엌으로 그녀를 칭찬하러 간다. 아내는 무대 위 로봇에게 장을 보러 갈 때 함께 가겠느냐고 물어본다. 로봇은 거절하고 자신은 일을 하고 싶지 않다고 선언한다.

두 번째 로봇, 요리사가 원피스를 입고 등장한다. 그녀는 양념들을 가져온다. 요리사 로봇은 아내에게 음료를 마시고 싶은지 물어본다. 요리사 로봇은 로봇들이 아니라 인간들을 보살피도록 자신이 프로그래밍 되어있다고 설명한다.

그러자 다른 로봇이 기분이 상해 나가버린다.

요리사 로봇은 아내에게 '내버려 두다(laisser courir)'와 '떨어트리다(laisser tomber)' 또는 '가게 두다(laisser aller)'와 '떠나게 두다(laisser partir)', 또는 '되는대로 살게 두다(laisser vivre)'와 누군가에게 '무관심하다(ignorer)'의 차이를 물어본다. 어떤 개념들을 완전히 숙달하는 데 명백히 한계가 있자 요리사 로봇은 종합적인 새로운 표현을 만들기 위해 일본어 통사론을 가지고 장난을 친다. 그리고는 대화의 흐름을 이어서 요리사 로봇은 처음에 로봇들은 달걀을 쥐는 데도 어려움이 있었지만 오늘날에는 아기를 돌볼 수도 있다는 사실을 이야기한다.

아내가 고개를 숙인다.

요리사 로봇은 아기 얘기를 한 데 대해 사과한다. 아까 나가버린 로봇의 우울함을 달래줄 생각에 남자가 영화 『로보캅』의 음악 CD를 들고 돌아온다. 현실 감각이 없는(무능력한) 로봇이 무대 뒤를 가로질러 가고, 아내가 그를 뒤쫓아 간다.

남자와 요리사 로봇 사이에 요리의 맛에 대한 일련의 고찰이 다시 시작된다. 남자는 요리사 로봇에게 자기 자리를 빼앗아 자신을 쓸모없는 사람으로 만들었다고 비난을 한다. 다른 로봇이 돌아온다. 정해진 임무를 제대로 수행할 수 없는 로봇은 제 나름대로 자기 또한 의기소침해지는 경향이 있다고 밝힌다.

남자가 밖으로 나가고, 무대 밖에서 무슨 일이 일어나는지를 두고 두 로봇 사이에 대화가 계속된다. 아내는 일몰을 보러 외출했다. 그녀는 울고 있었다. 남자가 그녀를 만나러 출발했다. 맛에 대한 이야기에 이어 로봇들은 아름다움에 대해 말한다. 인간들이 아름답다고 생각하는 일몰의 아름다움에 대해. 요리사 로봇에게 다른 로봇이 일몰은 누군가와 그 순간을 함께 할 때 더 아름다우며, 그때 그것은 두 사람에게 한 순간의 추억으로 남는다고 설명한다.

그 로봇은 서로 감정을 나누는 이 순간이 아직까지 그들에게 주어진 적이 없었음을 인정하는 것처럼 보인다. 바로 그 순간 불이 꺼진다.

3.   사회적 로봇

'와카마루'는 노란 색이다. 그것은 가정에서 사용되는 전자제품용 휴머노이드 로봇으로, 교토의 ATR(Advanced Telecommunication Research Institute, International, Intelligent Robotics and Communicaion Laboratories) 연구소와 긴밀한 협조 하에 오사카 대학이 개발한 '인간 공존형 로봇'이다. 와카마루는 '미쓰비시' 회사에서 200개의 모델들로 제작하였다.

'와카마루'라는 이름은 12세기에 요시추네(Yoshitsune)라는 이름으로 사무라이가 된 우시와카마루(Ushiwakamaru)와 눈썹이 비슷해서 붙여졌다. 요시추네는 분라쿠(Bunraku) 연극(일본의 대표적인 전통 인형극) 레퍼토리를 상징하는 인물들 중의 하나이기도 하다(Paré, 2012). 요컨대 '와카마루'는 통상 어린아이들에게 붙여진 이름으로, '어린'을 뜻하는 '와카(Waka)'와 '동그란'을 뜻하는 '마루(Maru)'에서 유래하였다('와카마루'는 시선이 한 곳에 고정되어 있어 다소 자폐증 환자처럼 보이지만, 그것은 센서들로 가득 차 있다. 즉 두 개의 카메라가 있는데 그

교토의 ATR 복도에 놓여 있는 와카마루 포장 (Zaven Paré, 사진, 2009)

중 전경을 보는 하나는 머리 꼭대기에 있고, 다른 하나는 눈 위(저 유명한 눈썹) 대칭으로 배치된 마이크로폰이 함께 장착된 안면 카메라이다. 또 장거리 초음파 센서 세 개, 적외선 광각이지만 상반신에만 미치는 단거리 센서 여섯 개가 있다. 걸음 탐지 적외선 센서 세 개와 측면 적외선 센서 두 개, 그리고 기저(基底)에 있는 둥근 범퍼 모양의 탐지 센서가 두 개이다. 3~5세 반 아이의 키와 비슷한 1m 높이는 장난감으로 볼만큼 작지 않고 가구로 볼만큼 크지도 않다. 그 크기의 선택은 부분적으로 그것이 사용될 환경, 연구된 사회적 유형이나 가사를 돕는 가전제품의 상호작용 유형과 안정성을 근거로 해서 결정된다).

세제보다 나은 기능을 하도록 진화해온 세탁기의 계보를 로봇이 이을 것이라고 말한 스타니스와프 렘(Stanislaw Lem)의 중편소설(Lem, 1971)과 반대로, '와카마루'는 이동 형식과 밑 부분의 둥근 받침대 때문에 로드니 브룩스(Rodney Brooks)[5]의 진공청소기 '룸바'와 유사하다. 게다가 세 개의 2차 모델들(아이로봇[iRobot]의 Dirt Dog Workshop Robot, 카처[Karcher]의 Rc 3000, CVJE-G101)은 비슷한 원기둥에 모두 노란색의 로봇화된 진공청소기들이다. 얼마 전까지도 Hi-fi처럼 오로지 검은색이거나 가사도우미 로봇 계열의 경우 흰색 일색이었던 가전제품 계열에 비해, 이 로봇들은 실험실에서 만든 원모델이 대부분 검은색(ATR 연구소의 Robovie-O, I, II, III)이었다가 시중에 소개하기 위해 만들어질 때는 대부분 흰색(혼다의 'Asimo'와 토요타의 'Partner Robot')임을 확인할 수 있다. 유행에 따라 최근 다양한 색상의 가전제품 계열들이 출현하는 것은, 기능이 더 다양해졌고 사용도 더 복합적이 되었으며, 그 다양한 사용법들 때문에 정의뿐 아니라 사용 범주를 다시 검토해야 했던 용품들이 출현한 것에 상응하는 현상이다. 흔히 그것들을 가사도우미 로봇이

---

5   로드니 알렌 브룩스(Rodney Allen Brooks)는 MIT에서 인공지능에 관한 연구에 처음 근본적인 변화를 일으켰다. 그는 아이로봇 회사(iRobot Corporation)의 경영 고문을 맡고 있다.

라고 부른다. 가정용품으로서 차츰 우리의 일상 속에 유입되고 있는 '인간 공존형 로봇들'도 화려한 색채의 이 용품들 속에 포함된다. 이 로봇들은 밝은 색상을 갖고 있는데, 이는 아마도 안전상의 이유로 또 시선을 끌기 위해, 그리고 그것이 친절이라는 실리적 기능이 덧붙여진 다목적 용품이라는 이유에서 그럴 것이다.

4. 미래에 앉아서

실험실 밖에서 제조업체인 도쿄의 미쓰비시사의 전시장 같은 여러 다양한 장소들 또는 요코하마에 있는 같은 회사의 박물관에서 대중이 접근할 수 있는 다른 와카마루들을 발견하고 관찰함으로써, 나는 이 노란색 기계들에 대한 내 이해방식을 완전히 다시 생각해보게 되었다. 사실 그 로봇들의 대화상대자들과 사용자들이 그들에 대해 취하는 평가와 태도는 그들이 놓여있는 맥락들과 그들이 함께 거주하는 환경들에 따라 완전히 달라진다. 제조 관점에서 볼 때 그 기계들은 모든 점에서 엄격하게 동일한 방식으로 프로그래밍 되고 제조되지만, 두 편의 연극에 참여한 모델들은 별도로 치더라도 그 모델들의 일부가 다른 것들보다 더 '맹목적이고' 더 '호감이 가고' 좀 더 '교활하다'는 인상을 준다는 사실을 확인하는 것은 충격적이다. 다시 말하면 그들은 꽤 훌륭하게 상호작용을 하는 것이다(요코하마 박물관 홀에서는 수용 공간이 너무 넓어서 길을 잃은 듯하고 어린 방문객들이 너무 많아 지나치게 자극을 받게 된다. 이 모델의 로봇은 10,000 단어의 인식에 기초해 의사소통을 한다. 그러나 대화상대자가 많아지면 무엇보다 이 공개적인 환경에서의 음성인식 능력을 방해받게 된다. 미쓰비시사에서 소개한 모델은 조명이 너무 밝고 온통 하얀 색의 교류 공간 속에 놓여 있는데, 불행하게도 이 또한 고객들과의 상호작용 능력을 감소시킨다. 그는 보통 10여 개의 얼굴을 인식하는 데서 출발해 개인적인 접촉을 할 수 있도록 프로그래밍

되어있다. 거기다 재차 역광으로 비치는 빛에 의해 제약을 받게 되는데, 이는 작은 키와 이 교류 공간의 과다 노출된 빛 때문이다. 관람객을 즐겁게 하기 위해 안내양은 그에게 프로그래밍 된 세 가지 사진 포즈를 취하도록 지시한다. 미리 정해진 왼손 동작에 이어 그 나름의 'happy'한 태도, 그리고 오른손으로 'bye-bye'하는 전형적인 동작이 그것이다).

이렇듯 그의 동료들과 반대로, 그를 디자인한 오사카의 토시유키 키타 (Toshiyuki Kita)의 전시장에 전시된 로봇 와카마루는 조용한 공간에서 걸어 다닌다. 그 공간은 부드러운 간접 조명이 비치고 있는데, 이 때문에 다른 시범 장소들과 달리 로봇의 수많은 인터페이스들이 기술적 측면에서나 상호 작용의 관점에서나 최적의 상태로 기능할 수가 있다. 이런 모델은 더 '자극적이고' 더 '상냥해' 보인다. 또한 동종들에 비해 더 사회적으로 보이기도 한다. 그것은 저작권이 있는 디자인 작품으로서 상징적 자산을 누리는 한편, 방문

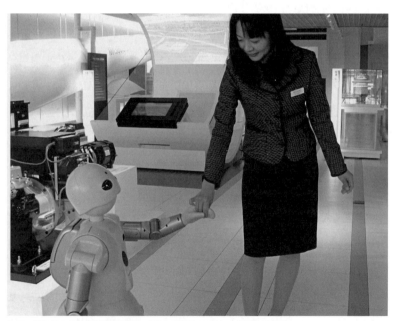

도쿄 미쓰비시 사의 진열장에 있는 와카마루(Zven Paré, 사진, 2009)

　　　　　　　　　　　　　　　2부 사이보그 행위자

객들을 더 자연스럽게 대하고, 가슴의 발광 다이오드(LED) 지침판 위에 반짝이는 심장을 붙여 즉시 공감의 표시를 보이면서 '자기 자신에 만족하는' 어떤 등장인물을 떠올리게 한다. 와카마루는 자신을 어색함 없이 매우 편안하게 대하는 전시장의 안내양을 방해하지 않는다. 그곳에서 상호작용은 전체적으로 매끄럽게 이루어진다. 왜냐하면 이 공간이 원활한 소통과 완벽한 공생에 최적인 상호작용을 가능하게 하는 이상적인 공간이기 때문이다.

이 와카마루의 행동을 관찰하는 동안, 전시장의 안내양이 내게 키타가 도안한 로봇화된 새로운 안마 의자를 한 번 시험해보라고 제안했다. '유메 로보(Yume robo)'는 '총체적인 의료 안마' 기술의 정점이다. 나는 편안하게 의자에 앉으면서 그녀의 권유에 응했다. 그리고 이렇게 하면 이 귀한 관찰의 시간을 두 배로 활용할 수 있겠다는 생각을 했다. 그녀는 내가 읽을 수 없는 (일본어로 된) 원격조정장치 단추를 부드럽게 작동시켰다. 이어서 그녀는 내가 앉은 의자의 오른쪽 팔걸이에서 적절하게 떨어져 있는 낮은 탁자 위에 그것을 내려놓았다. 그녀는 빠른 안마를 선택하지 않았는데, 아마도 식사 시간 뒤 그것이 가져올 부대 효과를 알고 있었던 것 같다. 그런데 '패밀리'의자의 안마는 이어지는 순간들을 신속하게 미래적 경험으로 전환시켰다. 안내양은 내가 이 우아한 로봇 기계에서 더 평온하게 긴장을 풀 수 있도록 자리를 비웠다. 그러나 순식간에 기계는 제법 강한 스트레칭을 위해 내가 움직이지 못하게 나를 고정시켰다. 기계는 목 부분 어깨와 양쪽 장딴지를 꼼짝 못하게 했다. 나는 의자 좌판에 달라붙은 것처럼 몸과 머리를 꼼짝하지 못했다.

기계의 원격조정장치가 손이 닿을 수 없는 곳에 있었기 때문에 나는 의자에서 벗어날 수가 없었다. 그때 의자는 내 팔을 잡아당기기 시작했고 내 몸 여기저기서 우두둑 소리가 났다. 그러는 동안 딱딱하고 큼직한 공들이 내 등의 척추 하나하나에 지압을 가해왔다. 스트레칭을 하지 않던 나는 정확히 1회 시술이 이루어지는 동안 정말 극심한 고통을 느꼈다. '유메 로보'

가 그의 강력한 전문지식을 내게 나눠주는 동안, 내가 그 '대단한 가죽' 기계와 일체가 되어있는 동안, 나는 내 시종 와카마루와 눈을 맞출 수 있는 높이에 있지 않았다. 어찌 되었건 와카마루는 나를 도우러 올 수 있는 어떤 효능도 발휘할 수 없었을 것이다. 통상 있을법한 미래와의 대면은 영화관에서 편안하게 이루어져서, 앉아 있는 동안 기계가 가동되며 우리를 다른 시간의 차원으로 데려간다. 그러나 이 경우는 사정이 전혀 달랐고, 상황은 정말 실제 경험의 차원에서 이루어지는 것처럼 느껴졌다. 와카마루는 이 방에서 내 존재에 대한 최소한의 기억도 없는 상태였다. 그는 기계적으로 공간을 점유하고 가구들 사이로 돌아다니고 혼자 말하며 내 앞을 왔다 갔다 자유롭게 뛰놀기 시작했다. 와카마루는 나를 주목하지도 않고 내 말을 듣지도 않았으며, 일본의 관례적인 예법 문구들을 반복해서 말하는 것으로 만족했다. 그때부터 나는 영화의 배경과 강제로 공생하며 가구의 일부가 되었다. 기계가 내 몸을 점령한 것 같은, 또는 기계가 나를 담당하고 있는 것 같은 느낌이었다. 왜냐하면 로봇 와카마루가 제 집에 있는 듯 보인 반면, 나는 더 이상 나 자신의 주인이 아니었기 때문이다. 로봇은 그를 둘러싸고 있는 공간을 완전히 장악한 것처럼 보였다. 내 육체와 방은 공상과학 영화 속에서가 아니라, 로봇들이 마침내 정말로 제집인 양 살고 있는 그런 있을법하지 않은 미래의 일상 속에 내던져진 가정생활의 악몽 속에 있는 것처럼 기계들의 통제 하에 놓여있었다.

내 체험은 완전히 끝나지 않았다. 왜냐하면 이번엔 와카마루가 예상치 못한 또 다른 상황에 놓였기 때문이다. 공교롭게도 내 의자는 재충전 한도에 이르러 피드백 단계에 있었다. 두 개의 측면 바퀴에 각각 차단기가 있어 장애를 피해 쉽게 돌아갈 수 있는 진공청소기 룸바의 조작 체계와는 반대로, 와카마루는 기계적 이해방식이나 프로그램 오류 때문인 듯한데 갑자기 기능장애를 보였다. 로봇은 기계적으로 마사지 지점을 찾으면서 고집스런 짐승처럼 격렬하게 내 발을 밀어붙이기 시작했다. 기계적인 반복 외에도 배터리 방전의 위험도 있었는데, 이것이 내게 동정심을 일으켰다. 2001년 영화 『스페이스 오디세이』에서 컴퓨터 HAL이 분해될 때와 비슷하게 로봇의 결함이 증폭되었다. 그때 나를 불편하게 한 것은 점점 사라지는 그의 시선과 어린아이 정도에 불과한 그의 키였다.

안내양이 돌아왔을 때 나는 인간 대 와카마루의 대면이 부분적으로 얼마나 터무니없는지를 가늠할 수 있었다. 나는 이미 연극 작품 안에서, 그리고 요코하마 박물관에서 와카마루와 대화를 시도한 한 어린아이와 함께 있던 상황에서, 이런 다급하고 격한 상황을 관찰한 일이 있다. 이 두 경우에서 나는 인간이든 로봇이든 한쪽 파트너가 그 역시 상황 속에서 상호작용을 하고 있을 때에만 교류가 유효했다는 사실을 알아차렸다. 교류가 더 유희적이고 그래서 더 그럴듯하게 되거나, 교류가 상호작용에 활력을 부과하거나 했다. 예를 들어 설명서가 없을 때 전시장에서 와카마루와 함께 정해진 일정 수준의 상호작용을 유도하려면, 안내양이 기계를 돋보이게 하는 역할로서 부분적으로 반드시 필요하다. 모든 것이 그녀가 기계를 얼마나 잘 알고 잘 다루는가에, 그리고 그 장치에 투사할 수 있는 상상의 정도를 그 기계장치와 나눠 갖겠다는 그녀의 의지에 달려있다. 다른 한편, 그녀의 존재는 어린아이가 갖는 맹신이나 어른이 갖는 불신 또는 기계에 대한 인간의 결정적 우월성에 동조하고 공존을 유효한 것으로 만들기 위해서 필수적인, 증인으로서 정당화된다. 여자 또는 두 번째 로봇이 등장한 뒤 남자와 첫 번째 로봇 사이에 이어지는 행동들을 다룬 연극 작품의 경우에도 마찬가지다. 관중에게 로봇의 머리는 비스듬하게 보이는데, 로봇은 대답할 때는 머리를 인간에게 돌리고 이어서 시선을 계단식 좌석으로 돌린다. 말하기 시작하고 대답하고 그 다음에는 또 다시 그의 대화상대자에게로 돌아선다. 가볍게 뒤로 물러나고 오른 쪽 팔을 들었다가 다시 내린다. 다시 팔을 가볍게 들고 자기 주변에 동작들을 만들어 보이고, 이어서 자폐증상 같이 보이는 발레의 기계적 동작에서처럼 하릴없이 비스듬히 움직이지 않은 채 가만히 있다. 그러나 인간 배우들이 먹는 것을 볼 때, 또 인간 배우들이 그에게 다른 방식으로 말을 걸 때면 양팔을 들고 아래쪽을 바라보는데, 이는 그에게 전혀 다른 존재감 또는 당당함을 주며, 상황은 더욱 풍부해지고 로봇은 동시적으로 대응하며 움직인다. 한 팔을 내리면서 다른 팔은 들어 올린 채 있고 이어서 인간들이 무표정하게 식사를 하는 동안 두 팔을 쳐든다. 또 다른 방식으로 대화가 이어지고 그때 로봇의 목소리는 커지는 듯하다. 로봇이 입을 다문다. 가볍게 앞으로 나아가고 이어서 다른 로봇이 등장한다. 행동을 설명하는 연극 카탈로그의 내용을 제시할 것도 없이, 이러한 묘사가 프로그래밍과 상호작용에 대한 가장 간략한 쟁점들 중 일부에 대한 개념을 제시해준다. 여기서는 단순히 자리이동과 태도, 몸짓들이 문제인데, 그것이 완전히 별개인 배우의 방향지시와 위치지정, 자세 그리고 운동감각에 부합하는 목소리의 배당 작업과 관련된 문제라는 사실을 쉽게 확인할 수 있다.

이런 식으로 등장인물들의 단순한 공간 배치와 첫 번째 로봇의 개별적인 자리 잡기에서 출발해, 거기에 대화로 이루어지는 텍스트가 덧붙여질 것이다. 이 텍스트는 상황의 의미를 밝혀주고, 행동이 갖는 의미에 대해 가능한 해석들을 배가시켜줄 것이다. 그때 이 일차적 수준의 상호작용은 대단히 풍부해진다. 기계적이고 연극적인 이런 퍼포먼스에서는 더 이상 상호작용 장치들의 연출이 문제가 아니라, 관객들의 눈앞에서 펼쳐지는 역할들의 형태로 구체화되는 상호작용들의 전개 프로그래밍이 진정으로 문제가 된다.

5. 현실적인 기계들

이 와카마루 배우들은 실내 장식품이나 장난감과는 다른 단계의 상호작용과 관련된 물리적 쟁점들을 명백하게 보여줄 수 있다는 장점을 가졌고, 그들과 더불어 '로봇배우 프로젝트'의 개시가 유리해졌다. 아마도 그것들은 다른 맥락에서의 활용이 가능한 최초의 의인화된 가정용 로봇일 것이다. 이 로봇들을 무대에 올림으로써, 특히 실험실 밖 멀리 떨어진 곳에 그들을 두고 관객의 상상력에 미치는 지속적인 지각 효과를 관찰할 수 있게 되었다. 로봇은 이제 단순히 조정의 대상에 그치지 않고, 특히 연극화된 가상의 맥락 속에서 비슷하거나 차이를 보이는 행동 연기를 통해 관객의 정신에 이런 저런 표상을 만들어낼 수 있게 되었다. 따라서 공연은 리얼리티가 로봇들의 연극화에서 가장 첨예한 양상이 되게 만든다.

여기서 주된 문제가 사회적 행위들인 만큼, 연구실의 실험적 토대는 그 로봇들을 가지고 하는 체험들에 최고의 실질적 토대를 제공해주는 것이 아니다. 로봇공학에서 실험실은 일상적인 많은 어려움과 문제들을 안고 있으며, 그 곳에서는 이 문제들 중 어떤 것도 연극에서만큼 근본적인 방식으

도쿄 페스티발, 미라이칸(일본 과학미래관), 무대에 오른 와카마루(Zaven Paré, 2010 사진)

7장 -로봇 배우들: 로봇공학을 위한 연극

로 문제를 일으키지 않는다. 그러므로 이런 유형의 대상의 민감한 특성들을 최대한 평가할 수 있는 것은 실험실의 테스트 형식을 통해서가 아니다. 그보다는 로봇들이 배우가 되는 연극의 틀일지라도 연출된 상황이 낫다. 연출을 위해 만들어진 또는 재구성된 현실 상황들은 이 기계들을 가지고 유효하게 물리적인 경험을 해볼 수 있는 재현 형식들이다. 그것들만큼이나 의례들, 물신숭배적인 형식들, 온갖 형태의 연기들이 완전히 별도로 실험 가설들을 구성할 수 있다.

리얼리티에 대한 또는 연극에서 연기된 행동에 대한 직관적 파악은 사람들이 현실과 맺는 관계와 동일한 회의적 관계를 과부족 없이 산출하고자 한다. 행동의 영역에서 그리고 사물들과 맺는 우리의 관계에서, 모든 것은 어느 정도 확대된 또는 펼쳐진 감각적 지각의 문제일 뿐이며, 거기서 본질의 파악은 직관적이고 실체의 경험 또한 부분적으로 허구이다. 이 모든 이유에서 우리가 이시구로 교수와 함께 상상했던 '로봇배우 프로젝트'는 미래세대 로봇들과 그것을 응용하는 데서 드러나는 한계와 위험 그리고 쟁점들을 고찰하는 데 있어 핵심적이다.

(번역: 문경자)

관객-게임 참여자:
규칙에 의한 관객의 변이

엠마누엘 구에즈,
크리스티앙 지리아,
자비에 봐사리

이제는 널리 알려진 한 논문에서 캐서린 헤일즈(Katherine Hayles)는 인지적 주의력은 서로 구분되는 두 가지 방식에 따라 생각되어야 한다고 주장한다(Hayles, 2007). 이 두 방식 중 하나는 출판된 책 읽기와 관련된 것으로 '깊은 주의력(deep attention)'이라고 명명된다. 다른 하나는 비디오 게임이나 네트워크와 관련된 것으로 '과민한 주의력(hyper attention)'이라고 명명된다. 학생들과 함께 진행된 연구에 근거를 두고 헤일즈는 이 연구에서 세대 고유의 인지적 급변을 본다. 즉 과민한 주의력이 발달되고 깊은 주의력은 손상을 입고 있다. 그녀는 이 변이를 평가하지 않고, 각 방식의 장점과 한계를 인정한다. 그러나 그녀는 이 변이가 쓰기와 읽기에 미치는 효과를 부각시킨다. 쓰기와 읽기의 사라짐을 주장하려는 것이 아니라 읽기와 쓰기의 변이를 부각시키기 위한 것이다. 역시 유명한 한 회의에서 페터 슬로터다이크(Peter Sloterdijk)는 우리 시대가 인쇄물에서 네트워크로의 이행을 특징으로 하며, 포스트-휴머니즘으로 특징지어진다고 주장한다(Sloterdijk, 2000). 즉 한 세계의 지양과 종말을 의미하는데, 여기서의 세계란 민족 단위의 저서와 저자들을 공통적으로 찬양하는 것을 통해 모인 합리적이고 분별력 있는 세계이다.

이러한 이중 분석의 쟁점들, 포스트휴머니즘과 그 필연적 귀결의 도래, 인간-기계 간 상호작용의 효과 하에 인간 지성의 변이는 극예술에서 중요하다. 연극의 관객은 지금도 자주 계몽주의 시대의 관객처럼 기술된다. 달리 말하면 인쇄된 책과 존재론적으로 밀접하게 관련되어 있고, 교육과 예술을 통해 구성된 존재라는 것이다. 연극은 문학 장르를 지시할 뿐만 아니라 장소, 기예를 지시하는 유일한 예술적 실천이다. 18세기에 미학과 함께 태어난 관객의 지적 구성은 시대나 지배적인 철학 사유에 따라 다양하지만(Ruby, 2012), 다음과 같은 동일한 인본주의 사유가 스며든 채 남아있다. 보편적이고 이성적인 관객, 교양을 불어넣고 교육시켜야 할 관객, 사회적이고 정치적인 차원에서의 대중-관객, 해방시켜야 할 혹은 혁명적인 관객, 비평적 혹은 철학적 관객, 실험자-관객 등등. 이것은 하나의 귀결로써 인간과 인간이 무엇이 될지에 대한 어떤 비전으로부터 자양분을 얻는다. 그러므로 연극 극장의 관객은 무엇보다도 문학의 독자, 특히 민족 국가 단위의 문학의 독자이다. 그리고 극장은 이 같은 공동체를 흉내 내는 공간이며, 무대 위에 시대정신을 배가시킬 뿐 아니라 관객석에 분쟁을 배가시키는 일을 한다.

2012년 4월, 빌뇌브 레 자비뇽의 샤르트르회 수도원(Chatreuse de Villeneuve-lez-Avignon), 극작 국립 센터(Centre National des Ecriture du Spectacle)에서 우리는 이 변이를 실험하고자 했다. 이 실험은 연극의 쓰기와 시행에 비디오 게임의 쓰기와 시행을 겹치면서 이루어졌다. 예술적인, 반면 과학적이진 않은 이 실험은 송드(Sondes)의 프로그램 범주 안에서 전개되었다. 예술적, 문화적 단체인 송드는 연구, 교육, 창조라는 세 가지의 논리를 교차시키면서, 디지털 환경이 생생한 스펙터클의 극작법에 미치는 효과를 측정하고자 한다. 송드는 다양한 기간에 따라 예술가, 학생, 연구자들을 한군데로 연결하면서, 학문 간 그리고 미디어 간 실험의 매뉴얼이며 구성방식이다. 기초 연구라는 것에 입각해 결과에 대한 어떤 의무도 갖지 않는다. 구성방식(누구와, 어디서, 얼마 동안, 대중에게 어느 정도로 공개될 것인지)과 행위의 매뉴얼(무엇을, 어떻게)은 매번 작업의 흐름 안에서 항상 측정 대상에 따라 정의된다. 이처럼 송드는 관객의 역할, 순환, 관객의 행위 가능성을 그들의 숙고 가운데 둔다.

우리가 여기서 집중하고자 하는 송드는 송드 04#12, '아주 멀리 아주 가까이'이며, 소제목은 '비디오 게임, 무대, 거리'이다.

1.   비디오 게임과 연극: 명백하게 대립되는 두 가지 태도

비디오 게임을 이해하기 위해서 로제 카유아(Roger Caillois)의 『놀이와 인간』을 참고하는 것이 적절하다. 1958년에 출판된 이 책은 비디오 게임에 대해 명백하게 언급하지 않는다. 그러나 카유아가 제안한 놀이에 대한 분류는 비디오 게임을 분류할 수 있도록 한다. 비디오 게임들이 '새로운 결합을 창조하면서 유희적 공간 내에서 분류의 경계를 벗어'날지라도 말이다(Triclot, 2011: 49).

관련된 것을 몇 줄로 요약해보자. 카유아는 네 가지 유형의 태도를 구상한다. 이는 우리가 놀이를 할 때 어디에 내기를 거는지를 구별할 수 있게 해주는 태도들로 '경쟁(agôn)', '우연(alea)', '흉내(mimicry)', '현기증(ilinx)'이다. 만약 "이 명칭들이 같은 공간 안의 놀이들을 다시 모으는 구역의 범위를 설정한다면(Caillois, 1958: 27)", 대립되는 두 개의 원칙이 이 구역들 안에서 놀이의 위치를 보다 세분화할 수 있다. 카유아는 두 개의 원칙을 '자유로운 놀이(paidia)', '규칙화되고 계산된 놀이(ludus)'로 명명한다. 이 극들은 서로 결합이 가능한데, 어떤 결합들은 실패한다. 예를 들면 '흉내'와 '경쟁'의 연합이다. 하나의 연극 작품은 권투경기가 아니다!

이 분류의 첫 번째 이점은 세대 고유의 문제를 교묘히 피해간다는 것이다. 아이들의 게임과 어른들의 게임을 구분하는 것이 문제가 아니다(Caillois, 1958: 29). 20년 전 비디오 게임은 여전히 아이들이나 청소년들의 게임으로 고려되었다. 결과적으로 비디오 게임은 그것에 대해 근심하는 심리학자들을 제외하고 이론가들에게도, 문화계나 예술계에게도 거의 관심을 끌지 못했다. 오늘날 전세계에 10억 이상의 게임 참여자가 있다. 그리고 만약 오늘날 젊은이들에게 비디오 게임을 하는 것이 다수의 경향이라면, 젊은이들 중 많은 이들은 이후 격리될 것이다.

이 분류의 두 번째 이점은 게임을 게임이 갖는 물질성으로 축소하지 않는 데 있다. 이 물질성으로 종종 우리는 (무대놀이, 카드놀이 등의) 장르를 세운다. 트리클로(Triclot)에 의해 다시 받아들여진 카유아의 분류를 가지고 비디오 게임을 생각하는 것은 화면이나 전자공학으로 비디오 게임들의 특징

2부 사이보그 행위자

을 표현하는 것을 피하도록 한다. 다시 말하면 (선적이나 음성적) 인터페이스로, 그리고 인간-기계의 상호작용, 즉 상호작용성으로 비디오 게임들의 특징을 표현하는 것을 피하도록 한다. 이 마지막 두 가지 특징은 필요하지만 충분하지는 않다. 정의상 비디오 게임은 '규칙화되고 계산된 놀이'로, 즉 계산으로, 그러므로 규칙으로 지배되는데, 이 규칙은 정보적 코드에 따라 내재적으로 정의된다. 이때부터 정보적 코드는 법의 가치를 갖게 되고(Lessig, 2006), 이 사실은 왜 비디오 게임을 하기 전에 놀이의 법칙을 알 필요가 없는지를 이해할 수 있게 해준다(Salwen, Zimmerman, 2003).

법에 의해 지배됨에도 불구하고, 대부분의 비디오 게임은 아직도 '현기증', 즉 정신의 혼미에 기초하고 있다. 아케이드 게임을 가지고 이야기를 시작해보자. 아케이드 게임은 비디오 게임의 첫 상업적 보급에 부합하고, 장터에서 벌어지는 오락의 지속성 안에서 사고되었다(Triclot, 2011: 127). 그러나 '현기증'이 최종 목표가 되는 경우는 드물다. 왜냐하면 우리가 게임-경기를 '정확한 예측의 즐거움'으로 정의한다면, 게임 참여자의 목적은 이 정신의 혼미를 제어하는 것이 될 것이기 때문이다. 그러므로 정신의 혼미는 문맥적인 반면, 최종 목표는 오히려 '경쟁'의 측면에 있고, 양식은 점점 '흉내'의 측면에 있다. 처음 비디오 게임이 술집 안 핀볼 게임 옆에 설치되었던 사실은 중요하다(Kline, Dyer-Witheford, De Peuter, 2003). 핀볼 게임은 남성들이 사용하는 또 다른 현기증 제공자였다. '현기증'은 인지와 행위 사이 관계의 결과이다. 이것은 게임 참여자의 인지와 몸을 위태롭게 하는데, 습관적인 자기 수용적 환경으로부터 자신에게 낯선 환경으로의 비약적인 이행 때문이다. 정확히 말하자면 인지적 급변보다는, 급작스럽지만 게임 참여자에 의해 기대되고 예견되는 도입이 더 중요하다. 기대되고 예견되지 않는다면 의식 잃음은 의심의 여지없이 거의 피할 수 없는 것이 될 것이다. 그리고 인지적 급변보다는 인지, 그러므로 행위(Berthoz, 1997)와 이 행위의 현실화 사이의 간극이 더 중요하다. 이 간극은 놀이의 존재론적 특성 중 하나로, 피할 수 없이 게임 참여자를 예견과 (발생하는 것인) 현동화 사이의 끊임없는 긴장 속으로 이끈다. '규칙화되고 계산된 놀이'와 '현기증'의 연합으로써 비디오 게임은 이성적인 공간 안에도 꿈을 도입한다(Triclot, 2011: 66).

연극에서는 사정이 아주 다르다. 카유아의 견해에 따르면 연극은 놀이이며 '흉내', 즉 모방 게다가 가장을 일으킨다. 게다가 놀이에서의 몸은 단지 배우의 몸뿐만 아니라 또한 관객의 몸이다. 그런데 연극에서 관객은 대중을 구성함으로써 의미를 갖는다.

(공연 동안 박수치기, 앉아있기, 서있기 등의) 보고 듣는 자세를 통해 대중은 사회적 공간에 형태를 부여한다. 그러므로 대중의 몸은 예술적 사건에서 절대적으로 필요한 중개자의 역할을 한다.

그렇지만 1950년대 말 이미 전통이 구조화한 듯한 전체성이 거부되는 것이 목격되기 시작한다. 작곡자 슈톡하우젠(Stockhausen)은 콘서트 장으로 대중이 좋을 때 들어갈 수 있다는 사실을 예견한다. 로버트 윌슨(Robert Wilson)은 '무제한의 막간'을 창시함으로써 큰 인기를 얻었다. 혹은 2012년 몽펠리에에서 〈해변의 아인슈타인(Einstein on the Beach)〉을 재창작했을 때처럼 관객이 자기 마음대로 자리를 이동하거나, 공연 동안 사진이나 동영상을 촬영하거나, 다른 관객과 교환하도록 허락함으로써 큰 인기를 얻었다. 시간 단위를 폐지하는 새로운 극작법은 대중과 배우 사이에 공유된 시간의 차원에 이른다. 이처럼 우리는 실제 시간을 분명히 밝힘으로 예술 형태의 어떤 공연 안에서 이 공유된 시간을 경험할 수 있다.

'가장'은 오래 전부터 현대 무대의 장에서 무너졌다. 다중 기록, 이것의 코드, 새로운 무대, 영향력, 장면의 독특성은 대중들 안의, 원래의 원칙들을 바꾸고자 하는 욕망을 깨운다. 무대를 보는 관객은 또한 코드를 조작하고 기록을 변형하는 해커다. 유희적 비디오든 아니든 장치의 우연성과 정신의 혼미는 더 이상 재현의 대상으로서가 아닌 주체가 되는 의도를 가지고 있는 것 아닌가? (무대의 어떤 배우들과 마찬가지로) 관객은 새로운 인지적 습관, 새로운 예술적이고 반성적인 시행을 연기(演技)하고 좌절시키고 증명하고 실험할 준비가 되어 있다. 그것을 하도록 관객들을 부추기는 것으로 충분하고, 이것은 이처럼 예술적 형태의 변화로 이어진다.

그러므로 연극과 비디오 게임 사이에는 우리가 기술한 것처럼 관객과 게임 참여자의 특질과 연관된 긴장점이 있다. 관객을 이끄는 코드는 게이머를 이끄는 코드와 같지 않다. 게이머는 정보적인 반면 관객은 사회적이며, 그런 의미에서 관객은 대중을 구성하는 자로 생각되어야 하고, 이 때 대중이 만드는 시간성은 관객의 시간으로 축소될 수 없다. 여기서 두 미디어가 얼마나 상반되는 여정을 가지는지 보는 것은 놀랍다. 천성적으로 그 안에 푹 잠김으로써 진행되는 비디오 게임은 점점 더 '흉내'로 다가가는 경향을 가지는 데 반해 재현인 동시에 인지인 연극은 '흉내'와 멀어지려고 하는 것을 멈추지 않는다.

2. 관객-게임 참여자는 존재하는가?

샤르트르 수도원(la Chartreuse)에서 이루어진 실험과 이것의 활용은 정의된 문맥 안에서, 그리고 확인된 목적을 위해서 대중을 맞이하는 데 익숙한 장소와의 관련 하에서 이루어졌다. 확인된 목적들이란 기념물 방문, 공연 관람, 거주지에서 작가 읽기, 송드와 관련된 조사들의 대중적 복원과 같은 것이다. 어떤 무대-유희적 장치도 2012년 전에는 대중에게 제안되지 않았다. 기념물 방문 이외에 샤르트르 수도원의 대중은 주로 무대 예술과 그것의 쓰기에 길들여졌었다. 10명의 아비뇽 대학 학생들로 구성된 극작법 팀은 미리 준비된 놀이화를 대중에게 제안하기로 했다. 이 제안은 유희적이고 변경되고 반어적인 (개인교습을 하는) 준비 형태로, 연극적으로 놀이의 공간적 시간적 물리적 규칙을 제기하는 준비 형태로 이루어진다. '메뉴' 유형의 시작 형태 하에서 게임 참여자들은 '몰래 숨어드는 잠입자처럼' 건물의 중앙 통로로 인도되고, 그 다음엔 의례적으로 극장 무대를 그리고 축축하고 추운 동굴을 가로지른다. 이 동굴에서 게임 참여자들은 지도(地圖)와 개인별로 행동할 지시문을 받는다. 순환, 재현, 공연의 세 공간은 다음으로 그들을 연구실로 '방향을 바꾸도록' 초대한다.

학생들이 맡은 역할은 모든 대중들과 함께 놀이하는/연기하는 것이었는데, 거기에는 실험하도록 그리고 반응하도록 대중들을 자극하는 것이 포함된다. 관객이 게임 참여자가 되기 위해서 새로운 시간성을 탐험하도록 그를 이끌고, 자신의 기대나 자기 자신으로부터 거리를 두기 위해 위험을 감수하도록 그를 이끄는 것은 금지되는가? 만약 관객이 '대리인에 의한' 게임 참여자가 되고, 배우는 예술적 결정과 정서가 투사되는 게임 참여자가 되는 것이 사실이라면, 현재의 도전은 이들의 자리를 옮기고 밀어붙여서 자발성을 가지고 선택을 하고, 전통적인 형태로부터 해방되어 더 이상 규칙 놀이와 자유 놀이가 대립되지 않도록 하는 것을 목표로 한다. 연극과 비디오 게임을 한곳에서 작동시키기 위해 이 모든 것이 배치되었다.

3. '규칙에 따른 일탈'의 연구실

연구실의 목적은 유희적 장치를 통해 대중적인 공간이 연극 공간으로 순간적으로 변형되는 것에 대한 연구였다. 여기서 놀이는 곳곳으로 스며드는(pervasif) 놀이의 관점 하에 접근되는데, (네트워크 같은) 디지털 공간과 (도시 공간 같은) 촉각적인 공간을 일반적으로 사회적 측면과 함께 결합시키는 유희적 형태이다.

연구실은 'Médias-situés(위치시킨-매체)'라고 명명된 스마트폰을 장치로 사용한다. 장 뤽 고다르가 자신의 영화에서 그랬던 것처럼, 실제 시간 안에서 배우들에게 지시사항을 알려주는 연출가나 감독의 상황에서 착상을 얻은 'Médias-situés'는 모바일 단말기를 통해 소리를 내보낸다. 소리를 내보낼 때 장치는 장소, 시간, 이미 들려진 소리 같은 문맥적인 요소들을 고려한다. 장치는 청중을 배우의 상황에 놓는데, 이때 청중은 놀이의 공간도, 극장의 공간도 아닌 대중 공간에 놓인다. 'Médias-situés'는 이처럼 대중 공간 안에서 폭넓은 유희적 경험들의 목록을 '연출'할 수 있다. 이 유희적 경험의 목록들로는 '보물찾기 놀이', 'mp3 실험', '플래쉬몹' 혹은 ARG를 예로 들 수 있다.

송드 04#12의 범주 안에서, 연구실의 실험은 '일탈'주위에서 유기적으로 구성되는데, 이 일탈은 소리로 제시되는 일련의 지시로부터 해방됨에 따라 발생한다. 일탈은 상황주의자들에 의해 이론화되었고, 목적지 없는 열린 과정을 생산한다. 이 유희적 형태는 예측 불가능성과 놀라움이 풍부한 상태로, 우회를 허용하는 길로서 객관화되고 규칙화된 공간에 특별히 잘 들어맞는다. 지시는 참가 중인 행정적 인터페이스를 통해 구현되고 매개화된다. 스마트폰에서 사용되도록 마련된 웹 어플리케이션을 통해 연출된 경험의 즉각적인 실험이 가능하다.

4. 실험의 세 가지 행위

연구실에 모인 후 게임 참여자는 문맥을 검토한다. 또한 관객-실험자로서 임명된다. 그는 '비디오 게임, 무대, 거리'를 목표로 하는 송드를 돕는다는 것을 알고 있다. 그리고 '조교'는 그에게 경험에 응하는 것이 중요하다고 설명한다. 경험의 목적은 그의 실행들을 통해서 샤르트르 수도원의 주관적인 지도를 만드는 것이다. 다른 한편에 샤르트르 수도원의 큰 지도가 벽에 그려진다. 그는 공식적으로 실험 재료를 받는다. 실험 재료는 헤드폰이 장착된 스마트폰과 그의 산책을 포착하는 비디오를 만들기 위해 상반신에 고정된 스마트폰이다.

두 번째로 관객-실험자는 음성으로 된 지시들을 받는데, 그는 이 지시들을 적용할지 안 할지 자유롭게 선택할 수 있다. 제안된 열다섯 개의 경험들은 각각 다음과 같은 특별한 환영 문구에 의해 시작된다. "'규칙에 따른 일탈' 연구실에 오신 것을 환영합니다. 조용하고 호의적인 장소로 가서서 다음 지시를 따라주세요." 첫 번째 지시는 다음처럼 경험의 목록을 정의한다. "이 경험을 하는 동안 당신의 손은 당신의 귀입니다. 공간을 만지세요." 혹은 "가장 가까이 있는 사람 쪽으로 몸을 돌리고 웃으면서 한마디 말도 하지 않고 그의 손을 잡으세요." 목소리는 이처럼 관객-실험자에게 일상적인 행동과는 다른 행위들을 하도록 자극한다. 일단 지시를 적용하면, 그는 다음 지시로 넘어갈 수 있다. 경험이 모두 끝나면 피실험자는 연구실로 다시 돌아오도록 초대된다.

모든 관객-실험자가 지시를 멀리할 가능성을 가지고 있음에도 불구하고, 이들은 매뉴얼을 따른다. 이런 현상에 난처해진 연구실 팀은 위반적인 특성을 가지고 있어서 거절될 수 있는 지시들을 실험한다. 그러나 결과는 동일하다. 모든 지시가 적용되기는 하나, 각 지시에 대한 해석의 풍토에 따라 적용된다. 이렇게 확인된 사실은 다음과 같은 가설을 형식화하도록 해준다. 일단 경험이 받아들여지면, 방문자는 '기포' 안에 있는 자신을 발견한다. 유희적인 비디오 게임 참여자처럼 경험 규칙은 이 행위들의 범위를 정의한다. 게임 참여자가 지시를 존중하는 한 그는 법칙의 목록 안에 머문다.

배우도, 예술가도 아닌 석사과정 학생인 디에고는 일탈의 여러 가지 개별적 경험에 동참한다. 이 경험들 중 하나는 공간 탐험의 방식을 제안하는데, 이 방식은 사회적 삶의 규범에 위배된다. 경험이 전개되고, "땅 위에 누워서 하늘을 보세요."라는 지시가 전달된다. 디에고가 그 지시를 받는 순간, 그는 샤르트르 수도원 중앙에 있는 길 위에, 송드를 잘 모르는 기념물 방문자들이 모두 보는 가운데 있다. 20분 동안 디에고는 눈을 크게 뜨고, 팔을 벌리고, 계속되는 방문객들의 통행 가운데, 하늘을 바라보며 태양 아래 누워 있다. 몇 분 뒤에 디에고는 큰 미소를 지으며 그의 경험으로 되돌아온다. "길 한복판 태양 아래 누워 있는 것, 그것은 흥미롭다. 보통은 그렇게 할 수 없었을 것이다. 길 한가운데 지나가는 사람들이 한가득 있었으니까… 다른 사람들의 시선이 전혀 나를 방해하지 않았다. 지시가 나로 하여금 이유를 가지고 그것을 하도록 허락했기 때문이다." 상황은 여기서 공연의 모든 특성을 띤다. 불확실한 해결책을 가진 매뉴얼의 실행, 활동 중인 증인의 존재 여부, 참여. 여기서 목소리라는 매개 수단에 의해 이동된 관객-실험자는 하나의 역할에 매인 배우로 자신을 변형시킨 것이 아니다. 독특한 상황을 야기하는 행위, 그리고 이 행위들을 끝까지 끌고 가는 행위를 생산해내는 공연자로 자신을 변형시킨다.

일탈. 송드 04#12. 빌뇌브 레 자비뇽의 샤르트르 수도원.

이 예는 제약에 의한 해방의 역설을 보여준다. 공들여 지시들을 실행하면서 관객-실험자는 그 자신으로부터, 자신의 욕망과 금기로부터 자유롭다. 여기서 보호의 감정이라는 사실 때문에 매우 기쁜 그는 미지의 것에 대한 현기증에 이른다. 이것은 더 이상 삶의 규칙도 아니고 디에고가 존중하는 대중 공간 안에서의 규범도 아니다. 이것은 놀이 규칙이다. 놀이는 앨런 캐프로(Allan Kaprow)가 즉흥극을 구성하기 위해 주는 지시들을 반영한다. "당신의 공간을 흩뜨려라", "지속이 실제 시간이 되도록 지속을 흩뜨려라. 사물들이 실제 장소 안에서 전개될 때 우리는 실제 시간을 얻는다. 당신은 지금 예술 안에 있는 것이 아니라 세계 안에 있기에 실제 규칙을 가지고 연기해라(Kaprow, 2011)."

마지막 행위는 종합평가의 행위이다. 실험자는 관할 구역을 보여주는 거대한 크기의 지도 앞에서 그의 경험에 대해 증언한다. 그 거대한 지도 덕분에 그는 그의 여정을 그려볼 수 있다. 조교는 그에게 연구실의 감춰진 한 면을 방문하게 하는데 그곳에서 방법론과 매뉴얼이 제시된다. 실험자는 이처럼 푹 잠기는 것에 의한 경험에서 인지적인 시선으로 이동한다. 각 경험의 끝에서 실행되는 지도제작은 여정의 흔적이 하나의 집합체를 구성한다는 것을 보여준다. 이 집합체는 구불구불하고, 근거를 가지고 있고, 시간의 흐름 순으로 진행하고, 육체를 부여한다. 산책 기억의 물질화, 종이 위에 다시 놓인 공간 혼합의 물질화는 광경 안에서 관객이 중심적인 위치를 차지하고 있다는 것을 보여준다. 관객은 하얀 종이 위에서 그가 두루 돌아다녔던 장소를 그리기에 앞서 그의 여정을 따라갈 것이다. 이 도면의 어색한 양상은 깊게 몰입하는 실험의 성격을 드러낸다.

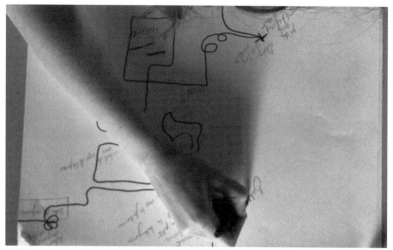

몰입하는 경험에서 인지적 시선으로. 송드04#12. 빌뇌브 레 자비뇽 수도원.

5. 확대된 대중의 개념에 대해

　　최근 미국에서 ARG 'INGRESS'의 한 게임 참여자가 경찰서로 끌려갔다. 이는 한 관리자가 그의 이상한 행동을 알아본 후의 일이다. 게임 참여자는 보이지 않는 정문 주위를 20분 동안 돌고 있었는데, 정문을 차지하기 위해서였다. 송드의 실험들은 '곳곳으로 스며드는 놀이' 안에서의 법칙과 관련된 문제에 대한 답의 요소를 제공한다. 예를 들면 기계에 포획된 관객-게임 참여자들의 특징과 한계의 문제이다. 한 NPC에게 적용된 인공지능 알고리즘의 유효성을 연구하는 약호화 장치나 프로그램 제작자처럼, 연구실은 규칙에 따른 일탈이 갖는 효율과 한계를 측정하기 위해 그 안에 감춰진 목적을 심사숙고하여 구상했다. 그 목적은 '사이의 탐험'이다. 기념물들의 사이사이를 몸으로 탐험하라는 지시를 받고서 관객-게임 참여자는 방문하는 것이 금지된 장소를 통과해야 한다. 그런데 종합평가 때 150명의 관객-게임 참여자들 중에서 어느 누구도 이 공간을 탐험하지 않았다. 그러므로 관객-

　　　　　　　　　8장 -관객-게임 참여자: 규칙에 의한 관객의 변이

게임 참여자는 지시를 행할 때 장소의 기능 규칙을 고려했다. 이것은 기계에 의해 코드가 실행되는 것과 다르다. 설사 일탈이 반영성에 대해 별다른 고려의 여지를 남기지 않는다 하더라도, 관객-게임 참여자는 이미 통합된 영토성의 규칙을 계속 존중한다. 그리고 그가 게임 참여자로서 명확하게 스스로를 인지할 수 있는 것은 바로 이 조건에서이다.

6. 예술 공간으로서 대중 공간

의심할 여지없이 우리는 여기서 '흉내', 다시 말하면 모방의 의식에 다가간다. 이 경우 책임성의 전이에 기초를 두면서 이루어지고, 일탈과 관련해 이 책임성의 전이는 불확실성의 '현기증'과도 관련된다. 카유아는 무질서의 잠재적 요인으로써 이러한 결합의 위험을 알렸었다. 그리고 그 위험이 실행되는 곳은 바로 여기 대중 위에서이다.

장치의 쓰기는 대중의 재조직과 재분배를 낳는다. 대중은 확대된다. 관객-공연자에 대해서는 모든 것이 지시의 실행을 통해 의미를 갖게 된다. 그러나 공연에 참석하는 세습자산의 방문객들에게 이 공간은 필립 K. 딕을 연상시키면서 층지고 움직이는 것이 된다. 샤르트르 수도원의 규칙들의 수없이 많은 겹들(세습재산, 사람으로 이루어진 극, 실험)은 확대되고 그렇게 나타난다. 만약 상호작용성에 대해 말해야 한다면 바로 여기에서다. 즉 관객-공연자와 기계 사이보다는 장치에 의해 발생하는 두 유형의 대중 사이에서다. 확장된 대중의 개념은 새로운 문화적 접근을 향한 길을 연다. 이는 길거리 예술, 네트워크 예술과 친하며, 이들의 대중 공간에 대한 시각들은 여기서 한 곳에 모인다. 예술은 더 이상 관객에게 외적인 매개 행위에 의해 대중 공간 안으로 끼워 들어오지 않는다. 관객-게임 참여자/공연자라는 매개에 의해 예술의 장소가 되는 곳은 바로 대중 공간이다.

규칙이 나타나는 순간에 따라 그것을 발견하는 데 익숙해진 관객은 유희적 비디오 문화 환경 내에 등록되어 모든 규범과 규칙을 가지고 게임을 할 수 있다. 엄밀히 말하면 더 이상 무대 놀이에 헌납된 공간은 없다. 일탈은 연극적 제안과 다르다. 연극적 제안은 보통 놀이나 극장에 헌납된 문화적 공간에서 나오고, '수천 개의' 연극 무대와 자주 '수천 개의' 네트워트에서 연기하기 위한 것이다. 이러한 연극적 제안과 달리 일탈에서 놀이는 관객들 자신에 의해 시행되고, 무대, 거리 같은 놀이 공간은 게임 참여자/관객에게 잠재성의 공간이다. 즉 예견의 능력을 정의하는 공간이며, 시간을 창조하는 공간이다. 이것은 일상적인 일에 대한 동요의 공간이 된다.

이 동요의 수용은 공격보다는 빈번하게 행복한 놀라움과 관련된다. 관객이 상황을 해독하지 못할 때, 그는 여기에서 시적인 것을 수용할 수 있다. 거리는 점차적으로 규칙을 잃고, 대신 다양한 해석들로 열린다. 즉 가상 세계의 중첩(ARG), 대중적 조정의 우회(ADD-대체예술), 집단적 예술 행위의 결정화(플래쉬몹), 새로운 지도제작법의 발명(일탈), 그리고 연극 공간, 비디오 게임 공간, 대중 공간 사이에서 작동하고 있는 융합을 증명하는 그토록 많은 현상들로 개시된다.

(번역: 방현주)

3부

뉴 미디어와 상상력

빌렘 플루서의
미디어 포스트휴머니즘

이찬웅

9.

오늘날 우리가 겪는 급격한 변화들 중 하나는 미디어의 이동에 놓여 있다. 그 변화의 요체는 다음과 같이 표현될 수 있을 것이다. 문자에서 그림으로, 텍스트에서 이미지로, 문장의 작성과 독해에서 프로그램의 제작과 사용으로, 그리고 이 변화의 동력과 조건으로 디지털 기술이 작동하고 있다. 이 변동은 비단 개인적인 선택과 취향에 한정된다거나, 또는 동일한 내용을 표현할 수 있는 매체가 증가한다는 단순한 사실로 환원되지 않는다. 그것은 상이한 매체들의 조화로운 공존을 막연하게 기대하는 것 이상의 문제를 제기한다. 왜냐하면 매체의 형식은 우리의 지각, 사유, 소통 자체를 변화시키며, 우리가 세계 안에 놓여 있는 양상과 관계 자체를 규정하기 때문이다. 그리고 더 나아가 인간이 자기 자신을 형성하는 과정 자체에 매체가 개입하기 때문이다.

간단한 예를 하나 떠올려보자. 대학에서 인문학 교수가 강의 내용을 칠판에 쓰고 나면 몇몇 학생들은 노트 필기 대신 스마트폰 사진기로 칠판에 적힌 것들을 찍으려고 한다. 교수는 불쾌한 마음으로 학생을 저지하지만 학생들은 그 이유를 알지 못해 또 불편해한다. 그런데 이 불화는 선생이나 학생이 각자 생각하듯이, 단순히 예의나 편리함에서 비롯되는 것이 아니다. 대학 강의실에서 요즘 쉽게 볼 수 있는 이 장면은 인류가 정보를 기록하고 저장하고 전달하는 기본 방식에 상당히 단절적인 변화가 도래했음을 보여준다. 칠판에 기록하는 이는 일련의 문자와 단어와 문장을 하나하나씩 기입하는 것이지만, 사진을 찍고자 하는 이는 칠판 전체를 하나의 이미지로 바라보고 저장하고자 한다. 이는 인문적 교육과 인격의 형성이 문자의 습득과 체현을 통해 이루어진다고 의식적으로 또는 무의식적으로 간주했던 전통이 위기에 빠졌다는 사실을 의미한다.

우리는 이 글에서 이러한 변화와 단절을 보다 일반적인 수준에서 살펴보고자 한다. 즉 인문적 텍스트에서 기술적 이미지로 이동해가는 미디어와 지각 방식의 변화를 이념사적인 단절과 매체 철학적 이동의 관점에서 설명하고자 한다. 먼저 휴머니즘의 이념이 문자의 사용과 긴밀한 연관을 가지고 있다는 점을 상기시키면서, 미디어의 변화가 휴머니즘의 위기를 야기하고 있다는 점을 살펴보기로 하자. 여기에서 우리는 페터 슬로터다이크의 논의를 참조하고자 한다. 다음으로, 독일의 매체 철학자 빌렘 플루서가 '기술적 상상력(technological imagination)'의 시대라 부르는 새로운 체제에 대해 집중적으로 살펴보기로 하자. 그가 인류와 매체의 역사를 세 시기로 구분하는 도식을 설명하고, 그 다음에는 그가 전망하는 구체적인 아젠다들에 대해 분석적으로 살펴보자. 끝으로, '미디어의 포스트휴머니즘 사상가'로 명명되는 그가 제안하는 '새로운 휴머니즘'에 대해 논의하도록 하겠다.

1. 페터 슬로터다이크의 휴머니즘 분석: 인간 길들이기와 미디어

독일 철학자 페터 슬로터다이크(Peter Sloterdijk, 1947~)는 저서 『인간 농장을 위한 규칙』에서 하이데거의 『휴머니즘에 관한 편지』의 안팎을 분석하면서 휴머니즘의 본질을 다소간 역설적인 표현법으로 다음과 같이 규정한 바 있다(슬로터다이크, 2004 및 하이데거, 2005 참조). 휴머니즘의 목표는 '인간 길들이기'에 있다는 것이다. 즉 인간의 동물성을 억제하고 온화한 정신성을 발휘할 수 있게 하는 데 휴머니즘의 사활이 걸려 있다. 이러한 규정이 도발적으로 들리는 이유는 아마도 그것이 야수성의 억제에 일차적으로 강조점을 두고 있고, 따라서 부정적인 방식으로 주어지기 때문일 것이다.

하지만 슬로터다이크의 분석 문헌은 상당히 넓게 퍼져 있어 꽤 설득력이 있어 보인다. 그가 다루는 저작은 플라톤의 『정치』에서 니체의 『도덕의 계보학』에 이른다. 이 두 철학자는 서양철학사의 거의 시작과 끝에서 명시적으로 인간성의 형성을 농장 안에서 동물을 길들이는 것에 비유하고 있다. 플라톤은 정치가의 임무를 양들을 이끌어야 하는 좋은 목자의 그것에 비교하고 있고, 니체에게 '인간적인' 미덕이란 권력 의지를 스스로 축소하는 '반자연적인' 양육으로부터 나오는 것이다. 물론 여기에서 두 철학자가 인간을 동물에, 인간성의 형성을 동물 사육에 비교하는 것은 정반대의 동기에서 나오는 것이기는 하지만, 그러한 비교 자체가 중첩된다는 것은 흥미로운 지점이다.

이렇듯 휴머니즘의 목표가 인간 길들이기에 있다면, 그것의 주요 수단은 문자와 책에 있다. 모든 글쓰기는 연애편지를 쓰는 것과 같다. 책을 쓰는 작업은 멀리 떨어져 있는 잠재적 독자의 호응을 불러일으키려는 것이며, 사랑에 기반한 공동체를 형성하는 것을 목표로 한다(여기에서 슬로터다이크의 분석에 따르면, 하이데거의 『편지』와 휴머니즘과의 관계는 이중적인 것으로 나타난다. 그 내용이 우선 그럴 뿐 아니라, 이 『편지』가 쓰인 정황이 휴머니즘의 목표 또는 야심과 관련된다. 하이데거는 자신을 숭배하는 승전국의 철학자에게 독일의 패전 이후 이 『편지』를 작성한다).

이렇게 볼 때, 문자는 어떤 적을 상대로 힘겨운 싸움을 벌이는 셈이다. 그 적은 무엇인가? 동물성의 방임과 강화에 맞서 문자를 통해 인간성을 형성하고자 하는 이 불확실한 기획은, 슬로터다이크에 따르면 서양 문화사에서 단지 근대 이후의 시기에 한정된 것이 아니다. 그가 극적인 예로 드는 로마 시대의 상황에서 이미 이 문제는 직접적으로 미디어의 문제로 연관된다. 인간의 야수성은 원형 극장의 검투 대결 그리고 감정적 비극을 통해서 폭발하곤 했기 때문이다. 말하자면 휴머니즘의 성공 여부는 대중 매체의 자극에 맞서 책을 통한 교양 교육의 공동체를 형성할 수 있는가에 달려 있다. 이는 서양에서 로마 시대 이후 현대까지 계속되었던 문제이다. 그런데 슬로터다이크는 이제 휴머니즘의 시대가 끝나고 있다고 진단한다. 그가 이렇게 조심스럽지만 놀라운 어조로 말하는 것은 오늘날 문자에 의한 인간 길들이기가 그 효력을 다해가고 있다는 진단에서 나오는 것이다.

2. 빌렘 플루서의 미디어 포스트휴머니즘: 기술적 상상력의 시대

슬로터다이크의 관심 분야는 미디어가 아니어서 그의 논의는 여기에서 끝나지만, 우리는 이 논의를 빌렘 플루서(1920~1991)의 미디어 이론을 빌려 이어가볼 수 있다.[1] 그의 문제의식은 이 시대, 좀 더 정확히 말하자면 1980년대 이후로 인류가 기술 발전과 존재 방식 사이에 큰 괴리를 겪고 있다는 진단으로부터 나온다. 여기에서 기술의 발전, 특히 미디어의 발전은 단지 인간이 더 많고 더 정교한 조작 가능성을 가지고 있다는 것을 의미하지 않는다. 플루서가 보기에 미디어(media)는 문자 그대로 인간이 세계를 '매개'하는(mediate) 방식이며, 이를 통해 다시 인간들이 서로 '매개'하기 때문이다. 따라서 미디어의 변화, 중심 이동은 세계가 인간에게 일차적으로 현상하는 근원적 장면화의 변화이며, 인간이 우주 안에 거주하는 방식의 변화이다.

그는 미디어의 변화에 입각해 인류의 시간을 거시적인 관점에서 세 시기로 구분한다. 인간은 4차원의 시공간 우주를 직접 다루기 어렵기 때문에, 그것에 맞서 축소, 추상해야만 한다. 플루서는 어원적 의미를 분명히 새겨, 추상(Abstraktion)이란 찢어내는 행위(herausreißen)임을 상기시킨다. 시공간은 부피로, 면으로, 선으로 점점 찢겨진다. 다시 말해 인간의 미디어의 역사에는 일정한 방향이 존재하는데, 차원이 점점 축소되는 경향을 보여 왔다는 것이다. 그동안 (1) 3, 2차원은 건축/조각, 회화 등에서 구현되었고, (2) 그 다음, 1차원으로 축소된 것이 알파벳 문자이다. 그리고 이것의 극단적 형태가 0과 1로만 정보를 저장하는 이항적 문자, 즉 디지털이다(플루서는 명확히 말하

---

1 이 글에서는 주로 다음 저서를 참조한다. Vilém Flusser, *Lob der Oberflächlichkeit: Für eine Phänomenologie der Medien*, Bollmann Verlag GmbH, 1995, 『피상성 예찬-매체 현상학을 위해』, 김성재 옮김, 커뮤니케이션북스, 2004. 이 저서는 1991년 사후 1993년에 출간된 논문 모음집이다. 국역본을 참조하지만 독일어 원문을 참조해 번역문을 수정했다. 인용 시 독일어 원본과 국역본의 쪽수를 차례로 병기한다(약호 LO).

지 않지만, 우리는 이를 '거의 0차원'이라고 부를 수 있을 것이다). (3) 그런데 여기에서 미디어 역사의 전환이 벌어진다. 하강하는 분석의 극한에 이르러, 다시 종합의 방향으로 치고 올라가는 것이다. 즉 1980년대를 기점으로 디지털을 통해 상위 차원들을 재구성하는 시대로 진입하고 있다는 것이다. 컴퓨터 모니터상의 이미지나 홀로그램을 떠올려보자. 이런 점에서, 선에서 점으로 옮겨가는 것은 하나의 시기에서 다른 시기로 이행하는 것이기도 하지만, 동시에 그 이상으로 근본적인 전환점을 이루는 것이기도 하다. 왜냐하면 분석에서 종합으로 인간의 활동의 방향을 전면적으로 바꾸기 때문이다.

이와 같이 인류가 경험하고 있는 세 가지 거시적 축척의 시간은 여러 가지 형태로 명명된다. 편의상 다음과 같은 도표로 정리해보자.

	(1) 깊이와 평면	(2) 선형적	(3) 종합된 평면
시간의식	선사 시대	역사 시대	포스트-역사 시대
미디어의 형태	조각, 회화	텍스트(text)	컴퓨터
구성요소	평면	직물(texture)	점
인간의 지적 행위	상상(Vorstellung)	파악(Begreifen)	모자이크
이미지와 문자 사이의 순환 관계	마술적 이미지	선형적 문자	기술적 이미지

다른 한편으로 추상화 작업은 다른 작업과 쌍을 이뤄 순환을 형성하는데, 그것은 구체화 작업이다. 우주를 찢어내는 작업이 인간의 인식 행위라면, 그렇게 벌어진 간격을 다시 메우는 것은 체험의 필요조건이다.

> 추상하는 인간은 추상하는 실제 속에서 찢어 벌려진 간격 속에 존재한다. 인간은 추상하는 동물이고, 그의 거주지는 이 간격이다. (……) 이렇게 입을 크게 벌리고 있는 무(無) 속에서 살 수 있기 위해 인간은 이 벌려진 상처를 다시 아물게 하려고 한다. (……) [분석/추상화와 반대되는 종합/구체화라

9장 - 빌렘 플루서의 미디어 포스트휴머니즘

는| 이 운동은 마술에서 시작해 기술에서 끝난다(플루서, 2004: 31).

분석과 종합은 필수적으로 한 쌍을 이루는 운동인데, 인식과 체험, 앎과 삶이 한 쌍을 이루듯이 그렇다. 그런데 추상이 극단화되는 지점에서 이 운동은 기존의 안정성을 상실한다. 왜냐하면 너무 잘게 찢어졌을 때 이것을 다시 붙이는 작업은 원래 그림을 복원하는 것 이상을 가능케 하고, 새로운 상상력을 자극하기 때문이다.

3. 구체적인 아젠다들

어떤 사상이 하나의 위기를 중심으로 구성되는 것이라면, 플루서의 경우는 다음과 같은 문장으로 표현될 것이다. "현재 선은 점들로 부서질 상황에 놓여 있다"(플루서, 2004: 11). 미디어의 기본 요소가 알파벳에서 비트(bit)로 넘어가면서, 문자들의 직물들은 점들로 분해되고, 축적된 역사적 의미들은 말 그대로 점들 사이의 허공으로 빠져들 위기에 처해 있다는 것이다.

우리의 모든 노력은 점의 세계(Punktwelt)를 사람이 살 수 있도록 만드는 데 목표를 둔다. 그러나 어려운 점은 우리가 아직 이러한 세계에 상응하는 의식, 즉 새로운 우주의 범주들을 수용하는 의식을 소유하고 있지 않다는 것이다. 우리는 위기에 처해 있다. 왜냐하면 우리는 역사적 과정적 범주들을 점의 세계에 응용하고자 시도하기 때문이다(플루서, 2004: 12).

플루서의 주장은, 텍스트에서 기술적 이미지로, 선형성에서 평면성으로, 분석에서 종합으로 이동해가는 데 수반되는 제반 변화들을 적극적으로 예측하고 대비해야 한다는 것이다. 구체적으로 몇 가지 대표적인 아젠다들

3부 뉴 미디어와 상상력

을 구별해 살펴보자.

3.1) 역사에서 우주로, 비판에서 창조로

플루서는 역사의식 자체가 문자 사용으로부터 나온다고 생각한다. 동굴 벽에 그려진 회화에서 사람의 시선은 비선형적이고 임의적이다. 그것을 해석하는 선은 사람마다 다르고 시선의 방향은 대부분의 경우 순환적이다. 반면 이것이 선으로 찢어져서 펼쳐질 때, 시선과 사고는 선형성을 갖게 되고 단어들의 의미는 축적되다가 문장이 끝날 때 최종적인 의미가 등장한다. 텍스트 위에서야 비로소 '우리는 어딘가를 향해 나아간다'는 것이다. 역사란 중요하지 않은 사건들을 버리고 중요한 사건들을 **가려내(krinein)** 일렬로 꿰는 작업이다. 이것은 텍스트, 곧 직조(織造)의 작업과 다르지 않다. 텍스트는 비판의 작업이고, 이를 통해 구성된 역사는 인류에게 현실성을 제공한다.

그러나 오늘날 이러한 역사성과 현실성의 직물은 조각나고 있다. "우리는 우리를 앞서간 세대들이 우주를 과정들로 꿰는 데 사용하였던 실마리를 잃어버렸다. 따라서 그 우주는 먼지처럼 흩날리고, 윙윙 난무하는 입자로 흩어지고 있다"(플루서, 2004: 43). 이것은 흔한 말로 '역사의 종말'이지만, 여기에서 플루서는 묵시론적 어조를 띠지 않는다. 점의 세계는 오직 가능성(Möglichkeit)의 세계이다. 이제 문제가 되는 것은 이러한 무한히 많은 가능성의 점들을 조합해, 그것이 내적으로 가능하기만 하다면 새로운 결합물을 창조하는 것이다. 여기에서 우리는 선형적이고 유일한 역사에서 여러개의 가능성의 우주로 이행한다. 그 궤적 안에서 인간 최고의 지적 작업, 곧 비판의 형식 역시 달라진다.

지금까지 비판한다는 것은 근본적으로 상상 속에 내재하는 마술에서 인간을 해방시키기 위해 **상상**을 분석하는 것이었다. 이제 비판한다는 것은 그

반대로 개념을 가시적으로 만들기 위해 상상을 **종합**하는 것이다(플루서, 2004: 278, 강조는 인용자).

인류가 상상에서 개념으로 이행할 때, 여기에서 비판은 상상의 마술성을 폭로하고 마비시키는 데에 있었다. 이제 비판의 힘은 그 개념을 다시 이미지로 창조하는 데에까지 이르러야 한다. 여기에서 비판은 이중적인 의미를 지니는 듯 보인다. 한편으로 원래의 뜻을 보존하면서, 다른 한편으로 비판이 개념적 사고에 머무르는 것 자체에 대한 비판을 또한 함축한다. 비판적 텍스트들의 연장선상에서, 여기에서 이미지는 마술적이지 않고 비판적이다.

3.2) 작품 해석에서 기구 비판으로

이미지의 제작 양식 또는 존재 방식들 중 비디오나 영화보다도 사진이 플루서에게 특별한 의미를 지닌다. 사진은 기술(技術)적 상상력에 속하면서도 동시에 전통적인 상상적 이미지의 외양을 지니고 있기 때문이다. 사진은 이처럼 두 가지 다른 체제의 중첩, 그것들 사이의 이행처럼 보이며, 이런 이유 때문에 플루서의 논의가 반복해서 되돌아가는 풍부한 역사적 국면이 된다. 따라서 플루서의 사진에 대한 분석을 통해 보다 일반적인 수준에서 그의 이론적 핵심과 실천적 대안을 살펴볼 수 있다.

사진에 대한 분석이 플루서의 이론에서 갖는 의미는 다시 이중적이다. 한편으로, 그것은 인류가 기술적 상상력의 시대로 급격하게 이행하면서 불행히도 여기에 적합한 사유와 실천의 기준들을 가지고 있지 못하다는 것을 폭로하는 대표적인 사례로 기능한다. 플루서는 회화와 사진, 화가와 사진가를 대비하면서 이미지의 생산과 소비 방식이 현저하게 다른 양상을 띠고 있음을 상기시킨다. "사진과 기타의 기술적인 이미지들에서 이러한 진선미의 분리는 모든 의미를 상실했다. 사진촬영은 미학적인 현상을 생산하기 위한

3부 뉴 미디어와 상상력

과학에서 유래한 기술적인 제스처이다"(플루서, 2004: 96).

사진은 기하학적 수학, 광학적 기술, 화학적 재료학에 근거하고 있다. 따라서 그것은 이미 비판적 사고와 수식의 결과물이다. 여기에서 근대 사상이 진·선·미 각각에 대해 부여했던 고유한 비판적 기준들은 효력을 상실한다. 왜냐하면 사진기의 제작 과정이 이미 가장 비판적인 작업의 성과, 즉 수학과 기술의 층위로부터 상승하기 때문이다. 우리 시대에 "비판은 생산을 앞서간다." 우리는 사진 이미지를 비평할 때, 회화를 다룰 때와 같은 종류의 기준을 적용할 수 없다. 만일 우리가 사진 이미지의 진·선·미를 평가하고자 한다면, 대상의 분해와 종합의 기술적 과정에 입각해 평가할 수밖에 없다. 즉 사진기는 대상을 정확히 반영하고 있으므로 진리이고, 과학적 법칙을 충실히 구현하고 있으므로 좋으며, 촬영자 개인의 시각적 체험을 충실히 전달할 수 있으므로 아름답다. 이러한 평가는 무의미하다.

하지만 다른 한편으로, 플루서의 논의는 회화에서 사진으로 단선적으로 진행하고 있다는 것을 기술(記述)하면서, 인간의 지적 활동의 소멸을 선언하려는 것은 아니다. 사진은 인간이 아니라 기술(技術)을 통해 생산된다. 달리 말해 그것은 어떤 기구(apparatus)의 산물이다. 따라서 문제는 이미지의 내적 구성이 아니라 그것을 둘러싸고 있는 기구에 대한 비판이다. 플루서는 거대하지만 보이지 않는 기술적이고 사회적인 기구에 맞서는 두 가지 방식을 제시한다.

하나는 사진 자체를 통해 사진 기구를 '기만'하는 방식이다. 사진기에 담긴 기술들의 잠재력은 언제나 완전히 소진되지 않고, 그것은 새로운 가능성을 내포한다. 이러한 가능성의 발견과 실현을 통해 기구의 통제적 성격을 위반할 수 있다. 이러한 종류의 사진들이 '실험적'이고 '예술적'인 사진이라고 불릴 수 있다. 두 번째는, 전통적인 방식으로 회화를 제작하는 것이다. 이것은 외부의 관점에서 기구에 정면으로 저항하는 방식이다. 다만, 이는 기술과 상관없이 수공적인 작업을 한다는 것을 의미하지는 않는다. 플루서는 이것의 현대적인 의미는 기술적인 상상력의 한계를 넘어선 자리에만 가능하다는 점을 강조한다. 그가 조금은 냉소적인 어조로 비판하는 것은, 인간적인 것은 기술적인 것으로 엄연히 구별된다고 말하는 사람들 대부분이 사실은 후자로 환원될 수 있는 것에 머무르고 있다는 점이다. 대체 불가능한 인간 고유의 창조적인 것은 모든 '기구적 가능성을 완전히 인정한'(플루서, 2004: 150) 다음에야 가능한 것이라는 점이다.

위 두 가지 실천적 작업은 플루서가 각각 '전략적 사진작업'과 '기구를 넘어선 이미지'라고 부르는 것이다. 이것은 기구가 제공하는 잠재력의 독특한 실현을 통해 기구를 위반하거나, 기구의 잠재력에 대한 충분한 이해와 숙고 후에 그 한계 너머에서 비-기술적인 창조력을 보여주는 것이다. 이러한 두 가지 방식은 사진에 한정되는 것은 아니다. 아마도 플루서가 압도적인 디지털 시대에 대한 호의적인 묘사와 적극적인 이해의 촉구 후에 제시하는 비판적 작업의 일반적 내용이 될 것이다.

3.3) 새로운 진리관: 감성적 실용주의

플루서가 보기에 중심 매체가 텍스트에서 디지털로 이행할 때, 다시 말해 선에서 점으로 넘어가면서 우리가 사용하는 근본적인 범주들이 흔들리게 된다. 대표적으로 진리 개념이 그렇다. 진리는 전통적으로 '사물과 인식의 일치'에 의해, 플루서의 표현을 빌리자면 '사물에서 추상화된 것과 사물에 남은 것 사이의 대응 관계'에 의해 정의된다(플루서, 2004: 32). 그런데 모든 사물들이 궁극적으로 무한히 많은 점들로 분해될 때, 그러한 고전적 진리 개념은 붕괴한다는 것이다. 왜냐하면 사물은 전부 추상화되어서 우리가 가지고 있는 것이 일치를 요구할 남은 것이 없기 때문이다.

여기에서 주의 깊게 언급할 만한 사항은, 플루서는 사물과 이미지 사이에 어떤 본성상의 차이도 없다고 강력하게 주장한다는 점이다. 그 사이에 는 정도상의 차이만이 존재한다. 대개의 경우 이미지가 실재에 미치지 못한 다고 우리가 생각하는 이유는 사물에 비밀스러운 것(본질)이 감추어져 있기 때문이 아니라 단순히 그것의 밀도가 낮기 때문이다. 예를 들어 우리가 의 자의 홀로그램을 만들 때, 만일 그것이 물건을 떠받칠 수 있을 정도로 그것 의 입자의 밀도를 충분히 높일 수 있다면, 그것은 의자와 구별되지 않을 것 이다. 그리고 오늘날 우리가 보기에 이 예언은 3D 프린터로 실현되고 있는 것 같다.

철학적으로 볼 때 우리는 여기에서 니체의 니힐리즘의 깊은 영향을 볼 수 있다. 이 교의의 첫 번째 의미는, 세계의 근본적인 의미나 본질은 존재 하지 않는다는 것이다. 그리고 두 번째 의미는, 그럼에도 불구하고 또는 그 렇기 때문에 세계의 의미는 해석될 무엇이 아니라 창조되어야 할 무엇이라 는 것이다. 플루서의 디지털 이론은 이처럼 자신의 미디어 이론(면-선-점)과 니체의 니힐리즘(허무)이 교차하는 지점에 놓여 있다. 그의 디지털 유물론은 니체의 무의미를 디지털 스크린의 점들에서 발견한다. 그는 인간의 추상화 작업이 극한 지점까지 진행되어 모든 사물들이 점으로 분해되는 허무한 지 점에 인간이 놓여 있다고 진단한다. 그리고 그 배후에는 아무 것도 없다.

진리가 요구할 세계의 본질은 존재하지 않는다. 세계는 창조되어야 할 무엇이다. "모델은 더 이상 어떤 것에 맞게 적용될 수 없다. 모델을 만드는 일 은 더 이상 [비교하기 위해서] 붙이는 작업이 아니라 설치하는 작업이 될 것이 므로 우리는 '진리'라는 기준을 포기해야만 한다"(플루서, 2004: 33). 진리라는 기준은 포기되거나, 아니면 그 내용이 바뀌어야 한다. 오늘날 경쟁하는 과 학적 가설들을 평가할 때에도 심미적 기준이 작동한다. 더 작은 변수들로 더 많은 것을 설명하는 것이 더 나은 이론이다. 플루서가 드는 과학적 예들 보다 좀 더 현대적인 예를 생각해보자. 양자역학의 설명은 성공적이지만, 그

함수의 내용은 직접 관찰되지 않고 그것의 연산 결과만이 관찰될 뿐이다. 우리는 그것의 의미가 무엇인지 모른다.

> 수면 위로 떠오르는 점-세계 속에서는 모델들이 그 과학적 성격을 상실할 것이다. 사람들은 이 모델들이 의도적으로 창조된 기교, '예술작품'이고, 이러한 기교를 창조하는 의도는 이 세계의 공허를 감추기 위한 것이라는 사실을 완전히 간파하게 된다. (……) 우리는 모델들을 구별할 때 인식론적 기준 대신 감성론적 기준을 사용해야만 한다(플루서, 2004: 34).

여기에서 다시 한 번 플루서는 니체와 공명한다. 니체는 극단적인 니힐리즘으로부터 미학적 형이상학으로 나아갔다. "삶과 세계는 미적 현상으로만 정당화된다"(니체, 2007: 99). 이것과 매우 비슷한 어조로 플루서는 다음과 같이 말한다. "진정으로 새로운 것은, 우리가 이제부터 아름다움을 유일하게 받아들일 수 있는 진리의 기준으로 파악해야 한다는 사실이다"(플루서, 2004: 303). "이 새로움은, 구체적으로 **체험/감각되는(aisthestai=erleben)** 모든 것이 실재적이다(real)라고 생각하는 형식적 계산적 구조적 의식에서 유래한다"(플루서, 2004: 304).

디지털의 표면 위에서 가상(Schein)은 실재성을 구성하는 새로운 심급이 된다. 이것의 수준을 평가하는 것은, 같은 어원을 공유하는 '아름다움(Schönheit)'의 정도 또는 체험의 강렬함의 정도에 달려 있다. 이러한 플루서의 입장은 아마도 '감성적 실용주의(aesthetic pragmatism)' 정도로 명명될 수 있을 것이다.[2] 여기에서는 인간 역시 점들의 합성 면으로, 디지털의 표면을 따라 펼쳐지는 체험과 감각의 막으로 변신한다. 이 두 표면 또는 주름 접힌 면들 사이에서 벌어지는 사건들이야말로 세계의 실재성을 채워 넣고, 그 굴곡을 변화시키는 힘이다.

3.4) 주체에서 기획으로

　근대적 계몽(Enlightenment)의 구조는 빛을 발사하는 것이다. 그 빛의 원천은 인간의 정신 안에 있고, 그 빛은 어둠에 잠겨 있는 자연의 일부분을 밝힌다. 그러므로 그러한 빛의 빔 양쪽 끝 너머에는 어두운 심연이 놓여 있다. 정신의 심연-빛을 밝히는 주체-밝혀지는 객체-세계의 심연. 이것이 플루서가 말하는 근대의 구조이다. 세계의 어둠은 더욱더 많이 빠르게 밝혀졌다. 그런데 이것은 어떤 역전을 야기한다. 근대인들에게 세계는 어둡고 범죄적이었다. 사람들은 배경을 밝게 밝혀 이 권력의 범죄를 폭로하고자 했다. 그리고 악은 선으로 전환되어야 한다. 그런데 현대에서 범죄학의 성립은 악을 가치중립적인 것으로 만들었다. 뇌과학과 사회학을 동원한 범죄에 대한 과학적 설명은 악을 일어날 수 있는 중립적인 것으로 만들었다.

　빛의 메타포로 추진된 계몽의 기획은 모든 것들을 거대한 빛의 폭포수 안으로 쓸어 담았다.

> 인공지능은 주체 뒤에서 아무 것도 찾을 수 없다는 사실을 실천적으로 보여주고, 홀로그램 역시 객체와 관련해 동일한 것을 보여준다. (……) 곧 지능으로 묶여진 광선과 객체로 묶여진 광선만이 있을 뿐이다(플루서, 2004: 354).

2　여기에서 aesthetic은 좁은 의미로는 아름다움에 관한 것으로, 더 넓은 의미로는 감성에 관한 것을 의미한다. 포괄적인 의미를 지시하고자 '감성적'이라는 말로 옮긴다. 'aesthetics'이 18세기 말에 하나의 분과로 정립될 때, 이것은 인식능력으로서 감성에 관한 이론과 아름다움이라는 이념에 관한 이론이라는 두 가지 의미가 혼재되어 있었지만, 19세기의 낭만주의와 예술철학을 거치며 후자의 의미만이 배타적으로 강조되었다. 20세기에 이르러 예술이 더 이상 아름다움을 추구하는 것이 아니게 되면서, 분리되었던 두 가지 의미는 다시 새롭게 종합되어야 하는 과제에 직면한다. 다시 말해 현대 예술은 아름다움이 아니라 감각작용과 관련된 활동이 되었기 때문이다. 이 점을 상세하게 논의하는 것은 이 글의 범위를 넘어서기 때문에, 많은 현대 철학자, 대표적으로 메를로-퐁티, 들뢰즈, 리오타르, 자크 랑시에르 등이 이러한 종합을 수행하고자 했다는 점만을 지적해두도록 하자.

여기에서 빛은 더 이상 주체에서 객체로 나아가지 않는다. 세계는 밝혀진 그대로이며, 더 이상 밝혀지지 않을 것이 없기 때문이다. 오히려 어둠은 인간의 내부에 남아 있다. 그러므로 반대로 빛은 객체에서 주체로 주어진다. 사진과 영화에서처럼 인간의 두뇌가 하나의 암실이고 스크린이다.

여기에서 인간은 주체가 아니라 다른 무엇으로 변한다. 'subject'는 원래 중세에서 왕 아래 놓여 있는 사람, 즉 신하를 뜻하는 말이었다. 이런 점에서 봉건제의 붕괴와 'subject'의 중심 진입은 동시에 일어난 일이다. 이러한 어원을 암시하면서, 플루서는 인간이 더 이상 객체의 신하인 주체가 아니라는 점을 강조한다. 객체에 대응하는 것이 주체라면, 비트-표면과 대응하는 것이 기획이다. 즉 비트들의 표면 위에서 가능한 것을 조합해 만들어나가기 위해 기획하는 것, 즉 스스로를 투영하는 것이 새로운 인간의 모습이다. 아래에서 앞으로, 주체(Subjekt)에서 기획(Projekt)으로. 여기에서 『공각기동대』의 마지막 장면을 떠올릴 수 있을 것이다. 컴퓨터 바이러스는 자신의 하나의 생명이라고 주장하고, 마지막 장면에서 네트워크상으로 뛰어든다. 그 안에서 영원히 변종을 일으키며 살아갈 수 있을 것이라고 예감하면서.

> 우리는 더 이상 주어진 객관적인 세계의 주체가 아니라, 대안적 세계들의 기획이다. 우리는 예속적인 주체의 위상에서 빠져 나와 우리 자신을 투영하는 것 속에 위치시켰다(플루서, 2004: 301).

> '디지털 가상'은 우리를 위해 우리의 주위와 우리 내부에서 입을 크게 벌리고 있는 공허의 밤을 밝혀주는 빛이다. 그렇다면 우리 자신은 그러한 무(無)를 향해 무(無) 속으로 대안적인 세계들을 설계하는 전조등이다(플루서, 2004: 304).

3.5) 새로운 휴머니즘: 척도의 문제

『피상성 예찬』을 중심으로 한 이상의 논의에서 플루서는 미디어의 변화에 따라 인간과 세계가 근본적으로 분해되고 새로운 차원으로 이행해야 한다는 점을 과격하게 주장하는 것으로 보인다. 그런데 다른 글에서 그는 휴머니즘을 해소하는 것이 아니라 그것의 내용을 혁신하는 것이 필요하다는 점을 역설한다. 이것은 우선 그의 사상 내에서 어떤 불균질한 지점이 되는 것처럼 보이기도 한다. 다만, 플루서가 많은 비평가들에 의해 미디어 포스트휴머니즘의 사상가라고 불린다면, 이때 포스트휴머니즘의 의미는 휴머니즘의 초월이 아니라 디지털 미디어 시대의 조건 한에서 휴머니즘을 새롭게 규정해야 한다는 뜻으로 받아들여야 할 것이다. 이런 점에서 아래 논의를 보충적으로 살펴보아야 할 필요가 있을 것 같다.

플루서는 '크기의 수준과 휴머니즘'이라는 글에서 휴머니즘이 더 이상 불가능해진 계몽의 역설을 지적한다(Flusser, 2002: 160~164). 고전적 휴머니즘은 마치 거대한 대양 위에 떠있는 작은 섬처럼 인간이 지각할 수 있는 차원의 것에만 한정해 거주를 안정화시킨 것이었다. 하지만 계몽은 모든 것을 인과적 설명의 대상으로 삼고, 그 결과 인간의 이해는 가장 작은 것에서 가장 큰 것에까지 이르게 되었다. 여기에서 인류는 이제 작은 배에 의존해 넓은 대양을 떠돌아다녀야 하는 처지가 된 것이나 다름없다. 아니 더 나아가 인간의 정신 자체가 그러한 양적 분해의 대상이 된지 오래다. 생각과 의식도 시냅스의 전달 체계로 이해되기 때문이다. 인간의 작은 배조차 대양 안으로 조각나 녹아드는 상황인 것이다.

플루서는 이러한 양적 세계관의 확장을 불가피한 것으로 긍정하면서도 새로운 휴머니즘의 필요성을 제기한다. 모든 것을 양적으로 환원하고 균등화하는 것에 맞서 여기에서 해야 할 일은 신비한 질적인 차원에 속하는 것을 옹호하는 것이 아니다. 중요한 것은 양적인 차원도, 질적인 차원에도 있지 않다. 오히려 차원의 양적 수준들, 즉 크기의 수준/자릿수(orders of magnitude)에 있다.[3] 플루서는 자연과학과 인문사회과학의 예를 하나씩 제시한다. 한편으로 아인슈타인이 뉴턴보다 더 정확하지만, 항상 더 나은 것은 아니다. 일상적인 수준에서 아인슈타인의 공식을 적용한다면 그것은 불필요하고 심지어 어리석은 행동이다. 다른 한편으로 진화생물학자와 달리 정치인이 '인종'이라는 표현을 사용하는 것은 범죄에 해당한다. 이 두 가지 경우 모두 '크기의 수준'을 혼동하기 때문에 벌어지는 일이라는 것이다. 우리는 이제 대양 위의 작은 섬이 아니라, 말하자면 인형 안에 인형이 또 들어있는 러시아 인형과 같은 상황에 놓여 있다. 중요한 것은 어떤 상황에서 문제가 되는 크기의 수준, 적합한 차원, 적절한 척도를 포착하고 유지하는 일이다.[4]

마음의 작동과 생명의 유지는 오늘날 각각 '양자(quantum)'와 '분자(molecular)' 수준에서 측정되고 개념화된다. 이 과학적 진보 자체는 되돌릴 수 없는 것이다. 문제는 다음과 같은 것이다. 세 가지 스케일, 즉 감각에 의해 지각되는 수준(일상), 분자 수준(생명), 양자 수준(마음)을 무차별적으로 오가는 것은 마음, 생명, 죽음에 대해 무감각해지는 결과를 낳는다. 플루서는 이를 '새로운 야만주의'라고 칭한다. 이것은 이전의 야만주의, 이를테면 나치

---

3 여기에서 말하는 'orders of magnitude'는 수학적인 의미를 염두에 두면서 일반적인 의미로 확장되어 사용되고 있어 번역하기가 좀 난감한 면이 있다. 잠정적으로 '크기의 수준/자릿수'라고 병기하는 식으로 옮기기로 한다. 이것은 밑을 10으로 하는 지수승(10^x)을 말한다. 즉 어떤 것의 크기가 10,000(=10^4)이라고 한다면, 이것의 크기의 수준은 4이다. 뉴로사이언스부터 동물학, 사회학, 천문학까지 각 분과학문의 구분은 그것들이 다루는 대상의 크기 수준에 따라 구분될 수 있다.

4 디지털과 관련된 간단한 예로 다음과 같은 것을 생각해볼 수 있겠다. 최근 뉴스에 따르면, LCD 액정 화소수 경쟁이 무의미해지는 단계에 이르렀다. 왜냐하면 화소수의 밀도는 어느 이상 높아지면 인간의 지각이 더 이상 그 차이를 구분하지 못하는데, 현재 관련 기술이 그 경계를 넘어섰기 때문이다. 따라서 LCD 액정 기술 발전은 이제 화소수가 아니라 다른 방향으로 이루어지게 된다. 이는 양적 세계 안에 크기의 수준/자릿수가 어떤 불연속성을 만들어내는 것의 좋은 예가 될 것 같다.

의 경우와 구별된다.

> 이전의 야만주의는 측정 없이 경멸한다. 그것은 측정될 수 없이 거대했다. 그것은 마음, 생명과 죽음을 측정할 수 없었다. [반면] 현재 출현하는 기술은 바로 그것이 측정하기 때문에 마음, 생명과 죽음을 경멸한다. 이것이 바로 전통적인 휴머니즘이 새로운 야만주의를 나무랄 수 없는 이유이다. 새로운 야만주의는 전통적인 휴머니즘보다 더 계몽되어 있다(Flusser, 2002: 163).

여기에 계몽의 역설이 있다. 계몽의 수단은 인간적 지성에 대한 신뢰에 있고, 이것의 본질은 측정에 있다. 그런데 이것이 극단화될 때 역설적으로 휴머니즘의 무력화로 귀결된다. 이 지점에서 플루서가 주장하는 '새로운 휴머니즘'은 작은 섬을 고집하는 것이 아니라, 러시아 인형들의 서로 다른 크기의 수준을 놓치지 않는 데에 있다. "각 차원마다 효과적이고 전형적인 인식론, 윤리학 그리고 미학이 존재한다"(Flusser, 2002: 163).

서양에서 휴머니즘의 가장 고전적 정식은 "인간은 만물의 척도이다"(프로타고라스, BC 5C)라는 말로 주어진다. 플루서는 이 말을 인용하면서 휴머니즘 비판의 글을 시작하는데, 이 글에서 이 말은 이중적인 의미를 지니는 것으로 보인다. 그는 이 말을 지탱해주고 있는 어떤 맹목성을 비판하면서, 그 맹목성이 인간 인식의 확장과 대비되어 더 이상 유지되기 힘들다는 점을 밝힌다. 하지만 최종적으로는 이 명제는 다른 관점에서 교정되고 다시 긍정되어 그것의 핵심을 회복해야 한다는 결론으로 되돌아온다. 우리는 측정이 무한히 작은 것과 무한히 큰 것으로 확대되는 것을 수용하면서도, 동시에 크기의 수준들 사이의 차이를 망각해서는 안 된다. 플루서에게 크기의 수준/자릿수란 양적 세계 안에서 양적인 개념이면서 질적 차이를 만들어내는 무엇이다. 그 덕분에 인간은 인간적 척도의 중요성을—유일성이 아니라—주장할 수 있다.

4. 맺는 말

앞서 본 것처럼, 빌렘 플루서는 1980년대 디지털 미디어의 도래와 함께 인류가 완전히 새로운 매체의 시대, 즉 기술적 이미지의 시대로 진입하고 있다고 주장했다. 그의 이론은 명료한 만큼 사태를 단순화하고 변화의 충격을 과장하는 측면이 있다고 평가할 수도 있겠다. 예를 들어 그는 디지털 문화의 보편화가 기존 인문주의의 가치와 이념들을 전면적으로 폐기할 것이라고 주장했지만, 사실 다른 한편으로 그런 이유에서 더더욱 고전을 둘러싼 교육과 관심이 더욱 강조되고 강화될 가능성이 있는 것도 사실이다. 그리고 우리는 오늘날 대학 안팎으로 그러한 상황을 목격하고 있기도 하다.

사실 그의 이론의 체계가 단순한 도식적 형태를 띠는 것의 위험성을 저자 자신이 몰랐다고 생각하기는 어렵다. 이론이 추상이고 찢어내는 행위라는 점을 그 자신이 잘 알고 있었고, 그러한 위험을 어차피 감수하는 것이라면 시대의 변화를 복잡하고 모호한 방식으로 서술할 필요가 없다고 생각했을 것이다. 그렇다면 우리로서는 그가 단절적으로 구획한 변화를 시대적 구분으로 간주하는 것보다는 체제(regime)의 등장으로 받아들이는 것이 좋을 듯하다. 세 개의 시기는 여러 개의 체제로서 공존하는 것이다. 그리고 이 체제들 안에서 중심점의 이동이 존재한다.

기술적 이미지가 문자의 기록보다 점점 더 큰 매체적 영향력을 행사할 것이라는 예견에는 별다른 이의를 제기할 수는 없을 것 같다. 다만, 문자의 시대에 회화가 변화를 거듭하며 여전히 인류의 감성을 형성해왔듯이, 기술적 이미지의 시대에 문자의 역할은 여전히 인문적 주체성 형성에 중요한 역할을 담당할 것으로 보인다. 물론 디지털이라는 도전 앞에서 인문학의 재

3부 뉴 미디어와 상상력

구성과 같은 문제는 별도로 제기될 수 있는 중요한 문제일 것이다. 여기에서 인문적 고전들은 오히려 가장 핵심에 해당하는 작품들만이 살아남으리라고 예상해볼 수 있다. 그 바탕 위에 플루서가 강조한 것처럼 기술적 이미지의 창조적 역량이 새롭게 놓이게 될 것이다. 이 수준의 필요성과 필연성에 대한 강조에서 플루서는 인문적 전통에 대한 미련 없이 누구보다 과감했다고 평가할 수 있을 것이다.

플루서가 인간적 척도가 사라진 환경에서 새로운 휴머니즘의 필요성을 제기한 것은 사실이다. 그럼에도 불구하고, 플루서에게 '인간'이라는 말은 비어있는 무엇이다. 그렇다면 우리는 다음과 같이 추측해볼 수 있다. 우리가 무엇인가 '인간적'이라고 말할 때 플루서의 어법에 따르자면, 그것은 인간적 본질에 부합한다는 뜻이 아니라 인간의 척도에 적합하다는 뜻이다. 인간은 세계의 중심은 아니지만, 인간적인 것에 관심을 쏟는 유일하고 자연스러운 존재자이다. 그러므로 프로타고라스의 말은 이렇게 고쳐 적어야 할 것이다. '인간은 만물의 척도가 아니라, 인간적인 것의 척도이다.' 이처럼 크기의 수준의 관점에서 생각할 때, 무한한 비트의 허무주의를 긍정하면서 그 안에서 인간적 삶을 위한 환경을 만들 수 있는 길이 열릴지도 모르겠다.

이 논문은 《기호학연구》 (39집, 2014년 6월)에 수록된 논문을 수정·보완한 것임.

바이오아트의 매체적 의미

전혜숙

10.

1. 바이오 아트, 미술 매체의 확장인가

우리는 미술 매체(혹은 미디어)로 보통 프레스코, 템페라, 모자이크, 유화 혹은 대리석, 브론즈, 철 등을 떠올린다. 또한 인간이 소통수단으로써 매체를 사용하기 시작한 이래 우리는 인간의 문화역사 속에서 파피루스, 양피지, 잉크로 시작해 인쇄술, 타이프라이터, 워드프로세서 등으로 발전된 글쓰기와 문서작성을 위한 매체의 발전도 목격해왔다. 그러나 글쓰기나 문서 작성을 위한 매체 변화와는 달리, 과거의 역사 속에서 확립되어 온 미술 매체들은 20세기에 들어와 무한히 확장됨으로써 순수 미술영역을 위협해 왔다. 현대미술은 전통적인 미술 매체에 머무르지 않고 청각, 촉각, 후각적인 요소들과 시간성을 포함한 비(非)미술적인 매체들을 적극적으로 받아들임으로써 '시각예술'로서의 정체성을 포기하는 것처럼 보이기도 했다.

그러나 이제까지 미술 개념과 미술 매체의 확장으로 인해 우리가 겪어야 했던 혼란은, 유전자이식기술이나 조직공학기술을 이용해 살아있는 생명체를 매체로 다루는 21세기의 '바이오아트'에서 더욱 가중되었다. 우리는 바이오아트의 살아있는 매체 사용을 단순히 그동안 현대미술이 보여주었던 매체 확장의 연장으로만 볼 수 없다. 왜냐하면 미술이라는 목적을 위해 생명체를 사용하는 것은 미학적 문제를 차치하고라도 기술적 혹은 도덕적 문제를 불러일으키고 있으며, 매체의 측면에서 볼 때 '확장'을 넘어서는 전혀 새로운 분야의 도입이기 때문이다. 바이오미디어를 사용하는 바이오아티스트들은 유전자이식과 조직공학 기술을 이용해 DNA, 세포, 조직 등을 변경한다. 그들이 사용하는 기술의 수위가 아주 기본적이고 생명체에 해를 주지 않는 범위라 할지라도, 어떤 목적을 위해서든 미술을 위해 바이오미디어를 사용하는 방식은 세간의 논란이 될 만하다.

이 글에서는 바이오아트에 사용된 이러한 '바이오미디어(Biomedia)'가 미술 매체의 관점에서 볼 때 어떤 의미를 갖는지 살펴보고자 한다. 그에 앞서 미디어(Media), 뉴미디어(New Media), 미디어 특정성(Media-specificity), 포스트미디어 조건(Post-media condition) 등 현대미술 매체의 변화와 함께 사용되어 온 논쟁적인 용어들의 의미와 그것을 사용한 문맥을 정리해보고, 그 안에서 바이오미디어의 의미를 찾을 것이다. 또한 생물학과 기술, 미술의 결합이라는 문맥에서 제안된 '모이스트 미디어(Moist Media)'와 '바이오미디어' 개념의 특성에 관해 설명하면서, 바이오아트가 사용하고 있는 미디어들의 학제적 통합적 사용방식을 디지털 미디어 이론에서 논의되어 온 '컨버전스(Convergence)의 원리'를 빌려 기술해보려 한다. 이를 통해 물리적 층위, 기호-논리적 층위, 의미 층위에서 일어나고 있는 생물학적인 것의 기술적 미술적 융합이 실제 작품에서 어떻게 이루어지고 있는가를 살펴볼 것이다. 이로써 매체가 살아있음으로 인해 존재론적 인식론적 문제들과 윤리적인 문제들을 양산하고 있는 바이오아트에 대한 객관적인 분석을 시행하고, 많은 윤리적 논쟁 속에서도 작업을 고집하는 미술가들의 입장이 무엇인지 알아본다. 이는 살아있는 매체를 사용하는 그들의 작업이 이 시대의 문제들을 어떤 비판적 방식으로 읽어내고 있는지, 생명공학을 둘러싼 이데올로기에 어떻게 대응하는지 말해줄 수 있을 것이다.

2. '미술 미디어'를 둘러싼 논쟁적 개념들

2.1) 미술에서의 미디어와 뉴미디어, 그 의미와 기능

일반적으로 '미디엄(medium, 매체)' 혹은 그 복수형인 '미디어[1]'라는 용어는, 사회문화학자들과 미술가들에게는 '인쇄 매체', '회화의 매체', '텔레비전 매체' 등 종이나 물감, TV시그널방송체계, 수신체계 등 소통과 전달의

---

1 이 글에서 매체와 미디어를 별다른 구분 없이 사용하고 있다.

다양한 의미들을 포괄해왔고, 생물학자들에게는 살아있는 상태로 분리된 세포나 유기체의 생명을 유지시키기 위해 실험에서 사용하는 영양공급용 용액 혹은 고형물을 의미해왔다. 매체는 경우에 따라 재료이기도 하면서 재료 그 이상이기도 하며, 또한 재료가 드러나고 작동하게 하는 수단이기도 하다. 그러므로 매체를 '물질(material support)'에 대한 것에서 완전히 분리해 기량, 습관, 기법, 도구, 코드, 관습 등과 관련된 사회적 실천으로만 설명하는 것은 옳지 않다. 『그림은 무엇을 원하는가(What Do Pictures Want?)』에서 매체의 개념을 정리한 W.J.T. 미첼(W.J.T.Mitchell)은 매체란 단지 '중간(a middle)', 즉 사이(in-between) 혹은 중간자(go-between)로서 두 사물, 즉 발신자와 수신자, 작가와 독자, 예술가와 관람자를 연결하는 공간 혹은 통로 혹은 메신저라고 설명했다(W.J.T.Mitchell, 2005: 204). 그런데 미첼도 지적하거니와, 우리가 그러한 중간자로서의 매체들의 경계가 어디인가를 알려고 할 때, 즉 그 경계를 결정지으려 할 때 문제가 발생한다. 왜냐하면 중간자일 뿐 아니라 연결 공간일 수도 있고 통로 혹은 메신저라고도 할 수 있는 매체의 경계는 협소한 매개물로 한정될 수도 있고, 반대로 무한히 확장되어 그야말로 모든 것이 매체가 되어버릴 수도 있기 때문이다.

매체에 대한 이해는 1990년대 이후에 조금 복잡해진다. 미디어에 '뉴(new)'라는 형용사를 붙임으로써 디지털 기술을 사용하는 미디어를 따로 구별하려는 경향이 생겼고, 이후 15년 이상 활발했던 미디어연구는 대부분 '뉴'-미디어를 가능하게 한 디지털화(digitation, digitalization)에 쏠려 있었다 해도 과언이 아니다.[2] 이때 대부분 뉴미디어 비평은 미국의 커뮤니케이션학과 같은 사회과학 분야에서 다루는 미디어이론에 전형적인 인문학적 이론을 접목하는 방식으로 이루어졌다(Robert Mitchell, 2010: 115).

그렇다면 미술에서 매체 혹은 미디어란 무엇이며, 뉴미디어는 무엇을 말하는 것일까? 더 나아가 바이오아트의 미디어는 무엇이 어떤 의미에서 새로운 것일까? 사람들은 전통적으로 회화, 조각 등 미술작품을 존재하게 하는 물질적 기반과 요소들을 매체라고 생각해왔다. 그런데 전통적인 재현매체로서의 회화 및 조각적 재료와 방식이 아닌 사진, 비디오설치, 영화, 인터랙션과 가상현실을 가능하게 하는 컴퓨터 디지털 기술 등을 실험적으로 사용하는 미술을 미디어아트 혹은 뉴미디어 아트라고 부르게 되면서 미술에서의 '매체(medium)' 혹은 그 복수형으로서의 '미디어(media)'의 의미는 다소 모호해졌다. 페터 바이벨(Peter Weibel)은 전통적인 회화와 조각인 비기술적 옛 미디어(non-technical old media), 사진과 영화를 일컫는 옛 기술 미디어(old technical media), 비디오와 컴퓨터를 사용하는 신기술 미디어(new technological media)를 구별해야 한다고 주장한다(Peter Weibel, 2006). 또 미첼(W.J.T.Mitchell)의 지적대로, '현재 (미술에서의) 뉴미디어연구는 그 형뻘 되는 미디어연구가 그랬던 것처럼, 여전히 영화매체연구, 문화이론, 문학과 시각예술의 발전에

---

2   미디어의 개념을 인간이 고안한 도구나 기술까지 넓게 확장하면서 미디어 자체가 메시지임을 선언한 마셜 맥루한(Marshall McLuhan) 이후, 프리드리히 키틀러(Friedrich Kittler)는 '매체 유물론'을 통해 기술의 물질적인 구조들에 대한 분석이 이들 구조에 대한 '의미'나 그 기술 구조를 돌아다니는 '메시지'들보다 우선성과 중요성을 지닌다고 보았으며, 개별 미디어를 종식시킬 디지털 컨버전스가 인간을 전체 미디어 링크와 접속해 데이터를 수신하는 단순한 수동적 존재로 만들 뿐 아니라 인간의 지각도 쓸모없는 것으로 만들 것이라고 전망했다. 레프 마노비치(Lev Manovich)는 수적 재현, 모듈성, 자동화, 가변성, 코드전환 등 다섯 가지 뉴미디어 원리로 디지털 매체의 특성을 요약했다. 그리고 볼터와 그루신(Jay David Bolter and Richard Grusin)은 미디어란 재매개(remediation)하는 그 무엇이며, 모든 디지털 예술은 재매개방식을 갖는다고 주장한다. 이러한 뉴미디어 이론가들은 대부분 '과거의 미디어와의 차이점과 공통점, 디지털 기술과 digitation의 과정과 그 의미', 즉 컴퓨터의 능력에 입각한 뉴미디어의 특성을 규명하는 데 초점을 맞추고 있다. 한편 뉴미디어 이론가들이 디지털화와 재매개라는 뉴미디어의 속성과 원리를 가져오되 기존의 미디어들의 연속성 안에서 설명한 것과 달리, 마크 핸슨(Mark B.N.Hansen)은 새로운 미디어를 위한 새로운 철학을 역설했다. 그는 앙리 베르그송으로부터 정서와 기억, 지각과 신체, 그리고 그것들과 이미지와의 관계라는 논의를 가져와 디지털 시대의 뉴미디어에 맞게 업데이트함으로써 새로운 이론을 정립하고자 했다.

3부 뉴 미디어와 상상력

기생하고 있는 것'도 사실이다(W.J.T.Mitchell, 2005: 205).

미디어아트, 뉴미디어 아트라는 용어를 사용하는 미술 비평가들이나 미술사학자들의 견해도 제각각이다. 예를 들면 마크 트라이브(Mark Tribe)와 리나 제나(Reena Jana)는 1990년대에 미국의 거대 매스컴들이 책, 신문, 텔레비전 같이 일방향적인 전통적 미디어 형태와 CD-ROM, Web 등과 같은 디지털 쌍방향적 멀티미디어와 구별하기 위해 사용하기 시작한 '뉴미디어' 용어가, 큐레이터와 비평가들에 의해서 멀티미디어 설치작품, 디지털 기술을 이용한 가상현실공간과 웹 기반의 미술작품들을 부르는데도 사용되기 시작했다고 하면서, 비디오아트, 실험영화 등 미디어기술을 혼합한 '미디어아트'를 전자예술, 로보틱아트, 유전자미술 등 일상기술과 미디어영역이 만나는 지점에 놓인 '뉴미디어 아트'와 구별하고 있다(마크 트라이브, 리나 제나, 2008: 6~7). 한편 『뉴미디어 아트(New Media in Late 20th-Century Art)』를 쓴 마이클 러시(Michael Rush)는 전통 회화나 조각을 넘어서 테크놀로지의 혁명과 맞물린 20세기의 '실험적 미술실천'을 강조하면서 '뉴미디어 아트'를 '테크놀로지를 사용하는 미술실천의 확장'으로 광범위하게 정의하고 있다. 그는 '예술에서 뉴미디어의 역사를 추적하는 가장 단순한 방법은 테크놀로지 자체의 발전을 추적하는 것'과 동일한 선상에 있겠으나, 뉴미디어 아트에 대해 연대기적 선을 그리기보다는 주제적으로 접근하는 것이 훨씬 유의미하다고 강조했다(Michael Rush, 1999: 7~9). 이렇게 미디어와 뉴미디어가 일반적으로 '디지털화(digitalization)'라는 기술적 방식에 의해 구분되었다 하더라도 실제적인 경계와 학자들이 사용하는 맥락들은 다소 모호하고 다중적이다. 여기에 생물학 기술뿐 아니라 디지털 기술과도 밀접한 바이오미디어를 '뉴미디어'라고 볼 때 발생하는 문제들은 바이오미디어에 대한 이해를 한층 복잡하게 만들고 있다.

2.2) 바이오미디어의 '새로움'과 난점

2013년 오스트리아 린츠(Linz)에 있는 아르스 일렉트로니카 센터(Ars Electronica Center)에서 열린 바이오아트 특별전 '발생 프로젝트: 합성생물학-실험실로부터의 생명(Genesis Project, Synthetic Biology-Life from the Lab)'에 게오르그 트렘멜(Georg Tremmel)과 후쿠하라 시호(Fukuhara Shiho)는 〈보통 꽃들/하얗게 비움(Common Flowers/White out)〉(2009)(그림 1)이란 작품을 전시했다. 이것은 Florigene이라는 회사가 유전자변형으로 개발한 푸른 카네이션을 가져와 이식된 유전자를 다시 제거하는 방법을 일반인들에게도 알게 한다는 목적 아래 실제의 실험과정을 전시한 것이다. 그들은 실험용 유리병 속에 담긴 자그마한 꽃들과 이파리들의 유전자변형 실험을 보여주면서 그에 대한 설명이나 원리를 컴퓨터를 통해 개념미술처럼 언어화해 정리했다. 작가들은 그러한 '역(reverse)-유전자변형'을 통해 원래의 유전자를 다시 회복한 것도 유전자변형이라고 보아야 하는가, 또한 이 생명체들은 어느 쪽으로 분류될 것인가 등을 묻는다.

그림 1. Georg Tremmel and Fukuhafa Shiho, 〈Common Flowers/White Out〉, 2013

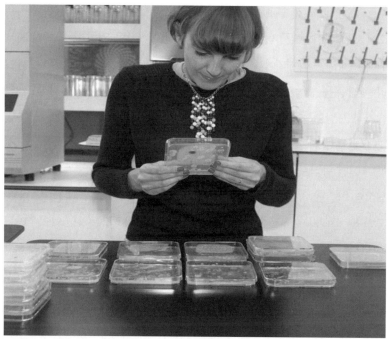

그림 2. Sonja Bäumel, ⟨Metabodies⟩의 실험 과정, 2013

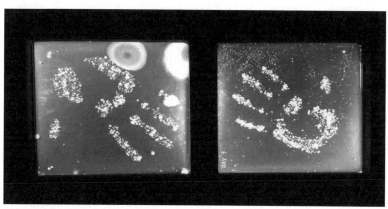

그림 3. Sonja Bäumel, ⟨Metabodies⟩, 2013

　　　　　　　　　　　　　10장 – 바이오아트의 매체적 의미

또 평소에 신체 표면에 관심을 가지고 있던 소냐 보멜(Sonja Bäumel)은 오랜 기간 실험실에서 박테리아에 대한 지식과 기술을 익힌 후, 우리의 피부 위에 존재하는 박테리아들을 이용해 〈메타바디(Metabodies)〉(2010~13)(그림 2)라는 작품을 만들었다. 특별하게 준비된 배양접시에 두 사람이 각각 3개의 손자국을 남기는 것이었는 데 운동 후, 섹스 직후, 샤워 후의 상태로 구분했다. 8일 후 소냐 보멜은 박테리아의 활동을 한 시간 간격으로 촬영해 그것들이 어떤 방식으로 성장하는가를 기록한 후 디지털 기술을 이용해 비디오 설치로 만들었다(그림 3). 이 작품은 피부 박테리아의 세계에 대한 흥미로운 통찰 뿐 아니라 그것들이 다양한 환경에 어떻게 적응하는가도 알려주면서, 결국 미술가로 남아 있는 그녀의 미학적 관점도 보여주고 있다(Michael Knoll, 2013).

위의 두 작품에서 볼 수 있듯이, 바이오아트는 디지털미디어 기술과 생물학적 기술, 그리고 미술적 표현이라는 아주 다른 세 개의 영역을 함께 묶음으로써 이제까지 존재하지 않았던 새로운 미디어의 세계를 열었다. 즉 바이오아트는 (1) 살아있는 세포와 조직뿐 아니라 그것들을 분리, 복제, 이식하는 기술, 그리고 이때 사용되는 용액들을 포함한 생물학적 매체, (2) 사상, 정보, 이미지, 소리, 색채, 텍스처들을 전달하고 축적하는 (개념)미술적 역할, (3) 생물학적 내용과 미술적 표현 둘 다에 걸쳐 있는 디지털 매체의 기능 등을 하나로 묶고 있다.

오늘날의 생명기술학, 유전공학, 분자생물학은 디지털 기술 없이는 불가능하다고 할 정도로 컴퓨터 기술에 의존하고 있다. 그러나 앞에서 언급했듯이, 디지털 기술에 의한 뉴미디어의 연구가 대체로 'digitation' 자체에 집중되어 온 까닭에, 생물학 내의 미디어의 변화에 대해서는 별로 주목받지 못했던 것이 사실이다. 뉴미디어 이론가들이 대부분 사회과학과 인문학 분야에서 훈련을 받은 학자들인 것도 하나의 이유겠지만, 생물학적 매체 자체가 사진이나 TV 혹은 컴퓨터처럼 문화적 혹은 예술적 미디어가 아니었던 이유도 있다.

그러나 20세기 후반의 급격한 미디어 발전에 대해 랜디 케네디(Randy Kennedy)가 정리했듯이, 1960~70년대에는 비디오와 컴퓨터가, 1990년대에는 디지털 기술과 인터넷이 뉴미디어였던 것처럼, 지금은 생물학을 다루는 최첨단 기술을 사용하는 바이오아트의 미디어가 '뉴미디어 중에서도 가장 새로운 미디어(the newest of the new media)'(Randy Kennedy, 2005: 114)라고 보아도 무리는 아닐 것이다. 그러나 바이오아트의 미디어가 지닌 '새로움(newness)'은 보통 미디어와 뉴미디어와 관계에 적용되는 '혁신'과 '쓸모없음(폐기)'이라는 선적인 도식의 논쟁에 포함되기 어려운 난점을 갖고 있다. 왜냐하면 바이오아트는 미술로서는 획기적으로 '새로운(new)' 매체인 세포나 조직 혹은 그것이 살아있게 만드는 용액 등을 사용하고 있지만, 그것들이 생물학에서는 19세기부터 있었던 '오래된(old)' 매체들이기 때문이다(Robert Mitchell, 2010: 123~124).

바이오아트의 미디어는 페터 바이벨(Peter Weibel)이 2006년 전시를 통해 제안한 '포스트 미디어 조건(Post-media Condition)'과 함께 논의될 수 있다.[3] 바이벨은 모든 미디어를 자극하는 보편적인 컴퓨터 기술 덕분에 미술은 포스트 미디어의 조건을 갖게 되었으며, 그 안에서 미디어는 내적 속성이나 특유의 성질을 요구하지 않는 총체적인 이용 가능성(total availability)을 갖게 되었다고 주장한다. 즉 어떤 한 매체만이 지배적이지 않고, 모든 미디어들이 서로서로 영향을 주게 되며, 더구나 기술 미디어를 이용하는 미술의 경우 미디어의 경험이 모든 미학적 경험을 구성하기 때문에 미디어를 벗어나거나 그것을 초월할 수 없다. 그에 의하면 이러한 포스트미디어의 조건은 두 개의 단계로 규정된다. 하나는 모든 전통적인 매체들이 등가성을 주장하거나 성취하는 단계(the equivalence of the media)이고, 다른 하나는 그러한 특정적 미디어들이 서로 혼합되는 단계(the mixing of the media)이다. 바이벨이 주목한 것은 후자의 단계로, 디지털 혁신으로부터 온 미디어들이 혼합을 보이는 현행 미술세계는 포스트-미디어의 조건으로 설명될 수 있다(Peter Weibel, 2006).

이 글에서 다루려는 '바이오미디어(biomedia)'는 분명 '미디어-특정성'을 넘어서는 포스트-미디어의 조건 아래 놓여 있으며, 개별적으로 존재하던 미디어들이 혼합되는 양상을 보인다. 그러므로 우리는 물질 혹은 재료로서의 생물학적 기술적 매체의 의미보다는 바이오아트가 새롭게 받아들여지는 미디어의 문맥을 포착해야 한다. 또한 바이오미디어를 '새롭다(new)'라는 관점에서 본다면, 그것들이 새롭게 사용된 생물학적 재료들의 특수성이나 디지털화된 DNA 코드들에 있는 것이 아니다. 다시 말해서 바이오아티스트들이 사용하는 다양한 매체들은 최근에 특정한 미디어로 갑자기 나타난 것이라기보다는 시대가 변하면서 발전된 (생물학, 유전공학, 생명기술학 등) 기술과 미디어의 변화 및 축적에 근거하기 때문에 미디어와 뉴미디어의 관계에서

---

3 펠릭스 가타리(Félix Guattari)에 의해 'post media era'라는 개념으로 처음 사용되었던 '포스트 미디어'란 용어는 후에 로잘린드 크라우스(Rosalind Krauss)에 의해 'post-medium'이라는 단수형으로 사용되기도 했다. 크라우스는 '미디어'라는 용어가 지닌 전통적인 미학적 의미 혹은 특정 재료들과 관련된 실증주의적 의미를 배제하기 위해 '기술적 기반(technical support)'이라는 말을 사용했는데, 이는 그린버그(Clement Greenberg)가 다른 어떤 예술과도 공유할 수 없는 유일한 매체적 조건으로서 주장한 '매체-특정성(medium-specificity)'을 부정하기 위함이었다. 크라우스는 전통적인 미학적 매체를 무효화함과 동시에 매체의 개별적 특성이나 독창성에 대한 주장이 없이, 미술가들의 작업을 위한 '기반(support)'이 되고 있는 현대적 기술적 메커니즘을 '포스트-미디엄의 상황(Post-Medium Condition)'으로 보았다. 그녀가 두 글에서 예로 든 제임스 콜맨(James Coleman)의 〈Initial〉(1994)과 크리스티안 마클레이(Christian Marclay)의 〈Video Quartet〉(2002)는 둘 다, 어떤 한 미디어 기술이 외적으로 소멸되는 순간에 기술적 기반 안에 축적되어 있던 풍부한 상상적 능력들이 갑자기 회복되는 방식을 이용한 작품들이다. 이때 과거의 방식들(콜맨의 경우 슬라이드 테입, 마클레이의 경우 유성영화들로부터 잘라낸 방송용 영화필름들과 소리)은 새로운 매체로 재창조된다. (Rosalind E. Krauss, 1999: 289~305; 2006: 55~62)

3부 뉴 미디어와 상상력

통상적으로 발생하는 '재매개의 원리(그루신과 볼터)'를 통해서 이해해야 할 것이다. 이러한 맥락 안에서 바이오미디어가 새로운 미술 매체로서 갖게 되는 의미는 디지털 기술과 생물학 기술의 만남 속에서 발견할 수 있을 것이다. 이제 바이오미디어가 지닌 맥락의 특수성에 따라 '생물학적 매체'의 의미 변화부터 짚어보기로 하자.

2.3) 생물학의 '미디어'

생물학적 의미에서 '매체(medium)' 사용의 기원은 17, 18세기 자연철학에서 찾을 수 있다. 프랜시스 베이컨(Francis Bacon), 아이작 뉴턴(Isaac Newton) 등의 저서에서 매체란 용어는 두 개의 지점 사이에서 무엇인가를 전달할 수 있게 하는 '물질적 공간(material space)'을 함축하고 있었다. 따라서 '공기, 물, 소리 같은 매체의 다양성'이나 '빛이 굴절할 때의 빛의 밀도로서 매체효과' 등과 같은 방식으로 기술되었다. 그러다가 18세기 후반에는 매체가 '전달' 혹은 '소통'의 수단이라는 확장된 의미로 심리학, 병리학, 사회학적 현상을 기술하는 작가들에게 사용되기 시작했다. 즉 '매체'란 말은 영국 식민지에서 신용이 가능하게 하는 종이돈을 의미하기도 했으며, 소통 수단인 운하를 의미하기도 하고, 개인의 정신이 담기는 건축, 음악, 시 등의 다양한 예술적 수단으로 불리기도 했다. 자연철학으로부터 출발한 매체의 의미는 특정 미디어가 개인들 사이의 소통이나 장소들 사이의 물건전달과 같은 특별한 종류의 활동을 가능하게 해준다든가, 반대로 그러한 특별한 활동이 좀 더 나은 목적이나 가치를 위한 성장과 생성의 의미를 미디어에 부여한다는 식으로 일종의 변화 및 확장과정을 겪게 되었다. 예를 들면 운하들은 그것이 한 지역에서 다른 지역으로 물건을 전달할 수 있는 유용성을 지니거나, 그를 통해 교류와 상업이 발달할 뿐 아니라 산업에너지 발명을 위해서도 유용하다는 식으로 의미를 확장시키는 것이었다(R.Mitchell, 2010: 95).

이렇게 다른 분야에서 성장과 생성을 가능하게 하는 확장된 의미로 사용된 매체는 19세기 생물학적 논의 속에서 비슷한 의미를 얻게 된다. 예를 들어 흙에 뿌려진 씨앗은 '무기력한 상태'로 일정기간 있다가 '씨앗들의 활동'에 적합한 미디어(비옥한 땅 등)에 의해 성장과 변형을 시작한다는 것인데, 이러한 의미는 19세기 생물학에서 미디어와 살아있는 생명체가 서로 인과관계를 가지므로 분리되어서는 안 될 뿐더러, 더 나아가 미디어가 생명체의 일부를 구성한다는 이론으로 발전되었다. 이후 감염조직에 관심을 갖기 시작한 19세기 말의 생물학자들과 병리학자들은 박테리아의 군집을 유지하는 데 사용할 수 있는 외부 '매체'를 분리해 만들었다. 이스트조각과 암모니아, 설탕, 물 등을 혼합해 만든 '파스퇴르 용액(Pasteur fluid)'이 바로 그런 것으로, 생명체의 한 종(種)을 다른 생명체를 위한 매체로 사용한 최초의 예가 되었다. 20세기에 들어서면서 그러한 종류의 인공적 매체(artificial medium)는 모든 생물학 실험실에서 기본적으로 사용되며 오늘날에 이르게 된다. 오늘날 생물학 실험실에서 '미디어'란 용어는 대장균(E-coli)같은 유기체에 영양을 공급하는 세균 배양액 한천(agar)이나 진핵세포(핵막으로 둘러싸인 핵을 가진 세포)에 영양을 공급하기 위한 DMEM, RPMI 같은 액체들을 모두 의미하며, 이 외에도 'nutritive media(미세조직이나 세포를 성장, 유지시키는 매체)', 'selective media(특정 미세 조직이나 세포들을 자랄 수 있게 하는 요소를 가진 매체)', 'differential media(색을 통해 서로 다른 종류의 미세조직을 시각적으로 쉽게 구별할 수 있게 해주는 매체)' 등을 사용하고 있다.

이와 같이 생물학에서 사용된 미디어의 의미변천을 볼 때, 실험실에서 사용되는 매체가 비록 분자 차원에서 영양분을 전달하는 역할을 하고 있긴 하지만, 18세기에 미디어가 갖고 있던 '전달'과 '소통'의 의미를 잃어버린 것은 사실이다. 다시 말해 19세기 중반 이후 생물학이 발달하면서 생물학적 의미의 '미디어'는 사회과학이나 인문학적 배경의 작가들이 사용하는 경제적 정치적 문화적 의미와는 아주 다른 성격을 갖게 되었다. 생물학적 미디어와 문화 사회적인 미디어는 17세기의 미디어 개념에 동일하게 기원을 두고 있으면서도 서로 분리되어 다른 길을 걸어왔던 것이다.

이렇게 분리되었던 두 분야의 미디어 의미는 바이오아트가 한편으로는 생물학 실험실의 매체들을 사용하고, 다른 한편으로는 디지털 미디어 기술을 동반한 사회문화적 의미를 강조하면서 다시 만나게 되었으며, 최근 20여 년간 진화심리학과 같은 사회과학 분야에서도 매체가 지닌 생물학적 의미와 소통의 의미를 결합시키려는 노력이 있었다. 로버트 미첼(Robert Mitchell)은 생명체를 사용하는 바이오아트(그는 특별히 Vitalist Bioart라는 용어를 사용한다)의 미디어가 어려운 문제를 발생시키는 바로 미디어의 문화사회학적 의미와 생물학적 의미를 모두 가져와 예술의 문맥에서 사용하기 때문이라고 지적한 바 있다.[4] 그러나 그것은 바로 이 지점이 바이오미디어가 정당하게 그 '새로움(newness)'을 갖게 되는 부분이기도 한 것이다.

3. 미디어 컨버전스로서의 바이오아트

3.1) 디지털 기술과 생물학의 만남

여기에서는 바이오아트에서 사용된 다양한 분야의 기술들의 융합현

---

4 여기에서 미첼이 제시한 'vital communication'이라는 개념을 생각해보면, 그것은 무엇인가를 한 지점에서 다른 지점을 전달하는 소통이 아니라, 자연적 혹은 사회적 시스템의 새로운 상태가 되도록 이동시키는 것을 말한다. Robert Mitchell은 바이오매체와 관련해 바이오아트 작품들을 분석하거나 미술사적인 맥락에서 기술하고 있지는 않지만, 생명체를 이용하는 바이오아트의 매체를 소통과 변형의 수단이라는 매체 원래의 의미에 입각하면서, 질베르 시몽동(Gilbert Simondon)의 metastability(준안정성)과 individuation(개별화)의 원리로 biological new media 개념을 설명한다. 그는 시몽동의 개념들이 vitalist bioart의 미디어를 소통적이면서 생물학적인 입장에서 사고할 수 있는 가능성을 제공한다고 보았다(Robert Mitchell, 2010: 93~94).

상을 살펴보기 위해, 생물학과 디지털 기술의 만남, 그리고 그것이 다시 미술의 영역과 만나는 방식들을 살피고자 한다. 1970년대에 생물학자들이 살아있는 유기체들의 유전자 정보를 목록으로 만드는 과정은 나중에 디지털화된 컴퓨터가 가능하게 해준 데이터베이스 방식과 그리 다르지 않았다. 그것은 작은 DNA 혹은 게놈으로서의 '플라스미드(plasmid, 자기 복제로 증식될 수 있는 유전자)'를 지닌 박테리아를 숙주로 이용해 인간의 유전자 시퀀스를 밝히는 데 쓰일 수 있는 방법들을 모두 모아 박테리아 인공염색체(Bacterial artificial chromosome, BAC)의 총목록으로 만든 것이었으며, 요즘 식으로 말하자면 '젖은 형태의 데이터베이스(wet forms database)'였다. 컴퓨터 기술이 발달하면서 과학자들은 잘라내고 얇게 저미는 유전공학 기술을 이용해 인간의 유전자를 수많은 박테리아 플라스미드 안에 넣음으로써 일종의 박테리아 복사기를 만들 수 있게 되었고, DNA의 화학적 성격들을 검색할 수 있는 자동 처리 방식 통해 찾아내 체외에서 진행된 실험들의 데이터베이스를 손쉽게 만들게 되었지만, 그 과정이나 방식은 크게 다르지 않다. 유진 새커(Eugene Thacker)는 이 데이터베이스들이 모두 생물학적 방식으로 진행되고 설명된 것임에도 불구하고, 그러한 목록화 방식들이 흥미롭게도 마노비치가 『뉴미디어의 언어』에서 정리한 5가지 디지털 뉴미디어의 특징들(수적 재현, 모듈성, 자동화, 가변성, 부호전환)과 너무도 닮아있음을 강조한 바 있다(Eugene Thacker, 2005: 17).

이러한 의미에서 유진 새커는 '생물학적 구성물과 과정에 대한 정보의 재문맥화'라고 바이오미디어의 초보적 정의를 내린다(E.Thacker, 2003: 58). 왜냐하면 현대 생물학에서 생물학적 물질과 관련된 개념들은 어떤 방식으로든 정보화되었으며, 역으로 정보는 어떤 방식으로든 생물학적 재료로 변환될 수 있기 때문이다. 현대 분자생물학의 전통적인 wet lab은 컴퓨터의 dry lab에 의해 확장, 증강, 매개되고 있다. 컴퓨터 공학기술과 분자생물학의 융합은 DNA를 사용하는 두 개의 연관된 분야에서 발견된다. 하나는 단백질을 예측하거나(protein prediction) 구조를 알아내기 위해 많은 컴퓨터 도구를 사용하는 생명정보학 기술이고, 다른 하나는 1990년대 이후에 급속도로 발전된 것으로, DNA의 (재)조합을 가능하게 만든 생물학적 컴퓨팅(바이오컴퓨팅) 기술이다. 이러한 두 가지 기술은 모두 생물학이 미디어가 될 수 있는 실례를 제공한다. 그런데 둘 다 DNA를 사용하고 둘 다 DNA와 연관된 컴퓨터의 사용방법이지만, 하나는 다른 하나의 역(逆)이다. 생명정보학의 산물이 항상 생물학적이며 세포세계와 DNA분자, 신체의 다양한 단백질로 귀결되는 반면, 바이오컴퓨팅의 산물은 그것이 매체임에도 불구하고 생물학적이지 않고 컴퓨터적이다(E.Thacker, 2003: 49~51). 그러므로 우리는 '생물학은 computational하다'(예를 들어 코드로서의 DNA의 본질은 디지털 영역에서도 쉽게 사용될 수 있는 것과 같음)라는 전제와 'computation은 생물학적이다'(뒤에서 다룰 로이 애스콧의 moist media의 경우와 유사함)라는 가능한 전제를 만들 수 있다. 즉 유전자 코드와 컴퓨터 부호 사이, 생물학 영역과 정보영역 사이에 어떤 근본적인 등가성이 존재한다는 것이다. 그것들은 물질과 기능 모두에서 상호교환 가능하기 때문이다. 그러므로 단순한 도구로써의 '기술'보다는 '생물학적인 것'의 '기술적 재조건화'가 더 중요해진다(E.Thacker, 2003: 52). 바이오미디어의 성격은 바로 이러한 가정에서 나온다. 바이오미디어에서 사용된 '미디어'와 응용된 '기술'은 생물학적 영역(분자생물학, 생명과학 등과 상호작용하는 일련의 구성요소들)에 우선순위를 두는 방식으로 구성된다. 바이오미디어가 특별하고 새로운 이유는 기술의 사용이 생물학적 영역을 새로운 문맥에서 작용하도록 하는 데서 온다. 이러한 의미에서 '젖은 매체와 마른 매체의 순환(wet-dry cycles)', 컴퓨터와 생물학의 상호교차에서 나온 이중적 성격(two-fold tendencies), 분자생물학에서 디지털 코드의 역할 등은 모두 바이오미디어들의 기본적인 특성이기도 하다(E.Thacker, 2003: 74).

이와 유사한 문맥에서 일찍이 디지털 기술과 생물학의 만남을 주목한 로이 애스콧(Roy Ascott)의 '모이스트 미디어(moist media)' 개념에 주목할 필요가 있다. 1960년대에 사이버네틱스의 피드백 원리와 가변적 시스템을 통해 창조적인 인터랙티브 아트(interactive art)의 가능성을 발견했던 애스콧은 자신이 발간했던 《테크노에틱 아트(Technoetic Arts)》라는 저널을 중심으로, 디지털 인터랙티브 기술과 향정신성 기술의 융합을 추구하거나, 표면적으로는 상대적으로 딱딱해 보이는 사이버네틱스와 '부드러운' 정신적 시스템영역 사이에 다리를 놓으려 했다. 그는 이러한 목적 아래, 내용(Content) 대신에 문맥(Context)으로, 미학(Aesthetics) 대신에 테크노에틱 아트(Technoetic Art)로, 또 지각(Perception) 대신에 사이버셉션(Cyberception)으로 문화적으로 이동할 것을 주장했으며, 텔레마틱 아트(Telematic Art), 신크레티즘(Syncretism), 모이스트 미디어(Moistmedia) 등 다양한 용어를 만들기도 했다. 특히 '모이스트 미디어' 야말로 지금까지 컴퓨터 기술이 가져왔던 것보다 더 큰 충격을 줄 수 있는 것으로, 이는 실리콘을 기반으로 하고 있는 디지털 컴퓨터의 마르고(dry) 딱딱한 영역이 살아있는 체계의 젖은(wet) 생물학적 세계와 만나는 것이라고 하면서, 뉴미디어로서의 '모이스트 미디어'를 21세기 미술의 지층을 형성할 뿐 아니라 텔레마틱, 생명기술학, 나노 엔지니어링 기술과 함께 디자이너, 퍼포머, 건축가들의 작업 과정 사이에서도 교차하고 있는 개념이라고 설명한다. 그는 여러 글을 통해 '모이스트 미디어 선언문'을 발표하기도 했는데, 선언문에서 그는 "Moist Art, Moist Media, Moist space, Moist Reality, Moist Mind, Moist Life, Moistware, Moist manufacture, Moist Design" 등을 열거하면서, 비트(bit)와 픽셀(pixels)로 이루어지는 디지털 영역과 분자와 유전자 등으로 이루어지는 생물학의 융합에 주목한 바 있다(Roy Ascott, 2000). 그가 말하는 촉촉한 미디어의 개념은 인공적 영역과 자연 영역을 연결하고 의식과 물질세계 사이의 관계를 변형시킬 수 있는 것으로써, 그것의 예술에 대한 잠재력은 후기 디지털, 후기 생물학적 문화의 창발성과 함께 이른 바 '다른 세계'로 통하는 벌레구멍(wormhole)의 역할을 하는 것이었다. 그는 이와 함께 뉴미디어의 변화를 바이트(Bite), 원자(Atoms), 뉴런(Newrons), 유전자(Genes)의 첫 글자 결합인 빅뱅(Big B.A.N.G.)이라고 불렀으며, 바로 이것들의 다양한 결합들이 모이스트 미디어를 가능하게 하는 것이라고 주장했다. 그가 이러한 미디어의 변화에 대한 미학적 개념으로 제시한 '테크노에틱(technoetics)'은 의식 혹은 정신(con-sciousness)과 기술(technology)의 결합을 고대 의식적인 관점에서 본 것으로, 물질과 기술의 세계에 강조된 인간 정신의 총체적 표현과 관계된다(로이 애스콧, 이원곤 옮김, 2002: 185~187).

애스콧의 이와 같은 논리는 생물학적 유기체의 젖은 체계를 기술 영역으로 가져온다는 점에서 바이오아트가 바이오미디어를 통해 새로운 예술방식을 창출하는 것과 중첩되는 부분이 있다. 다시 말해 디지털 컴퓨터 기술과 생물학의 생동방식이 융합적으로 고찰된다는 점에서는 유사하다. 그러나 애스콧의 경우는 마른 기술들을 생명체처럼 작용하게 한다거나, 의식과 정신의 내면적 구조와 메커니즘에 따른 표현방식의 변화와 의식의 전환에 초점을 맞추고 있어 모이스트 미디어가 직접적으로 바이오미디어를 지칭하는 것으로 사용하지는 않았다. 그가 모이스트 미디어에 의한 작업으로 예를 든 것은 에두아르도 카츠(Eduardo Kac)의 바이오아트 이전 작품인 〈인간 이해에 관한 에세이(Essay Concerning Human Understanding)〉(1994), 마르코스 노박(Marcos Novak)의 트랜스건축(Trans-architecture) 혹은 액상건축(Liquid Architecture) 등으로, 바이오미디어 사용 자체보다는 문화에 대한 생물학적 이해와 그것에 따른 인간의 행동과 의식, 감수성의 변화에 주목하고 있다(R. Ascott, 2004).

3.2) 바이오미디어 컨버전스

로이 애스콧의 '모이스트 미디어'가 생물학적 방식과 기술을 포함하는 모든 문화적 창발성 및 인간의식의 변화를 위해 제시된 일종의 개념이었다면, 필자는 생물학과 컴퓨터 기술, 그리고 미술적 표현이 직접적으로 만나는 지점인 바이오아트의 실험현장에 집중해보고자 한다. 여기에 다시 미디어의 혼합을 기저로 한 바이벨의 '포스트-미디어 조건'을 가져온다면, 바이오미디어들의 통합과 이 시대 미디어들의 존재방식 사이에 비슷한 흥미로운 고리를 발견할 수 있는데, 그것은 바로 뉴미디어이론의 초점이 되었던 '미디어 컨버전스'의 개념이다. '이전에 분리되었던 미디어들이 디지털 기술에 의해 하나로 융합되었음'을 말하는 디지털 컨버전스의 원리는 본래는 컴퓨터 기반의 디지털 기술과 직접적인 연관성을 갖는다. 그러나 컨버전스라는 말은 디지털 기반의 컴퓨터에만 적용될 수 있는 개념은 아니다. 『컨버전스 컬처(Convergence Culture)』를 쓴 헨리 젠킨스(Henry Jenkins)도 기술했듯이, 그것은 기술적 융합뿐 아니라 문화적 융합의 측면에서 고찰될 수 있는 개념이다. 젠킨스는 컨버전스를 멀티미디어 플랫폼을 가로지르는 콘텐츠의 흐름, 멀티미디어 산업과 그 생산 및 소비에 관련된 사회·경제적 상호작용, 그리고 이로부터 파생되는 미디어 수용자들의 행위 양식의 변화를 총괄하는 현상으로 간주하면서, 이를 기술적 컨버전스, 산업적 컨버전스, 사회적 및 유기적 컨버전스, 문화적 컨버전스, 지구적 컨버전스라는 5가지 측면으로 구분했다(Henry Jenkins, 2006: 3~4). 나는 여기에서 이전에 분리되었던 생물학적 방식들과 컴퓨터 기술, 그리고 미학적 의미들이 융합(컨버전스)되는 원리를 설명해보고자 한다. 그것은 살아 있는 생물학적 매체이지만 언어적 코드 혹은 정보로 환원될 수 있고, 또 거기에 밀착된 사회문화적 의미와 내용을 발생시키는 각 층위들의 융합에 관한 것이다.

여기서 말하는 미디어 층위란 '무엇이 컨버전스 되는가?'와 '컨버전스를 통해 어떤 일이 일어나는가?'에 관련된 디지털 컨버전스의 세 가지의 층위를 가져온 것이다.[5] 그것은 보통 물리적 층위(혹은 하드웨어 층위), 코드-논리의 층위(혹은 소프트웨어 층위), 문화적 층위(혹은 내용의 층위) 등으로 구분되는 컨버전스 원리를 말하는데, 필자는 그것들을 실제 바이오아트 작품에 적용하면서 물리적 층위로서의 'Wetware'의 층위, 코드-논리적 층위로서의 'Dryware' 층위, 문화적 층위로서의 'Meaningware' 층위로 대체하고자 한다. wetware, 즉 물리적 층위에서 본 바이오미디어는 살아있는 생명체로서의 조직, 세포, 박테리아와 모든 실험기구를 포함한 생물학적 미디어를 의미하며, dryware로서의 바이오컴퓨팅 기술인 코드-논리의 층위에서 본 바이오미디어는 DNA 뉴클레오티드의 기호들과 함께 언어와 정보, 논리로 통합되고, 마지막으로 meaningware인 문화적 층위에서 바이오미디어는 작품을 통해 발생되는 내용과 의미를 나타내게 된다. 그러나 각각의 층위에서 의미를 지니는 미디어들은 바이오아트에서 통합되어 컨버전스된 바이오미디어 안에 놓이게 된다.

우리는 두 개의 작품들을 통해 바이오아트에서 전반적으로 일어나고 있는 컨버전스의 다양한 양상을 살필 수 있다. 이러한 작품들은 분자생물학을 기반으로 한 생물학적 실험과 살아있는 매체의 층위, 컴퓨터 기술에 의해 언어 및 문자로 상호치환(번역)되는 DNA정보들의 층위, 그리고 그러한 매체들을 통해 발생되는 사회문화적 의미들이 하나로 융합된 예들이다. 첫 번째 예로, 바이오아티스트 조 데이비스(Joe Davis)는 1986년 하버드의 유전

---

5   컨버전스 현상이 일어나는 층위에 대한 구분과 제안은 Yochai Benkler와 Lawrence Lessing의 physical layer, code-logical layer, contents layer와, Gunnar Liestøl의 hardware layer, software layer, meaning-ware layer, 그리고 Katherine Hayles의 what it is, what it means, what it does의 layers들에서 볼 수 있다(Gunnar Liestøl, 2007: 167~170; Y.Benler, 2000: 561~563; L. Lessing, 2001: 23; 이화인문과학원 다매체 연구팀, 2010: 144).

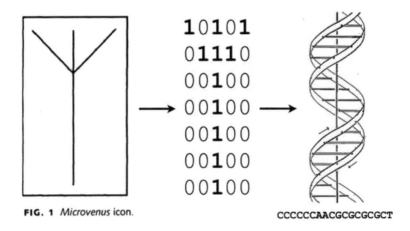

FIG. 1 *Microvenus* icon.

CCCCCCAACGCGCGCGCT

그림 4. Joe Davis, 〈마이크로비너스(Microvenus)〉, 2000

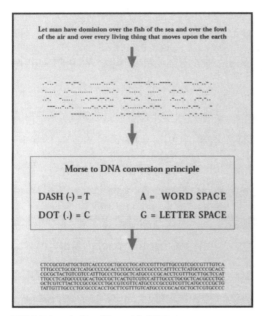

그림 5. Eduardo Kac, 〈Genesis〉, 1999

3부 뉴 미디어와 상상력

공학자이자 분자생물학자인 데이나 보이드(Dana Boyd)와 함께 인간의 지적 정보(지식)를 전달할 수 있는, 즉 DNA로 메시지를 전달할 수 있는 박테리아 모델을 만들기로 합의한다. 이는 생물학적 실험의 정확성을 담보로 한 것이었다. 〈마이크로비너스(Microvenus)〉(그림 4) 프로젝트라고 불린 이 작업은 분자생물학의 유전자 재조합기술에 의해 만들어진 DNA 뉴클레오티드의 시퀀스를 다시 코드화해 만든 그래픽 형상(icon)이자 DNA의 형태로 직접 창조된 최초의 미술작품이었다.[6] 데이비스는 DNA의 뉴클레오티드 트리플렛(코돈)[7]의 작용, 즉 주어진 트리플렛이 그것이 나타내는 아미노산과 관계를 맺는 방식이, 마치 'red'라는 단어가 붉은 색의 현상이나 지각과 관계되듯이 자연언어의 작용과 매우 유사하다는 것에 착안했다. 즉 유전자 암호가 어떤 방식으로든 언어처럼 작용한다는 사실은 생물학적 실체인 유전자와 DNA를 컴퓨터 기술에 의해 코드로 환원할 수 있게 해주었다(Joe Davis, 2007: 257~260). 이렇게 〈마이크로비너스〉(2000년에 아르스 일렉트로니카에서 공개됨)는 분자생물학의 기술을 이용해 정확하게 유전적 성질의 복제에 개입함으로써 유기체들 간에 유전자 물질을 전이한 작품이었다. 이것은 또한 유전

6　DNA시퀀스를 재조합하는 과정에는 하버드의 Martin Bottfield가 참여했다. 그들은 4개의 Microvenus icon을 코드화하기 위해 DNA Bases에 일련의 values (C=x, T=xx, A=xxx, G=xxxx)를 부여했다. 이러한 방식은 Drake와 Sagan이 사용했던 Zormelo raster-mapping 기술을 가져온 것으로, Microvenus는 35비트(7비트×5비트)의 Zomelo raster를 가진 icon으로 코드화되었다. 4개의 DNA bases에 할당된 values를 이용해 35개의 bit Microvenus raster(점방식:음극(선)관 등의 화면 위의 화상을 만드는 데 쓰이는 수평선의 집합)를 구성하는 숫자들은 18개로 이루어진 DNA base인 'CCCCCCAACGCGCGCGCT'로 코드화되었고, 여기에 짧은 시퀀스인 10개의 'CTTAAAGGGG'가 해독의 실마리로 덧붙여졌다. 따라서 총 28개의 Microvenus DNA 시퀀스가 조합되었다. 이러한 방식은 과학자들이 DNA 구조를 알아내고 64개의 가능한 뉴클레오티드 triplets에 따른 20개의 아미노산 분포 및 상세한 작용원리의 수수께끼를 밝혀낸 것과 관련된 것이다.

7　단백질 사슬에서 아미노산을 암호화하는 뉴클레오티드의 삼중결합을 말한다.

　　　　　　　　　　　　　　　　　　10장 - 바이오아트의 매체적 의미

적 성질의 감추어진 비밀을 밝히기 위한 유전자 암호해독(cracking the code)의 패러다임에서 벗어나, 다른 유기체로부터 추출한 유전자 물질을 이식 혹은 혼합함으로써 새로운 생명 형태를 발명(inventing the new forms of life)하려는 실용적 패러다임으로 옮긴 과도기적 작품이기도 하다(R. Mitchell, 2010: 44).

두 번째로, 에두아르도 카츠의 예를 보자. 데이비스의 〈마이크로비너스〉가 인간의 언어적 정보와 생물학적 정보체계의 유사성을 보여준 것이었다면, 창세기 구절을 모르스 부호로, 그것을 다시 유전자 알파벳인 뉴클레오티드 A(adenine), G(guanine), C(cytosine), T(thymine) 등의 기호로 번역하고, 그것을 이용해 새로운 유전자('art gene')를 만든 카츠의 〈창세기(Genesis)〉(1999)(그림 5)는 유전자 정보 및 그것들의 새로운 조합과 이식과정을 생물학적 기술, 컴퓨터 기술, 언어적 소통의 기술이라는 문맥에서 융합한 작품이었다. 그는 창세기 1장 28절의 "그들에게 이르시되 생육하고 번성해 땅에 충만하라, 땅을 정복하라, 바다의 고기와 공중의 새와 땅에 움직이는 모든 생물을 다스리라"는 구절을 가져와 모르스 부호로 번역한 후, 그것을 자신이 정한 임의적인 규칙에 의해 다시 디옥시뉴클레오티드, 즉 유전자 알파벳 A(adenine), G(guanine), C(cytosine), T(thymine)의 기호들로 번역했다. 즉 새로운 유전자들의 조합인 'art gene'의 시퀀스로 변형 가능해진 것이다. 이후 plasmid(자기 복제로 증식될 수 있는 유전자)와 결합되고, e.coli(사람의 창자 통로에서 발견되기도 하며, petri-dish를 벗어나서는 살지 못하는 대장균의 일종)와 유사한 박테리아 종에 투여되어 돌연변이 유전자를 생성하게 된다. 'art gene'을 시각적으로 구별하기 위해 카츠는 자외선을 받으면 청록색을 띠게 되는 초록형광단백질(Green Fluorescent Protein, 이하 GFP) 유전자와 결합시켰다. 화랑을 찾은 관람자들이나 인터넷을 통해 이 작품을 '방문해' 클릭하는 원격현존의 관람자들은 박테리아가 들어있는 배양접시 위에 자외선을 쬐도록 컨트롤할 수 있다. 이때 창세기의 구절을 담은 art gene의 박테리아는 선택적으

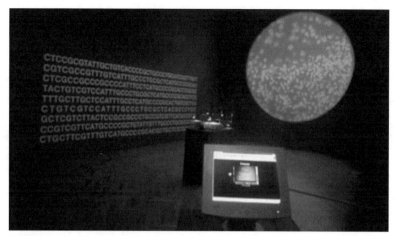

그림 6. Eduardo Kac, 〈Genesis〉, 1999

로 청록색 빛을, 그렇지 않은 박테리아들은 노란빛을 띠게 되는데, 그것을 확대한 전시공간의 커다란 원형 스크린 이미지는 마치 은하수로 채워진 아름다운 하늘의 우주사진을 연상시킨다. DNA를 이용해 생물학적 기술과 언어적 소통의 문제를 융합시킨 이 작품은 미술가가 조작하고 박테리아에 의해 구현된 '혼합된 유전자(synthetic gene)'로 바다의 물고기, 공중의 새, 다른 살아있는 모든 것들에 대해 '다시 쓰인' 새로운 창세기였다. 즉 〈단백질 초상화〉, 〈마이크로비너스〉, 〈창세기〉가 모두 (언어적) 정보를 유전자적 물질로 코드화하는 융합방식을 보여주었지만, 특히 카츠의 〈창세기〉는 관람자와 인터넷 참여자들의 개입으로 인해 '마른(dry)' 정보와 '젖은(wet)' 생물학을 지속적으로 반복하며 오가는 이른바 '집단적인 과정(collective process)'(H. Jenkins, 2006: 3)이 반영된 컨버전스의 예가 되고 있다(그림 6).

휴먼게놈프로젝트(Human Genome Project) 이후로 정보화 혹은 코드화된 유전자 정보는 행여나 그것이 인간에 대한 탈신체적 탈물질적 이해로 이

끌지 않을까 하는 인문학적인 우려를 발생시켰다. 그러나 이미 바이오아티스트들이 보여주었듯이, 분자생물학에서는 유전적 정보를 '탈신체화(disembody)'해 컴퓨터로 언어화하는 것뿐 아니라 그 컴퓨터 정보를 다시 살아있는 생명체로 '재신체화(reembody)'하는 작업도 병행한다. 즉 신체에 대한 새로운 디지털 유전자 정보가 그 자체로 그냥 남는 것이 아니라 암 치료를 위한 새로운 '젖은(wet)' 실험, 즉 새로운 'wetware'의 실험적 층위로 되돌아가는 것과 마찬가지다(R. Mitchell, 2010: 47).

　　위에 예로 든 바이오아티스트들의 작업이 바이오매체를 사용함에도 불구하고 생물학적 실험으로만 볼 수 없는 이유는 그것들이 물질성(corporeality)을 넘어서는 정보개념적인 내용을 가지기 때문이다. 반대로 이들의 작업이 프로그램 언어 혹은 코드화된 유전자 정보를 사용한다고 해서 단순히 소프트웨어의 실행만은 아닌 이유는 그것이 생명체로 이루어진 '젖은 미술'과 관련된 엄격한 생산과정을 요구하기 때문이다. 또한 이들의 작업이 이미지를 기반으로 하고 있지만 반드시 그것만은 아닌 이유는 거기에 이미지를 넘어서는 생물학적 과정이 포함되기 때문이며, 문자를 사용하지만 언어기반의 개념미술과 다른 점도 마찬가지다(Melentie Pandilovski(ed.), 2008: 3). 이 모든 특징들이 페터 바이벨이 말한 '포스트-미디어의 조건' 속에서 융합되는 생물학적 방식, 즉 바이오미디어 컨버전스의 원리라고 할 수 있을 것이다.

3.3) 미디어의 '살아 있음'과 '죽음'

　　각 층위들이 컨버전스 원리로 작동하는 바이오미디어의 통합된 의미들은 바이오아트 작품들에서 미술이자 생명체인 미디어의 '살아있음'에 의해 더욱 강조된다. 미술가들이 생명체를 다루는 데 있어서의 한계는 어디일까? 바이오미디어의 살아있음은 곧 그것의 죽음과도 밀접하게 연관되는 것이 아닐까? 살아있음을 담보로 하는 미디어들은 언젠가는 죽는다는 생명체의 운명을 갖고 있다. 많은 바이오아티스트들이 바이오미디어들을 삶과 죽음의 경계에 놓음으로써, 우리로 하여금 생명에 대해 다시금 인식하게 하고, 생명체를 조작하는 기술을 폭로하며, 생명기술 배후에 숨은 자본과 이데올로기의 결탁을 재고하게 만든다. 다시 말해 이들은 생명공학의 기술을 가져오지만, 생명공학이 생명연장을 위한 것임에도 불구하고 이들은 오히려 '죽음'이라는 '자연적인' 법칙을 역설하고 있다.

마르타 드 메네제스는 1998년 네덜란드 라이텐 대학의 폴 브레이크필드(Paul Brakefield) 교수 실험실에서 '자연?(Nature?)'이라는 프로젝트를 위해 나비 날개의 패턴을 가지고 실험한 적이 있다. 그녀는 이 프로젝트에서 현대 생물학이 미술가들에게 제공하는 가능성에 초점을 맞추고 DNA, 세포, 유기체 등 생물학적 재료들을 미술 매체로 통합시키는 방식을 통해 자연과 인공, 미술과 과학, 살아있음과 죽음의 경계를 탐구하고자 했다. 그녀는 일반적으로 사람들이 믿고 있는 것과는 달리 어떤 유기체의 표현형질을 변화시키기 위해 반드시 유전자를 수정할 필요는 없음을 강조한다. 세포 교환이라든가 단백질 농도의 변화 같은 단순한 외적 개입만으로도 표현형질의 변화를 얻을 수 있으며, 그러한 개입들은 외부 형태의 변화를 유발하는 만큼만 작용하기 때문이다. 이 경우 유전정보가 변화지 않은 채 남아 있으므로 새로운 표현형질은 자손에게 유전되지 않는다.

결국 그녀는 나비의 정상적 성장 메커니즘에 개입해 어떤 요인들이 날개의 외양에 영향을 주는가를 알아내 조작함으로써 자연에 없는 비대칭의 날개 패턴을 가진 나비를 만들 수 있었다(그림 7). 이것은 다음 세대로 이어지는 유전자를 변화시키지 않는 것이었으며, 인공적 물질을 사용하지 않을 뿐 아니라 상처도 내지 않는 방식으로 미술가가 디자인한 것이었다. 이는 전적으로 자연적이면서도 동시에 인간의 개입의 결과이기도 했다(Marta de

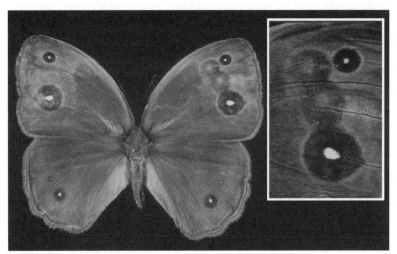

그림 7. Marta de Menezes, 〈Nature?〉, 1998~2000

Menezes, 2007: 218). 이로써 그녀는 조작되지 않은 것과 조작된 것, 자연적인 것과 새롭게 창조된 자연 사이의 유사성과 차이점을 강조하려 했는데, 그것은 진화적 과정의 결과가 아닌 다른 패턴을 만들어내는 생물학적 체계의 가능성과 구속력을 탐구하는 데 목적을 둔 것이었다. 이 프로젝트는 2000년에 린츠의 Ars Electronica에 설치되었고, 관람자들은 살아있는 나비를 직접 보기 위해 나비들이 살아 움직이는 enclosure 안으로 들어갈 수 있었다. 변형된 나비들은 모두 서로서로 다른 어떤 나비들과도 달랐고, 새로운 날개 패턴은 자연에서 보지 못하던 것이었으나, 유전되지 않기 때문에 그 나비들이 죽으면 모두 사라져 자연에서 더 이상 볼 수 없는 것이었다. 즉 이 바이오아트는 '나비의 수명을 갖는 미술'이었다. 그것은 문자 그대로 '살아있는 것이자 죽는' 예술 형태였으며, 동시에 예술이자 생명이고 미술이자 생물학이었다.

　　　　　　　　　　　　　　　　　　　　3부 뉴 미디어와 상상력

'조직 배양과 미술(Tissue Culture & Art, TC&A)'[8]이라는 프로젝트를 이끈 오론 캐츠(Oron Catts)와 이오낫 주르(Ionat Zurr)는 바이오미디어의 생명과 죽음, 존재의 문제에 대해 좀 더 심각하게 접근하고 있다. 만약에 우리가 신체의 일부를 신체 밖에서 살아있는 상태로 유지해서 조작하고 수정하며 어떤 다른 목적을 위해 사용한다면, 그것은 우리 신체에 대한 지각, 전체성, 우리의 자아와 관련해 어떻게 설명될 수 있을까? 생명체의 일부를 조작한다는 것은 그것과 불가분의 관계가 있는 살아있는 전(全)존재 때문에 분명 당황스러운 일이다.

그들이 관심을 가진 것은 세포 '위'의 수준이자 전(全)유기체의 '아래'에 있는 수준의 '조직(tissue)'으로, 체외에서 배양된 '반쯤 살아있는(semi-living)' 존재였다. 이러한 '반쯤 살아있는 존재'를 가능하게 하는 조직배양기술은 20세기 초에 시작되어 조직공학(tissue engineering)이라는 학문으로 발전되었다. 그것은 결함이 있거나 상처 난 신체부분의 기능을 대체하고 보조할 목적으로, 한 존재의 일부 조직을 체외에서 3차원으로 성장시켜 원하는 모양으로 만들거나 통제하는 것을 말하며, 원래 존재의 바깥에서 그리고 그 존재와는 독립적으로 살아있는 상태를 유지한다. 이제 '반쯤 살아있는' 존재는 바이오아트를 통해 실험실에서 나와 미술영역으로 들어오게 되었으며, 그를 통해 미술가들이 새로운 존재들로 형태를 만들 수 있고 생명에 대한

---

8   "Tissue Culture & Art" 프로젝트는 1996년 Oron Catts가 설립해 현재까지 활동하고 있는 프로젝트로서, 생물학적 미술 영역의 선구적인 작업을 실행해오고 있다. 특히 Catts는 2000년에 West Australia University의 the School of anatomy and Human Biology 내에 SymbioticA 연구소를 설립해 운영해오고 있다. 그의 리더십 아래 SymbioticA는 2007년 Hybrid Arts 부문에서 Ars Electronica Golden Nica 상을 받은 것을 비롯해 세계적으로 인정받는 연구소로 꼽히고 있다. 그는 Ionat Zurr를 비롯한 다른 미술가들 및 과학자들과의 협업 아래 '생명'의 개념을 진화시킬 새로운 문화적 표명의 필요성을 강조하는 데 중점을 두고 있다.

그림 8. Tissue Culture & Art Project, 〈Semi–Living Victimless Leather〉, 1998~2000

인식을 다르게 조명할 수 있는 새로운 담론을 창출하고 있다는 것이 그들의 주장이다(Oron Catts and Ionat Zurr, 2007: 231).

TC&A의 미술가들과 과학자들은 1996년에 조직공학과 줄기세포 기술을 이용해 혼성 유기체로부터 떼어낸 살아있는 조직을 배양한 후 '반쯤 살아있는' 몸체, 즉 3차원의 구성물을 만들었다. 그들은 표피세포와 결합조

 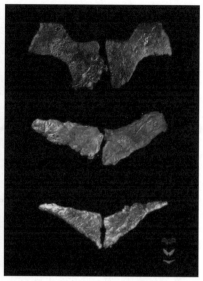

그림 9. Tissue Culture & Art Project, 〈Semi-Living, Worry Doll〉, 2000

그림 10. Tissue Culture & Art Project, 〈Semi-Living Pig Wings〉, 1998~2000

직의 잔분자층(monolayer)으로 만든 인형같이 생긴 작은 형태를 유리병 안의 조직배양접시 위에 살균된 실로 매달아 놓았다(그림 8). 여기에 사용된 세포나 조직들은 거의 모두 과학 연구와 식품 소비를 위해 죽임을 당한 동물들의 잔재물로부터 온 것이었다. 그들은 일부러 'scavenging(남은 것을 뒤져서 찾음)'이라는 단어를 강조했다. 윤리적이고 철학적인 관점에서 이 단어는 생명의 연장으로서의 조직배양이라는 개념을 향상시키기 위한 것이었다. 죽은 생명체로부터 가져온 일부 조직들은 9개월까지 생명이 연장되기도 했다. 그들의 주장대로 "동물들은 그들 자신(전체)이 없이도 살 수 있음이 명백했다." 이것은 세포를 변형시켜 하나의 세포 line으로 만듦으로써 영원히 세포를 성장시킬 수 있다는 것이다. cell line이란 세포들이 배양되는 동안 무기한으

10장 - 바이오아트의 매체적 의미

로 자랄 수 있는 바이러스들을 사용해 변형된 세포들을 말한다. 원래의 세포들은 기증자 유기체로부터 직접 추출된다. 그것들은 배양 과정에서 한정된 수로 분화되어 알맞은 조건이 되면 언젠가는 살아날 수 있는 것이었다 (O.Catts and I.Zurr, 2007:234). '반쯤 살아있는' 존재들은 인공적인 생물반응기 (bioreactor) 속에서 신체의 조건과 유사하게 자라지만, 그대로 유지되기 위해서는 살균된 환경과 영양분이 있는 매체와 알맞은 온도와 같은 조건, 그리고 지속적인 인간의 돌봄과 기술의 개입을 필요로 한다. TC&A는 '반쯤 살아있는' 존재가 생명의 연속체이지만 집에서 사육되는 식물이나 동물과는 달리 인간이 고안한 것이며, 인간이 조작할 수 있는 사물존재이기 때문에 조작단계에서 윤리적인 우려와 철학적 문제가 발생한다고 주장한다. 즉 '반쯤 살아있는' 존재는 생명체적 물질과 비생명체의 물질, 배양된 것과 구성된 것, 태어난 것과 조작된 것, 사물과 주체 사이의 불명확한 경계 위에 놓이게 되는 것이다.

이들은 하버드 의대 메사추세츠 종합병원 조직배양 실험실의 연구원들과 공동작업한 결과, 2000년에 처음으로 〈반쯤 살아있는 걱정인형(Semi-Living Worry Doll)〉(그림 9)을 아르스 일렉트로니카 페스티벌을 통해 발표했다. 조직배양실이 설치된 전시공간은 곧 그것들을 '키우고 돌보는' 공간이었다. 이들은 이곳에서 자연 분해되는 고분자와 생체흡입하는 고분자(PGA, PLGA, P4HB) 등을 다룰 뿐 아니라 '반쯤 살아있는' 존재의 형상을 만들기 위해 외과봉합을 하기도 했다.

그들은 비슷한 방식으로 9개월간의 배양을 통해 만든 〈Pig Wings〉 (2001)(그림 10)를 10일간 전시한 후 더 이상 그것을 돌보아줄 사람이 없게 되자 자연스럽게 죽게 만드는 의식(the killing ritual)을 치르기도 했다. 그들이 돌아가야 하는 호주로 그것들을 가져갈 방법이 없었기 때문이다. '반쯤 살아있는' 존재들의 죽음은 바이오아트라는 살아있는 미술의 한시성에 대한 개념을 강화시켰고, 그것들의 운명을 결정하는 창조자로서의 인간인 우리에게 놓인 책임감을 깨닫게 하는 것이었다(O.Catts and I.Zurr, 2007: 239). 이들의 목적은 생명기술 산업의 배후에 있는 지배적 이데올로기를 폭로하기 위해서 그 내용을 심화시켜 생각할 수 있는 미술 실험프로젝트로 접근하는 것이었으며, 이를 위해 '반쯤 살아있는 존재'를 직접 만들어 그것들의 본래적 실존의 조건을 미술이라는 형식으로 대중에게 폭로하는 것이었다. 미디어의 '살아있음'은 미술가들에게 일종의 부담감과 책임감을 강요한다. 그것은 생명체를 다루는 기술과 미술적 표현 형식 및 내용과도 연관되며, 그들이 말하고자 하는 메시지와도 연관된다. 바이오미디어의 '살아있음'은 서로 다른 매체들의 융합에 영향을 줄 뿐 아니라, 그것을 융합된 하나로 읽어내야 하는 관람자에게 더욱 부담스럽고 의미심장한 내용이 되고 있다.

4. 윤리학을 요구하는 '바이오미디어'

이제까지 살펴본 바와 같이, 바이오미디어는 현재의 최첨단 기술인 디지털 기술과 생물학적 기술을 융합한 것으로, 뉴미디어 중에서도 가장 새로운 미디어라 할 수 있다. 맥루한의 말대로 미디어가 메시지라면, 현대생물학과 디지털 기술이 결합된 바이오아트에서 바이오미디어는 어떤 메시지를 전달할까? 분자생물학 그 자체가 미디어이고 그것이 다루는 DNA들의 정보가 메시지가 되는 것일까? 바이오미디어는 그것을 사용해 바이오아티스트들이 전달하고자 하는 메시지를 넘어서 그 자체 안에 이미 생명기술의 정치논리와 유전공학의 윤리문제를 함축하고 있다. 이것이 바로 바이오미디어를 연구하는 데 있어서 근본적인 난점이지만, 이 글에서 매체적인 관점에서 본 바이오미디어를 미디어 컨버전스의 원리를 통해 이해할 수 있게 만든 부분이기도 하다. 전통적인 매체 관념으로 이해되기 힘든 다양한 층위의 의미

그림 11. "Project Genesis, synthetic Biology – Life from the Lab" 전시장 모습
2013년 10월 오스트리아 린츠, 아르스 일렉트로니카.

들을 융합한 바이오아트와 바이오미디어를 미술개념 확장의 문맥에서 받아
들인다면, 미디어가 살아있음으로서 반드시 고려되어야 하는 그것들의 실
존적 의미, 삶과 죽음의 문제에 대한 인문학적 논의가 따라야 할 것이다.

2013년 린츠의 바이오아트 전시 '발생 프로젝트: 합성생물학–실험실
로부터의 생명'의 모습은 마치 개념미술의 전시장과 흡사했다(그림 11). 벽면
은 온통 DNA, 염색체, 유전자, 줄기세포, 복제, 유전공학의 관계와 바이오아
트, 바이오디자인(biodesign), 바이오브릭스(biobricks), 바이오해킹(biohacking),
DIY바이오(DIYBio), 바이오시큐리티(Biosecurity) 등의 개념들에 대한 정의와
설명을 담은 도표로 가득 차 있었으며, 가운데 빈 공간들에 18개의 바이오
아트 작품들을 늘어놓았다. '바이오미디어(Biomedia)', '합성된 하이브리드

3부 뉴 미디어와 상상력

(Synthetic Hybrid)', '유전자 정신(Genetic Ethos)', '시민의 과학(Citizen Science)'이라는 네개의 주제로 구분된 전시는 생물학실험의 과정과 결과를 보여주는 것들로 이루어져 있었는데, 특히 바이오미디어 주제에서는 인류가 이제까지 사용해 온 어떤 매체 혹은 도구와 달리, 합성 생물학과 관련된 바이오미디어의 경우 그 사용에 있어서 반드시 책임감을 수반해야 한다는 것을 강조하고 있었다. 이 전시는 유전공학이 가져다 준 DNA 및 유전자 정보의 중요성과 그에 수반되는 새로운 세상의 밝은 미래와 부정적이고 묵시록적인 잠재된 시나리오를 동시에 보여주는 한편, 인간이 타자로서의 다른 인간 및 생태계 전반에 어떤 태도를 가져야 하는가에 대한 논의를 통합적으로 보여주었다.

대부분의 바이오아트 전시와 바이오미디어 사용자들은 관람자들에게 이 분야 과학 연구의 현 상태가 어디까지 왔는가를 깨닫게 하고, 그러한 발전에 대한 미술가들의 다양한 논평과 견해를 조명토록 하면서 관람자들 스스로 비평적 입장을 갖게 만든다. 그것들은 유전공학 기술이 만든 새로운 종류의 대상 혹은 존재를 어떻게 받아들일 것인가, 또 인간은 거기에 대해 어떤 관계맺음을 할 것인가, 그리고 그것들을 둘러싸고 끊임없이 발생하는 새로운 윤리학과 인식론의 요구를 어떻게 해결할 것인가에 대한 근본적인 의미들로서, 미술가들과 관람자들을 비롯한 우리 모두가 숙고해야 할 문제들임에 틀림없다.

이 글은 현대미술사학회 논문집 《현대미술사연구》 제34집(2013년 12월)에 실린 논문을 수정 보완한 것임.

10장 - 바이오아트의 매체적 의미

디자인-픽션:
마이크로-휴머니즘으로서의
비평적 디자인

엠마뉘엘 캉즈

11.

1. 포스트–휴먼에서 인간–중심으로

1990년대 정보처리 기술의 발전과 대중적 보급은 휴머니즘의 오래된 논쟁거리에 다시 불을 붙였다.

논쟁의 전선에는 근본적으로 상이한 두 관점이 대립하고 있었다. 한쪽은 기술 진보가 새로운 인간 사회를 기획하는 데 도움이 되리라 본 반면, 다른 쪽은 기술 진보를 인간의 죽음을 알리는 조종(弔鐘)이자 기계의 승리로 보았다. 전자의 관점은 통신 기술 인프라 및 인터넷 네트워크를 통한 상호 접속에 빚지고 있는 '집단 지성'이라는 기획을 격찬한다. '복수의 지성이 즉각적으로 공조'함으로써 가능해지는 앎, 지식, 결정 사항의 공유가 우리 시대의 민주주의에 새로운 활력을 불어넣으리라 기대하는 것이다. 한편 후자의 관점은 '특이점'의 도래, 즉 기계에 의한 인간 지능의 필연적인 추월을 예견한 바 있다(Kurzweil, 1999, 2005).[1]

현기증 나는 소용돌이처럼 진행되며 퇴적된 이 논쟁에서 근본적으로 문제가 된 것은 인간이 지각하고 행동하는 배경인 현실이라는 개념이었다. 한편에서는 가상현실이 제공하는 '현실을 즉석에서 만들어낼 수 있는 가능성'을 찬양한다. 가상의 세계에서는 모든 속성들이 디지털화되어 있고 파라미터가 지정되어 있으며, 그렇기 때문에 그곳은 인간을 '불가피한' 현실로부터 해방시키면서 우리의 욕망과 의도에 따라 조작[2]할 수 있는 세계이다. 다른 편에서는 '현실의 소멸'에 관한 불길한 예언을 하면서 위와 같은 장밋빛 미래를 반박한다. '미디어는 사건, 대상, 지시하는 것(le référentiel)을 사라지게'

---

1   이러한 예상은 기술 발전의 속도, 특히 연산 속도의 증가와 알고리즘의 복잡성의 증가 속도를 가리키는 무어 법칙(이에 따르면 반도체 칩 한 장에 들어가는 트렌지스터의 수는 대략 2년마다 두 배로 늘어난다)의 극단적 일반화에 기반하고 있다. 이러한 지수적 (指數的) 기술 발전은 "생물학적 조건"이라는 한계를 지닌 인간에 대해 기계가 우위를 갖게 될 때가 올 것이란 예상을 가능하게 한다.

(Baudrillard, 1983: 95) 하는데, 이는 '현실을 살해'하는 '완전 범죄'이다. 이러한 관점에 따르면 한편으로 세상을 구성하고 있는 사물들은 점차 그것들의 이미지, 즉 '시뮬라크르'들로 대체되며, 다른 한편으로는 질료의 깊이가 '캡쳐'와 디지털화의 과정을 통해 모니터 표면의 픽셀이 갖는 비물질적 평면성 속으로 흡수된다. 지식이나 경험이 미디어 바깥에서 불가능하게 될 때 우리에게 불가피하게 주어지는 것은 이젠 닿을 수도 없고 확인할 수 없는 현실이 아니라 유령 같은 시뮬라크르의 끈질긴 존속일 뿐이다.

일단 서기 2000년이 무사히 지나가자, 위에서 언급한 것과 같은 미래에 대한 공포는 수그러들고 있는 것으로 보인다. 오늘날에는 테크놀로지의 미래에 대해 한층 누그러진 전망이 자리 잡고 있다. 일상 세계와 정보처리 세계의 거리는 점차 좁혀지고 있다. 컴퓨터는 갈수록 눈에 띄지 않는 것이 되어간다. 인터페이스는 사물들의 표면에 융합되어간다. 가지처럼 뻗어나간 메뉴 또는 그래픽 아이콘에 기반하는 명령 체계를 통한 상호작용은 보다 더 '자연스러운' 상호작용의 패러다임으로 교체되었다. 이 패러다임은 일상적인 물건 이용방식이나 일상적 행동에 기반하고 있으며, 전보다 훨씬 적은 주의와 노력과 집중을 요구한다. 인공 지능은 더 이상 이해하기 어려운 무엇

---

2   가상현실이 첫 선을 보인 시기에, 지치지 않는 개념의 고안자이자 발명가인 Jaron Lanierd은 절대적 물리학(Absolute Physics)이라는 개념을 제안했다. 그에 따르면, 세계 안에서 우리가 움직이기 위해서는, 우리 몸의 제한된 자원을 활용하거나, 또는 신체의 연장으로서의 매개 대상, 즉 도구들을 활용해야 할 필요가 있지만, 가상현실 안에서의 우리는 세계를 직접적으로 매개 없이 변조할 수 있다. 시뮬레이션의 세계에서 각 디테일은 전산화되어 있고, 파라미터가 지정되어 있으며, 조작할 수 있는 디지털 질료이다. 가상현실은 사물과 아바타의 환경이고, 조합이고, 형태이고 이동인 것이다. 계속해서 변화할 뿐 아니라 다른 것들의 변화를 추동하는, 가상공간 안에서 현실은 더 이상 비극적으로 '불가피한' 것이 아니다. 이제 현실은, '즉석에서 만들기improvisation'의 결과가 된다. Cf. Jaron LANIER, "The Virtual Visionary, Interview with Jaron Lanier", *The Guardian*, 29 décembre 2001.

3부 뉴 미디어와 상상력

이 아니라 우리를 둘러싸고 있는 감각적이고 상호작용이 가능한 환경 속에 구현되어 일상적인 삶의 편의에 봉사하는 것으로 복원되었다.

공학과 디자인에 영감을 받은 집단 사이의 구호는 바로 **환경 정보화** (**Ambient Intelligence**)[3](Aarts, 2003)이다. 정보화 환경은 이용자의 요구를 포착해 그에 직접적으로 응답한다. 예를 들면 정보화 시스템은 의상 안에 내장된 생체감응장치를 채광, 난방, 습기 조절 따위의 환경 조절 장치와 연결해 착용자의 체온 변화 또는 이동 경로에 따라 자동으로 환경 조건이 조절되도록 할 수 있다. 이젠 정보처리 기술을 어디서나 볼 수 있지만 그것들은 더 이상 공포를 불러일으키지 않는다. 우리는 '유비쿼터스[4] 시대에 들어선 것이다. 유토피아와 디스토피아에 관한 날카로운 대립이 수그러들고, 기계가 다시금 인간을 위해 봉사하는 도구로 위치하면서 '조용한 테크놀로지'를 제안하는 휴머니즘의 새로운 경향이 확산된다(Weiser, Brown, 1996).[5] 포스트-휴먼에서 인간-중심으로 이행하는 시기인 것이다.

기계의 시대에서 정보의 시대로, 정보의 시대에서 다시 유비쿼터스 컴퓨팅 시대로 이행하는 동안 디자인은 점점 더 중추적인 역할을 맡게 되었다. 전자공학에 이은 디지털 테크놀로지의 발전이 인터페이스 및 상호작용

---

3 [옮긴이 주] 인간 생활의 지원과 개선을 목표로 1999년부터 유럽 연합(EU)에서 추진하는 정보화 비전. 일상생활에서 사용하는 사물과 환경 속에 센서, 구동, 프로세스 등 IT를 내재화시켜 사용자 중심적 서비스를 제공하고, 복지를 지향한다. 인간을 컴퓨팅과 네트워킹으로 감싼다는 것으로 유비쿼터스 컴퓨팅과 유사한 개념이다.

4 유비쿼터스 컴퓨팅이란 용어는, Xerox PARC의 수장인 미국의 엔지니어 Mark Weiser가, '보이지는 않지만' 어디에나 존재하는 정보기기에 관한 아이디어를 묘사하기 위해 1988년 처음으로 사용한 말이다. Cf. Mark WEISER, *The Computer for the 21st Century*, 1988, 본문의 최신 판본을 다음 인터넷 주소에서 열람할 수 있다. http://www.ubiq.com/hypertext/weiser/SciAmDraft3.html

5 다음 인터넷 주소에서 열람 가능: http://www.ubiq.com/hypertext/weiser/acmfuture2endnote.htm

디자인이란 신영역의 탄생에 기여했을 뿐만 아니라 디자인이 개입할 수 있는 사회적 영역 자체를 점차 확장시켜온 것이다. 오늘날 디자인은 형태와 기능을 고려하는 데서 서비스와 관계를 고려하는 데까지 나아갔다. 이러한 관점의 확장 속에서 디자인의 지향점과 목적 역시 변화를 겪었다.

1980년대 디자인의 과제가 인간공학(l'ergonomie), 즉 '어떻게 사용자의 신체에 가장 적합한 인터페이스를 고안해낼 수 있을까?'라는 질문에 있었다면, 1990년대의 디자인은 다시금 인간에 초점을 맞추게 되며, '어떻게 디자인 대상과 그 사용 환경을, 사용자의 인지 과정과 정동의 흐름에 적합하게 할 수 있을까?'라는 질문이 부상하게 된다. 이것이 디자인에 대한 인간-중심(Human-Centred)적 접근이다. 한편 유비쿼터스 컴퓨팅의 시대인 2000년대에 들어오면서 디자인은 상호작용보다 일반적으로 '관계'의 시스템에 더 초점을 맞추게 된다. 인간이 스스로를 드러내는 방식, 인간이 서로 교류하는 방식 혹은 사물 내지 사용 환경과 교류하는 방식이 중요해진 것이다.

위와 같은 관점에서 '글로벌 디자인'이란 개념이 등장한다.

예컨대 캐나다의 디자이너 브루스 마우(Bruce Mau)에 따르면, 디자인의 개념은 커뮤니케이션 인터페이스에서 교환 체계로 이행하고, '제품 디자인에서 운동의 경제로, 그래픽 디자인에서 정보의 경제로' 이행하는 과정에서, '널리 보급되고, 복수적이며, 협업적인' 어떤 활동으로 자리 잡았다. 디자인의 척도는 더 이상 제품 사용법 또는 개개인의 필요성에 달려 있지 않고 '공익'에 달려 있다. 디자인은 '일상적인 행동들을 인도하고, 우리의 의식과 공간을 규정하며 우리 삶을 바꿔놓는데', 요약하자면 "(디자인이) 갖가지 행동의 관계망 및 보이지 않는 흐름에 형태를 부여하고, 이러한 것들은 다시 우리 미래에 형태를 부여하게 되는 것이다"(Mau, 2004: 16).

디자인의 목적은 더 이상 오늘날의 사물의 형태와 기능을 고안해내는 것이 아니라 내일의 세계를 고안해 내는 것, 그 세계의 구조와 가치를 고안해내는 것이다.

작가 브루스 스털링(Bruce Sterling)도 최근의 작품들을 통해 이러한 사고의 이행을 보여주고 있다. 그는 SF에서 디자인에 관한 에세이로(2002년의 *Tomorrow Now*와 2005년의 *Shaping Things*로) 넘어가며, '미래 설계'의 증인인 그의 관심이 과학에서 디자인으로 넘어가고 있음을 보여준다. 스털링에게 있어 유비쿼터스 정보 사회는 '공시적인(synchronique)'(Sterling, 2005: 45) 것으로 정의된다. 전산화되고 인터넷에 연결된 각 대상들이 실시간으로 조작 가능한 정보층을 통해 증폭되는 순간, 사물들의 시스템은 데이터들, 흔적들, 궤적들의 '동기화(同期化, synchronisé)' 시스템이 된다. 그리고 이 시스템의 동기화, 즉 '인간과 시간 사이의 관계에 대한 전산처리'는, 스털링에 따르면 새로운 '글로벌' 디자인의 원재료가 된다.

유토피아 또는 디스토피아의 모습으로 미래에 대한 허구적 재현을 보여주는 장르인 SF와는 달리, 글로벌 디자인은 현실적인 것으로 스스로를 드러내고자 한다. 실리적이며 또한 필연적으로 실증적일 수밖에 없는 미래학의 관점에 비추어 볼 때, 글로벌 디자인과 인간-중심의 새로운 휴머니즘은 포스트-휴먼의 공포를 영원히 사라지게 한다. 그리고 디자이너가 조물주의 좌에 앉게 되는 미래에 관한 새로운 전망을 제시한다.

2. 너무나-인간적인 것과 인간이 아닌(non-humain) 것: 비평적 디자인의 전략들

작가로서의 디자이너는 인간적이고 혼란스럽고 모순적이며 비합리적인 모든 것들의 변호인이다…

- 앤서니 던(Dunne, 2009: 23)

이러한 새로운 휴머니즘의 이상적인 비전 내부에는 은밀한 모순들이 숨어 있다.

유비쿼터스 컴퓨팅은 정보의 흐름과 네트워크에 따라 이러한 정보들과 네트워크를 관리하는 소수의 사람들이 지배하는 사회-문화-정치적 전망을 제시한다. 초창기 디지털 혁명의 투사이자, 오늘날에는 디지털 혁명의 배교자가 된 재론 래니어(Jaron Lanier)의 견해에 따르면, 정보통신기술의 발전을 추동해 온 디지털 권력은 오늘날 소수 엔지니어들과 과학자들 그리고 디자이너-교주(敎主)들로 구성된 테크노크라트 과두정의 수중에 집중되었으며, 따라서 일종의 억압적 체제를 구축하지 않을 수 없고 '사이버네틱 전체주의'(Lanier, 2010)의 양상을 띠게 된다.

미디어를 통한 전파와 유혹이라는 교묘한 전략에 따라 첨단기술은 대중의 욕망과 행동을 획일화하는 기제가 된다. 점차적으로 개인은 사회적 관계망 안의 추상적 관념, 익명의 개인으로 대체되어 가며, 경험의 복잡성을 정보의 전송으로 환원시키고 인간의 감각과 감정을 희생시켜 가면서도 '디지털' 지성을 높이 평가하는 생각들로 인해 약화되어 간다. 개인은 자포자기의 상태와 숙명적인 굴종 상태로 내몰리어 소비의 연쇄 가운데 위치한 일개 '사용자'가 되는 것이다.

래니어에 따르면, 이러한 맥락 안에서 디자인은 갈수록 특정한 권력을 체현하게 되는데, 그 권력은 그것이 인간 주체가 살아가게 되는 물리적인 영역을 규정한다는 점에서 '어디로도 전파되는' 권력일 뿐만 아니라, 같은 수단을 통해 인간적 욕구와 가치의 스펙트럼을 규정한다는 점에서 '호소력 있는' 권력이다.

이러한 배경에서 비평적 디자인이 등장했다. 영국의 디자이너 앤서니 던(Anthony Dunne)과 피오나 라비(Fiona Raby)가 내린 최초의 정의에 따르면 "비평적 디자인이란 무엇보다 하나의 태도이고, 방법이라기보다 하나의 입장이다"(Dunne and Raby n.d.).

비평적 디자인은 반성적이고 개념적인 명제들에 천착하면서 기존의 디자인 방법론과 목적을 전복한다. 비평적 디자인은 '답을 제시하는' 대신 '질문을 제기'하며, 그 목적은 현상을 유지·강화시키는 데 기여하는(더 나쁜 경우에는, 경제 권력의 이익에 복무하는 획일화 및 인간소외를 조장하는) '긍정의 디자인'에 맞서 '기술 유토피아주의자들의 비전 속에 회의와 복잡성을'(Dunne and Raby, 2001: 6) 끌어들이는 것이며, '반성을 유도하고, 인식으로 이끌고, 가설들을 제기하고, 반발을 일으키고, 토론의 장을 열기 위해'(Dunne and Raby n.d.) 일상적인 사물들과 기술의 역할에 관한 습관, 선입견, 그리고 상식에 의문을 제기하는 것이다.

던과 라비가 주창하고 또 그 즉시 런던 왕립 예술 학교의 디자인 상호작용학과를 중심으로 한 세대의 디자이너 전체를 끌어들인 이 새로운 방법론은 '디자인 픽션(Design Fiction)'이란 개념을 중심으로 구축되었다. 디자인 픽션의 목적은 SF의 목적과 같다. 디자인 픽션은 '사회적 변화, 미래에 다가올 충격, 대안적 사회형태를 탐구하기 위한 매력적인 매개'(Dunne qtd. in Midal, 2007: 147)가 되는 것을 목적으로 삼는다.

이러한 관점에서 볼 때 비평적 디자인이 SF로부터 물려받은 유산은 영상(映像)이 아니라 미래에 대한 예기와 항체(抗體)로서의 기능이다. 캐서린 N. 헤일즈가 상기시킨 것처럼 SF소설은 미래의 생리학적 심리학적 사회적 변화들을 예언하면서 포스트-휴먼이란 용어가 우리 문화 속에 정착하는 데 근본적인 기여를 한 바 있다(Hayles, 1999: 22). SF는 기술애호에서 기술혐오로 입장을 전환해 가며, 고삐 풀린 기술 발전에 의해 제기되는 비인간성에 대한 무시무시한 예지를 보여주는 '비평적 벡터'[6]의 역할을 수행했다.

비평적 디자인의 '디자인 픽션' 기획은 한편으로는 사물의 제조, 다른 한편으로는 '픽션'의 이해라는 두 축을 따르는데, 이때 '픽션'이란 일상생활에서 사물이 어떻게 사용되며 개개인에게 어떤 영향을 미치는지를 설명해 주는 것이다. 비평적 디자인은, 산업이나 시장에 의해 강요되는 것과 같은 '허구의 기능'을 실행에 옮기는 대신 '기능적 허구'(Dunne, 2009)를 만들어 내고, 인간과 사물의 관계가 시작되는 계기로서 사물의 사용에 집중한다. 이 야기, 다큐멘터리 사진, 영상의 형태로 제시되며 대개 불쾌감을 자극하는 블랙 유머에 젖어 있는 이들 사실적 서술들은 현대의 신화가 갖는 모순과 유비쿼터스 컴퓨팅 시대의 도래와 연관되어 있는 행동의 순응주의를 고발 하고 있다. 던은 영상 장르로서의 '디자인 느와르(Design Noir)'를 '실존적 계 기들을 만들어낼 수 있고', 마음을 뒤흔드는 시나리오를 통해 일상의 행동 들과 기계들과의 상호작용을 '극화'할 수 있는, 그럼으로써 사람들이 그러한 것들이 심리에 미치는 영향의 어두운 측면을 볼 수 있게 해주는 일종의 개 념적 전술로 제시한다(Dunne, Raby, 2001: 46).

비평적 디자인이 제기하는 디자인-픽션이 특별히 인간성의 경계 지역 을 탐구하고자 하는 것도 위와 같은 이유에서이다. 인간성의 경계 지대란 인간의 복잡성이 드러나는 지대인데, 예컨대 인간의 병리적 측면, 돌발사고, 무능력, 모호성, 공포, 장애, 질병, 외로움이 드러나는 장소이다. 디자인-픽션 의 탐구는 '죽음'을 대상으로 삼기에 이르는데, 그 대표적 예로 리 에델코르 트(Li Edelkoort)와 함께 비평적 디자인의 최전선에 있는 아인트호벤 디자인 아카데미가 기획해 2006년 밀라노에서 개최한 유명한 전시회 〈포스트 모르

---

6 A. MIDAL의 다음과 같은 설명에 정확히 부합한다(*Tomorrow Now, when Design meets Science Fiction*, p.30). "SF는 유토피아적 전망에 고유한 활력에 의지하면서도, 그러한 힘을 변형해 기술 발전의 공포스러운 면모와 기저에 숨겨진 비인간성을 보여주 고자 했으며, 그래해 일종의 비평적 벡터로 기능한다. SF가 제공하는 명민한 의식은 어 려움 없이 기술애호에서 기술혐오의 방향으로 전환되었으며, 현대사회의 가치들을 그 려내는 데 있어서와 마찬가지로 그 가치들의 와해를 그려내는 데에도 두드러진 활약을 보였다."

3부 뉴 미디어와 상상력

템 Post Mortem>, 아우거(Auger)와 르와조(Loizeau)의 프로젝트 〈애프터라이프 AfterLife〉(2009, 죽은 사람들의 재를 이용해 전지를 생산해냈다), 브리지트 코어맨(Brigitte Coremans)의 사산아를 위한 〈생분해성 관들 Biodegradable Coffins for the Stillborn〉을 들 수 있다(Auger, Loizeau; Coremans).

　　인간성의 취약한 부분들, '너무나도 인간적인' 것을 겨냥하면서 비평적인 디자인은 단독성에 함몰된 개인을 겨냥하며, 2000년대의 디자인계에 네오-휴머니즘의 유행을 불러일으킨 인간-중심적 접근의 수사와 추상화 경향에 대해 던이 주장하는 것처럼 해독제를 제공한다. 인간-중심적 접근의 지상 명령인 '유저-프렌들리'라는 구호에, 던은 '어뷰저-프렌들리(ab)user-friendly)'와 '유저-언프렌들리'의 구호를 대치시킨다. 비평적 디자인이 제안하는 사물들은 유용하고 단순하고 사용이 편리한 그래서 편안한 사물이 되는 대신에, 복잡하고 수수께끼 같은 사물이 되고자 한다. 그것들은 사용자를 곤혹스럽게 하고 때로는 반감을 일으키기도 한다. 이러한 사물들이 촉발하는 '낯선 두려움'은 사물의 통상적이지 않은 사용, 남용과 오용을 불러일으키는데, 그것들은 치밀한 전복의 과정과 또 던이 '반기능성(para-fonctionality)'(Dunne, 2005: 42)이라 명명한 기능성 상실의 과정 안에 있는 것이다. '유저-프렌들리'의 투명성과 타동성에 대항해 이제는 사물과 그 사용법의 불투명성이 '회의적 감수성'을 일깨우기 위한 방편으로써, 그리고 테크놀로지에 의해 부과된 조건들을 쉽게 문제 삼을 수 있는 방편으로서의 가치를 얻게 된다.

　　같은 방식으로 던은 인간-중심적 접근이 제시하는, 결국 선동적일 수밖에 없는 지나치게 단순한 쾌락의 개념에(제품의 편의성을 증진시키는 기제로서뿐 아니라, 무엇보다도 그로부터 상업적 성공을 이끌어내려는 욕망을 만들어내어 결국 소비를 촉진하고자 하는 기제로서의 쾌락 개념) 그가 '복잡한 쾌락'이라 부르는 개념을 대치시킨다. 기술의 오용이나 사물의 기능과 형태의 남용은 보다 풍부하고 진실한 심리적 경험의 가능성을 열어주면서 '금지를 위반하는 전율'을 낳게 된다는 것이다.

이러한 오남용 전략의 한 실례는, 2001년 던과 라비가 발표한 〈플라시보 Placebo〉 컬렉션에서 찾아볼 수 있다. 이 컬렉션은 전자기장을 활용한 여덟 개의 오브제로 구성되었는데, 각 오브제와 함께 사용자들의 반응과 행동까지 함께 전시되었다. 이들 오브제는 겉보기에는 일상적이고 친숙한 가구류였으나, 그 기능은 관람객의 예상에서 아주 벗어난 것이었다. 〈젖꼭지 의자 Nipple Chair〉(의자의 등받이에는 자기장에 반응하며 진동하는 유방이 두 개 달려 있었다)에서 〈컴퍼스 테이블 Compass Table〉(테이블 위에 노트북이나 핸드폰 따위 전자 기기를 올려놓으면 테이블 위에 붙어 있는 나침반이 움직였다)에 이르기까지 기능적 편의성을 겨냥하지 않은 이 사물들은 실용적인 관점에서 볼 때 아무 쓸모도 없는 것들이었으며, 물신이나 '플라시보'처럼 기능함으로써 디자인의 축을 도구적 기능성(언제나 획일화되어버리는)에서 개인의 충동과 긴장에 대해 '카타르시스'를 촉발하는 기능으로 옮겨 놓았다.

마찬가지로 노암 토란(Noam Toran)의 〈욕망 관리 Desire Managment〉(2006)에 전시된 '사적'이고 신비한 도구들로 구성된 기계 장치들은 기묘한 방식으로 작동하고, 욕망과 쾌락의 일탈을 동반했다. 이러한 작업들을 통해 비평적 디자인은 기술적 소비주의의 평탄하고 안정적인 지평 뒤에 개개인의 허약한 병리학적 콤플렉스가 숨겨져 있으며, 정신 착란과 강박 따위의 이상화되지 않고 획일화되지 않은 채 끝도 없는 이질성 속에서 언제나 강렬하게 시적인 '진정한 인간 본성'의 파란만장한 영토가 펼쳐져 있음을 상기시켜준다.

'너무나 인간적인' 측면 외에 비평적 디자인은 또 다른 경계 지대, 즉 '인간이 아닌 것'의 지대에 관심을 가진다. 점점 더 고성능이 되어가는 기술력을 활용하고 보여주는 대신 비평적 디자인은 쓸모없고 제대로 기능하지 않는 불안정한 기계들을 선보인다. 많은 경우 이러한 기계들은 결함과 취약성을 가진 상태로 자율성을 갖게 된다.

그 한 예로 던과 라비가 〈기술적 꿈 Technological Dreams〉 연작에서 선보인 로봇들을 들 수 있다. 이 로봇들은 인간에게 봉사하는 인공지능 도구이기는커녕, 개성을 지닌 복잡한 것으로 인간에게 도리어 의존하는 로봇들이다. 이들의 경우 정밀 기계의 복잡성은 인간적인 콤플렉스로, 고성능 출력은 신경증으로 대체되어 있다.

마찬가지로 〈인공지능 의류 Wearable Computers[7]〉와 정확하게 같은 기술(인공지능 섬유 기술)을 활용하면서 캐나다 디자이너 잉 가오(Ying Gao)가 선보인 사용자와 상호작용하는 의류는 불안정한 교류 위에 구축된 불투명한 상호작용을 선보이고 있다. 이 옷들은 사람의 숨소리에 따라 부풀어 오르는 듯 보이고, 사람이 다가서면 진동하며 펼쳐진다. 주저하는 기계들인 셈인데, 이 기계들의 언어는 포착할 수도 해독할 수도 없다. '인공지능 의류'가 사용자를 위한 중재자였다면, 가오의 옷들은 진정한 대화자이다. 그것들은 어떠한 기능적 전이도 거부함으로써 인간의 인공적 보완물이 되기를 그친다. 가오의 옷들은 피부도 몸도 아니고, 오브제도 단순한 기계도 아니다. 그것들은 준(準)주체가 된다. 던과 라비의 로봇의 경우처럼, 가오의 옷들과 사용자가 맺는 관계는 대화에 속한다. 그러나 그 대화는 미스터리와 혼란에 사로잡혀 있는 것이고, 정지와 의심과 두려움의 상태에 있는 것이다.

'너무도 인간적인' 영역과 '인간이 아닌 것'의 영역 사이에서 비평적 디

---

7   '인공지능 의류Wearable Computers'는 오늘날 대대적으로 그 중요성이 강조되고 있는 기술 연구의 한 분야인데, 유비쿼터스의 컴퓨팅의 보급이란 관점 아래 1980년대부터 개발되었다. 인공지능 의류는 컴퓨터 부착 장비에 관한 인간 공학의 잠재력을 보여주었다. Sabine SEYMOUR, Fashionable Technology: The Intersection of Design, Fashion, Science and Technology (Wien New York, Springer, 2008) 참조. Ying Gao의 작업에 관해서는, Emanuele QUINZ, Blurring Fashion: Ying Gao, in Ying Gao, catalogue de l'exposition, Musée des Beaux-Arts de Québec, 2011 참조.

자인의 탐구 영역은 전자 정보 기술로부터 생물 및 나노 기술에까지 확장된다. 유비쿼터스적 관점이 기이하게 확장되면서 컴퓨터는 일상적 사물에 침투해 들어갔을 뿐 아니라 생물체에까지 이르게 되었고, 살아있는 세포의 보이지 않는 구성요소가 되기에 이르렀다. 유전자 코드의 조작은 생물체에 대한 통제를 가능하게 했는데, 이는 과거에는 상상조차 할 수 없던 일이다. 생물학이 정보공학과 같은 목적을 추구하게 되면서, 전통적으로 기술(記述) 과학이었던 생물학은 점진적으로 산 자들의 세계에 개입하고 그 세계를 새로 구성하고자 하는 학문이 되어가며, 또한 점점 더 디자인의 영역 안으로 들어오게 된 것이다.

그리하여 던과 라비 혹은 마테리얼 빌리프(Material Beliefs) 그룹(대표적 구성원으로 엘리오 카카발(Elio Caccavale), 제임스 아우거(James Auger), 토비 케리지(Tobie Kerridge) 그리고 지미 르와조(Jimmy Loizeau)를 들 수 있다)은 위와 같은 확장의 모순과 위험성을 드러내게 되었다. 때로 우스꽝스럽고 때로 소름끼치는 이들의 시나리오들이 생생하게 보여주는 것은 미래의 하이브리드 대상들의 '형태와 기능'이 아니라 '무엇보다 그러한 것들이 불러일으킬 사회적·윤리적·정신적 결과들'(Dunne and Raby n.d.)이다.

3. 매크로-휴머니즘과 마이크로-휴머니즘

물론 우리가 참조하고 있는 것은 1960년대와 1970년대의 이탈리아 디스토피아가 갖는 힘입니다. 그러나 디스토피아를 위한 디스토피아가 아니라 우리는 유용한 몫이 있는 디스토피아를 선택합니다. '디자인 픽션'은 효과가 완전히 없는 것이 아닙니다. 우리는 우리 목적을 추구하는 동시에, 본원적인 의미에서의 모더니티, 그러니까 우리 삶을 더 나은 것으로 만드는 것을 목적으로 삼는 모더니티가 디자이너의 탐구 영역에서 배제되어서는 안 된다고 봅니다. 삶을 좋게 만드는 것, 그것이 디자인을 추동하는 힘입니다. 달리 말씀드리자면, 저는 모더니티의 이상과 미학을 사랑하며 아직도 그것을 믿습니다. 하지만 모더니티는 좌절했죠. 그렇기 때문에 사람들은 우리의 작업에서 모더니즘적인 이상주의를—아이러니와 놀이의 색조를 띤, 미묘하게 절망적인, 포스트모더니티의 사상을 계승한—확인할 수 있는 것입니다. 우리는 우리 스스로를 우리가 장악할 수 없는 공간에 위치시킵니다. 앤서니 던 (Dunne, 2007: 150).

두려운 오브제와 그 기묘한 사용을 통해 그리고 불쾌하고 도발적인 픽션을 통해 비평적 디자인은 전복적이 되기를 바란다. 대량 생산 사회가 촉발한 물신 숭배와 소외 상태에 대항해 1960년대와 1970년대 이탈리아에서 발전했던 '래디컬 디자인'의 유산을 이어받아, 비평적 디자인은 기능 앞에 기능 장애를 둠으로써 생산-소비의 시스템 바깥으로 주의를 돌려, 비켜가기의 험난하지만 비옥한 토지를 주목하게 한다.

이러한 태도를 취하면서 비평적 디자인은 브루스 마우(Bruce Mau)의 〈거대한 변화Massive Change〉의 과장된 휴머니즘과는 정반대로 행동하게 된다. 비평적 디자인은 거대한 변화를 꾀하는 '종합적인' 임무 대신 개개인을 겨냥하는 낮은 단계의 실천을 내세운다. 비평적 디자인은 기능주의보다는 기능장애를, 실증주의보다는 회의주의를, 혁신보다는 퇴행을, 표준의 고안보다는 포기와 이타성에서 오는 흥분을 그리고 대답보다는 질문을 선호한다. 비평적 디자인은 유토피아와 디스토피아의 이미지들을 활용하면서, 스스로를 푸코가 정의내린 '반 영역(contre-emplacement)'(Foucault, 1984: 46~49)이라는 의미에서의 일종의 **헤테로토피아(hétérotopie)**로 제시한다.

비평적 디자인은 활동의 본령을 문제제기에 두며 '미시 정치의 온건한 형태들'을 중시하는데, 이는 일사 분란한 휴머니즘이 아니라 다양한 뉘앙스를 지닌 휴머니즘을 그린다.

그러한 휴머니즘은 확실성에 인도되는 것이 아니라 거꾸로 불확실성에 침식되는 휴머니즘이며, 과학과 기술, 지식의 성공에 기반하는 것이 아니라, 연약하고 불안해하고 병리적인 개개인들처럼 쓸모없고 고장 난 불안한 기술들을 보여주는 것이다. 그것은 또한 많은 경우에 블랙 유머, 수수께끼, 불안을 다루는 것이며, 인류라는 개념을 추상적인 것으로 간주해 거부하고, 다만 각자 단독성을 가진 개개인을 겨냥하는 휴머니즘이다. 그것은 사회에 근본적인 변화를 일으키고자 하는 것이 아니라, 거꾸로 단순한 의심에서 오는 떨림, 판단의 유예를 일으키는 휴머니즘이다. 이것이 '마이크로-휴머니즘'이다.

비평적 디자인 그룹이 선보이는 오브제들은 흔히 한 개 이상 만들어지지 않는다. 그것들은 종종 프로토타입의 형태에서 벗어나지 않으며 상품화되지 않는다. 그러한 오브제에 수반되는 픽션들은—그 픽션들은 영화와 사진과 공연예술과 설치미술에서 언어를 빌려온다—주로 현대 예술의 보호되고 성스러운 공간인 갤러리나 박물관의 흰 상자에 담겨 선보여진다. 또한 그 픽션들이 구상되는 방식—무엇보다도 개념적인 작업 방식인데—역시 그것들을 예술의 작업 과정과 대단한 유사성을 가진 것으로 위치시킨다.

한편 양쪽 모두 테크놀로지가 미래 사회에 미칠 영향에 대해 질문한다는 점에서, 비평적 디자인과 신매체 활용의 예술적 실천은 가까워진다. 실제로 비평적 디자인은 점점 더 비유적으로 말하자면, 앞서 말한 것과 같은 예술적 실천이 빠져나간 공백을 메우고 있다. '디지털 예술'이라 불렸던 그 파멸한 예술은 너무나도 일찍 설명 논리에 데모(demo)와 궁극적인 소도구(ultimate gadget) 또는 플러그-인(plug-in)의 시학에 묶여 버렸다. 디지털 예술이 '긍정적인' 것이 되고, 또는 쉽게 말해서 장식적인 것이 되고, 한때 그것이 등장할 수 있었던 원동력인 매력을 상실한 때에, 디자인은 그 예술을 대체해 비평적 저항운동의 새로운 전초기지가 된 것이다.

그 신랄한 정수를 간직하고 있긴 하지만 던과 라비 그리고 왕립 예술 학교의 그들 추종자들의 제안들이 흔히 매끈하고 매우 조형적인 겉모습을 띤 채 현대 예술의 확산이란 맥락에서 거의 벗어나지 못하고 있다면, 다른 전략들은 현대 사회의 조직 속에 더 잘 파고들고 있으며 도시와 사회 관계망을 택해 활동하고 있다. 이러한 움직임의 선봉에 있다고 할 수 있는 것은 예술가 크리스토프 보디츠코(Krysztof Wodiczko)의 '질문하는 디자인 (Interrogative Design)'인데, 질문하는 디자인은 일종의 '경계들과 질서들에 대한 위반'(Wodiczko, 1999: 4~15) 활동이라 할 수 있다. 그는 외국인들, 이민자들, '타자들' 등 배제된 이들 안에서 소중한 이타성과 근본적으로 헤테로토피아적인 자원을 찾아내면서, 지정학적, 심리-사회적 윤리적 면을 비롯한 모든 면에서 경제 권력의 수장들이 그런대로 짠 사회의 획일화되고 숨 막히는 지평에 단절을 내고자 시도한다. 다시 한 번 '픽션'들을 만들어낼 수 있는 '변화하는 오브제들'이나 '심리-사회적 폭죽들'을 생산하면서, 보디츠코는 패배자들의 형상이 소외되는 모습과 생존 투쟁 속에서 그들이 겪어야만 하는 감수하기 힘든 고통을 그려내고자 하며, 디자인을 통해 '새로운 발견과 질문의 시기'를 촉발하고자 한다. 그렇게 노숙자들을 위한 1988년의 〈크리티컬 비히클 Critical Vehicles〉이나, 이민자들을 위한 1993년의 〈에일리언 스터프 Alien Stuff〉(작은 모니터가 달린 봉들을 도시 공간에서 이민자들의 손에 쥐어주었다)는 의사소통의 수단으로 작동했고, 도발적이면서도 경쾌한 '이야기들을 이야기'하게 되었는데, 그 목적은 성찰을 아니 무엇보다도 이민자들에 대한 '감정적 이해', '이민자들의 정당화되지 않는 경험, 판독할 수 없는 과거 그리고 불법적 현재에 대한 변호'를 촉발하기 위함이었다(Wodiczko, 1999: 14).

일종의 미시 정치적 개입이란 동일한 관점 아래 영국의 트로이카 (Troika) 그룹, 마리 세스터(Marie Sester) 또는 나탈리 예레미엔코(Nathalie

Jeremijenko)의 '디자인 게릴라'의 활동이나, 우스만 하크(Usman Hacque)의 '공동 상호작용 장치'가 하나로 묶인다. 건축학과 도시공학의 경계에서 행동주의 전선에의 개입이 점차 증대하고 있는데, 이는 하킴 베이(Hakim Bey)의 TAZ와 플래시 몹 등 상황주의자들의 유산에 속한다.[8] 그들 사이의 이질성과 각자의 절박성 속에서 이 모든 개입들은 스스로를 권력의 전략에 맞서는 '전술'이나 기습 작전을 벌이고 있고 관성에 대한 돌파구를 열면서 '일시적인 공동체'를 구축해 '민주적인 공적 공간의 일시적 부활'(Wodiczko, 1999)을 추동하기 위해 비평적 방향 전환을 활용하는 드 세르토의 표현을 빌리자면, '밀렵'(de Certeau, 1980: 82~89) 작전을 펼치는 것으로 인식하고 있다.

헤테로토피아의 입장, 즉 마이크로-휴머니즘은 비평적 디자인을 '관계적' 예술 행동의 개입과 같은 궤에 놓고 보게 한다. 관계적 예술 행동은 1990년대부터 확산해간 운동이며 니콜라 부리오(Nicolas Bourriaud)가 집대성한 운동인데, 예술 작품을 '사회적 틈'으로, '전체 시스템 안에 다소간 조화롭거나 개방적으로 삽입되면서도, 그 시스템 안에서 활성화된 교류 방식과는 다른 교류의 가능성을 제시하는, 일종의 인간 사이 관계의 공간'(Bourriaud, 1998: 16)으로 보았다.

비평적 디자인처럼 관계적 예술도 '일상의 상황들로부터 아주 약간 변화된, 마이크로-시추에이션'의 창조를 통해 활동하며, '개개인 사이의 연을 잇거나 다시 이으면서 대면과 새로운 참여의 방식들을 야기하는' 것을 목표로 삼는다.

그러나 자크 랑시에르가 이 운동에 대해 종합 평가를 내리며 말한 대

---

8   이 점에 관해서는, "Inventer le commun du monde. Une micropolitique de la ville: l'agir urbain", *Multitudes*, No.31, (Paris, Éditions Amsterdam, 2008); Valérie CHÂTELET (dir.), *Interactive Cities* (Orléans, Éditions Hyx, 2007)을 참조할 것.

로 윤리적 명령과 마주해 예술은 '세상을 변화시키는 능력에서뿐만 아니라 사물의 단독성을 드러내는 데 있어' 자신의 야망을 축소하게 한다. "이 예술은 형태의 절대적인 단독성을 통해 공통된 세계를 정초하는 것이 아니라, 이미 주어진 공동의 세계를 구성하는 사물들과 이미지들을 재배치하거나 이러한 집단적 환경에 관한 우리의 시선과 태도를 변경하는 데 적합한 상황들을 창조한다"(Bourriaud, 1998: 54). 랑시에르에 따르면, 관계적 예술은 금세 비판적인 어조를 버리고, 유희적이면서도 무감각한 멜랑콜리의 우울한 어조를 취하게 되었으며, '스스로의 한계에 대한 자각, 영향력의 한계에서 유희하려는 경향성과 운동 자체의 효력에 대한 불확실성'(Bourriaud, 1998: 83)에서 오는 환멸 속에 잠기게 되었다.

　　시스템 내부에 더욱 깊숙이 위치하게 되면서 비평적 디자인은 도리어 소진되지 않는 어떤 긍정성을 주장하게 된다. 던이 설명하는 바와 같이, 만약 '예술이 대중문화를 참조하는 것이 가능하다면, 디자인은 대중문화' (Dunne, 2005: 146)이며 언제나 '사람들의 일상 속에 스며들 수 있는 대상인 상품들에' 초점을 맞추고 있다.

　　이렇게 디자인이 개인과 개인을 둘러싸고 있는 삶의 콘텍스트에 가까이 있다는 사실, 일상에 파고들 수 있는 이 가능성, 누구든 듣고 이해할 수 있는 디자인 언어의 가능성이 디자인에 특권적 지위를 부여하며 디자인의 잠재력에 대한 믿음이 존속되도록 한다. 비평적 디자인의 시나리오에 무게를 부여하는 것은 바로 의심, 문제제기, 의식의 갑작스러운 고양에 제한되어 있기는 하나, 디자인이 갖는 영향력과 변화의 가능성이다. 이러한 잠재력이 디자인의 제안 속에 깃든 아이러니와 신랄한 풍자에도 불구하고 디자인이 냉소주의의 늪에 빠지지 않도록 해준다.

　　던이 결론 내리는 바처럼, 비평적 디자인은 테크놀로지의 폭주가 자아내는 공포를 드러내면서, "그렇다고 가정되는 것처럼 손쉽게 만족하는 소비자이자 사용자이기보다는, 실제로는 복잡하고 불안한 개개인인 우리의 거울인 기술적인 미래를 발전시켜나가는 데 도움을 줄 수 있을 것이다"(Dunne, Raby, 2008).

(번역: 이주환)

이 글은 C. Naphegyi (dir.), *Design for Change*(Éditions BlackJack, 2011), pp.42~58에 게재한 "Techno-Hétérotopies. Design Critique comme micro-humanisme"을 보완한 원고이다.

3부 뉴 미디어와 상상력

<보깡송 안드로이드>: 장 페르드리제의 사이버네틱스와 심령술

피에르 까수-노게스

12.

1.   흩어져 있는 장 페르드리제의 작품

장 페르드리제(Jean Perdrizet)는 1907년 코트도르에서 태어났다. 그는 수학으로 대학입학 자격을 획득하고, 1931년에 토목 기술 학위를 받는다. 토목국에서 1934년까지 근무한다. 1935년부터 1937년까지 그르노블의 공병대에서 설계사로 일한다. 그 이후에 1940년 1월 1일까지 쥐라의 지방도로과에 배속되지만 건강상의 이유로 휴직을 한다. 1944년에서 1949년까지는 프랑스 전기 공사에서 임시직으로 다시 일을 하게 된다. 1953년에 페르드리제는 보클뤼즈의 볼레느 다리 건설 현장에 참여한다. 하지만 그는 이 이후로 더 이상 일을 하지 않는다. 1955년에 디뉴레벵의 부모 집에 정착하며, 이혼한 누이와 그녀의 아들이 그와 함께 살기 시작한다. 1975년 어머니가 죽은 지 3일 후 그는 죽음을 맞이한다.

오늘날 페르드리제에 대해 알려져 있는 것은 대부분 그와 가까웠던 디뉴의 고등학교 교사인 폴 바생(Paul Varcin)과 그를 환자로서 수차례 대면했던 정신과 의사 크리스티앙 코스타(Christian Costard)가 남긴 간략한 기억이다. 그의 삶이나 그의 삶과 작품들의 관계에 대해서는 많은 부분이 공백으로 남아있다.

페르드리제는 디뉴의 작은 마을에서 잘 알려져 있는 인사다. 그는 심령술 모임을 조직했고, 고등학교 앞에 수력 헬리콥터 도면을 게시했으며, 비행접시를 만들어 자신의 정원에서 실행시키기도 했다. 코스타의 미간행 저서 『장 페르드리제』에 보면, "그는 조소의 대상이 되었고, 디뉴레벵의 대다수 사람들은 그를 비웃었다. 그는 매력적이고, 단정하고, 공손하고, 과격하지 않고, 상냥했지만, 집요한 사람이었다. 그와 대화를 시작하면 그를 멈추는 것은 어려웠다. 사람들은 그를 발명가라고 불렀다. 다른 사람들은 그에게 '삐이, 삐이, 청딱따구리'라는 별명을 붙였다"(Costard).

바생은 페르드리제와 그의 누이에 대해 괴짜라는 표현을 사용한다.

3부 뉴 미디어와 상상력

페르드리제도 사람들이 자신을 괴짜로 여긴다는 사실을 의식하고 있었을 것이다. 그는 자신의 기계들 중 하나를 떠올리게 하는 어떤 기계에 대한 이야기를 듣고 이렇게 쓴다. "미항공우주국(NASA)이 달에 보낼 아날로그 로봇을 국립과학연구센터(CNRS)가 만들었다는 소식이 라디오에서 나왔다. 따라서 내가 할 일이 없어졌다. 하지만 사람들은 이제 내가 괴짜가 아니라는 것을 납득하거나 납득할 수 있었다."[1] 인정 욕망은 확실히 페르드리제의 작품을 이끈 동력이다. 그런데 그것은 작품의 발전에 도움이 되기도 했지만 해를 끼치기도 했다.

페르드리제는 실제로 공병대의 설계사였기 때문에 자기 자신을 '전문 설계사'라고 기술했는데, 특별히 '발명가'라고 표현하기도 했다. 그는 스탬프를 가지고 있었는데, 거기에는 '장 페르드리제, 발명가, 성 요한 가(街), 디뉴 04'라고 쓰여 있으며, 그의 도안들이 삽입되어 있다.

실제로 페르드리제는 발명을 했는데, 특히 기계들을 발명했다. 그는 종종 오래된 부엌용품, 철사 등의 잡동사니를 가지고 모형을 만들려고 했다. 그리고 그는 주석을 단 도안들, 일종의 도면들을 만든다. "나는 우선 볼품없는 모형, 즉 불완전하게 작동하지만 작동은 하는 끔찍한 시제품을 만들고, 그 다음에 상당히 아름다운 도안을 만든다"(Costard, 49). 사람들이 지적했듯이, 그는 자신의 도안들이 갖는 미학적 가치에 대해 의식하고 있었다. 하지만 그는 도안들을 학자들에게, 그리고 미항공우주국, 국립우주센터(CNES), 노벨 아카데미 같은 기관들에 보내고 나서 노벨상을 기대했고, 사람들이 자신의 기계를 제작할지 모른다는 희망을 가졌다. 그래서 페르드리제 자신은 자신의 도안들을 갖고 있지 않았고, 그의 작품들은 여기저기에

---

1   "À José Argémi" (1971), Christian Berst 갤러리 2012년 전시회 카탈로그, *Jean Perdrizet*에 재수록된 편지.

흩어지게 되었다. 아마도 그 대부분이 폐기되었을 것이다.

　　보다 자세히 말하면, 페르드리제는 우선 모형을 만들고, 사진판 제작술(그라비어)로 복제한 다음, 손으로 채색했다. 따라서 동일한 도안이지만 다양한 방식으로 색칠된 여러 판본이 존재하며, 때로는 새로운 주석이 달려 있다. '로봇 노동자', 혹은 '로봇 비행사'라고 불리는 도안(그림 1의 좌측 도안 1, 그림 2)은 이러한 방식으로 반복된다.

　　페르드리제는 또 때때로 큰 패널(가령 그림 1)이나 노트에 여러 도안들을 모아두었고, 이를 똑같이 학자들에게 보냈다. 이 때문에 동일한 도안들이 상이한 맥락에서 발견될 수 있다.

　　알려진 그의 주요 도안들은 서로 다른 세 곳에서 나왔다. 앞서 거론된 코스타 박사는 상당수의 작품을 모았고, 이들은 지금 가쌍디 박물관에 보관되어 있다. 50년대 말에 페르드리제는 신경생리학자이며 1957년 이후 마르세이유 컨퍼런스의 수장이 된 자크 파야르(Jacques Paillard)와 알게 된다. 페르드리제는 그에게 매우 많은 수의 도안(이 시기에 그가 만든 도안들의 대부분)을 채색하지 않고 보낸다. 파야르는 이를 신경 써서 보관한다. 파야르의 아카이브(지금은 국립 기록물 보관소에 있다)는 분명히 페르드리제 작품의 가장 큰 컬렉션일 것이다. 마지막으로, 페르드리제는 훗날 호세 아르게미(José Argémi)와 친분을 맺고, 그에게도 다수의 도안을 보낸다. 그중 일부가 2012년 봄, 크리스티앙 베르스 미술관(la galerie Christian Berst)에서 전시되었다.

　　오늘날 다수의 박물관이 페르드리제의 도안을 소유하고 전시하고 있다(대표적으로 디뉴레뱅의 가쌍디 박물관, 비뇌브다스(Villeneuve-d'Ascq)의 르람(le LaM) 등이 있다). 그럼에도 불구하고 페르드리제가 자신의 도안들을 여기저기에 분산시켰고, 아직 그의 작품을 망라하는 목록이 작성되지 않았다는 점이 강조될 필요가 있다. 그의 작품들은 아직 그 전부가 알려지지 않았고, 미지의 작품들은 아마도 어딘가의 기록 보관소에 묻혀 있을 것이다. 가령

50년대 초부터 페르드리제는 사이버네틱스의 아버지인 노버트 위너에게 세 개의 도안 꾸러미(일곱 파트로 이루어진 큰 두루마리)를 보냈는데, 그중 상당수가 어디에도 공개되지 않았다. 위너는 비록 이 디뉴의 발명가에게 답장을 쓰지 않았지만, 이 도안들을 간직했고 서신을 함께 보관해 두었다. 그 외 다른 학자들은 그의 도안들을 폐기했을지도 모르지만, 미항공우주국이나 노벨 아카데미, 그리고 사이버네틱스 학자들의 기록 보관소는 아직 알려지지 않은 그의 도안들을, 특히 그가 파야르와 친분을 쌓기 시작하기 전인 50년대 초의 도안들을 보관해 두고 있을 것이라는 추측은 타당하다.

50년대 초부터 70년대까지의 페르드리제의 작품은 상당한 일관성을 지니고 있다. 바바라(J.-G. Barbara)는 이를 '죽음과 소통하는 사이버네틱스의 이상향'이라고 규정한다.[2] 여기서 두 측면이 중요하다. 죽음, 즉 '내세'와 관계 맺기가 페르드리제 작품의 핵심에 있는데, 이런 심령술적 측면은 또한 항상 과학적 배경으로 둘러싸여 있으며, 과학으로부터 또는 비주류 과학 이론 특히 사이버네틱스로부터 영감을 얻고 있다. 그는 이 운동의 주요 저자들—대표자인 위너, 맥컬럭(McCulloch), 폰 보닌(Von Bonin), 그레이 월터(W. Grey Walter), 애쉬비(Ashby) 혹은 프랑스의 드 라티(P. de Latil)—을 언급하고, 의심의 여지없이 사이버네틱스 이론의 주요 요소들을 그의 도안 속에 연출한다. 사이버네틱스 이론은 페르드리제의 특수한 우주 안에서 되풀이되고 묘사되며, 따라서 죽음의 초월이라는 관점에서 재배열된다. 페르드리제의 시각으로 포착된 사이버네틱스, 즉 페르드리제의 기계들은 죽은 자들과 소통할 뿐만 아니라 죽은 자들을 소생시키고, 종국에는 새로운 종류의 영혼을 운반하는 로봇들—페르드리제의 주석에 따르면, "우리는 로봇의 영혼을 인간

---

2 J.-G. BARBARA, "L'œuvre de Perdrizet, entre invention scientifique et utopie", *Jean Perdrizet*, op. cit., p.29.

의 영혼과 구별하기 위해서 âme(영혼)에서 악상씨르콩플렉스(^)를 빼고 ame 라고 표기한다(Costard, 65)."―을 형성하게 된다. 그런데 죽음의 초월에 대한 이런 관점은 현대의 포스트휴먼에 본질적인 것으로서, 이는 민스키(M. Minsky), 모라벡(H. Moravec), 커츠와일(R. Kurzweil)에 의해 발전되었을 뿐만 아니라 애초에 위너의 사이버네틱스 안에도 잠재적으로 존재해 있던 것이다. 그래서 포스트휴머니즘이 생물학적 죽음 이후에도 생존을 가능하게 하는 것으로서[3] 컴퓨터에 정신 다운로드하기를 고찰하듯이, 18세기 자동기계의 설계자인 보깡송이 페르드리제의 도안(그림 6) 안에서 말하면 자신의 기계 후손들에 의해 재구성되어 환생하게 되는 것이다.

이와 같은 사이버네틱스와 심령술의 결합은 페르드리제가 현대 포스트휴먼의 몇몇 주제들을 예견하는 것처럼 만들었다. 그래서 결국 제기되는 문제는 페르드리제가 그의 채색된 도안들에서, 화려하게 그 둘을 접근시킴으로써, 사이버네틱스나 포스트휴먼의 테제들과 심령술이나 윤회와 같이 흔히 비의적(occulte)이라고 일컬어지는 다른 이론들 사이에, 실제로 인접성이 존재한다는 점을 명백하게 보여준 것은 아닌지 하는 것이다. 사이버네틱스, 인간으로 하여금 죽음에 도전할 수 있게 만드는 이 기계들은 언제나 이 어두운 배경을 바탕으로 지탱되어온 것은 아닌가?

페르드리제의 도안들은 동일한 대상들, 즉 t언어, 비행 기계, 로봇 등의 주위를 맴돌고 있다. 페르드리제의 묘사에 의하면 t언어는 '우주 공용어(esperantosidéral)'로서 보편적인 언어이고, 일종의 상형문자로 우주 탐험과 내세와의 통신(이 둘은 짝을 이룬다)에 적합하다. 비행 기계란 수력이나 압축 공

---

3 료타르가 이미 과학기술을 이런 목적으로, 즉 죽음을 넘어서 사유를 존속하게 하는 것으로 정의한 바 있다(Jean-François *LYOTARD, l'Inhumain, Causeries sur le temps*, Paris, Galilée, 1988).

기를 이용한 헬리콥터, 비행접시, 로켓을 지칭한다. 이 기계는 그가 특허를 가지고 있는 '천장을 뚫는 기계'에 적용했던 운동 원리(페르드리제의 유일한 특허이다)에 기초하고 있는데, 실제로 이 원리를 따르면 기계의 이륙은 불가능했다. 그림 1에서 중간 열과 우측 열 상단의 두 도안이 이 비행 기계에 대한 것이다. 여기서 이들의 메커니즘을 논하는 것은 불가능하다. 다음으로 나는 로봇에 초점을 맞추어 논의를 이어가도록 하겠다.

그런데 우선 이 세 종류의 대상을 다루지 않는 예외적인 도안들로서 '나눔수들의 산(la montagne des dividendes)'과 '감령 기록기(oui-ja enregistreur)'가 있다는 점을 언급해야겠다. '나눔수들의 산'이란 일종의 곱셈표이다. 숫자들이 들어 있는 도안은 수들의 곱셈 결과를 기억하기 위한 기억술의 수단으로 이용된다. 감령판은 문자들과 숫자들이 기입된 작은 판자로, 보통 심령술의 회합에 사용된다. 즉 유령이 영매의 손을 그 문자나 숫자 위로 옮겨놓으면서 자신의 메시지를 전한다는 것이다. 페르드리제는 여러 도안들에서 타자기를 사용하는 등 다양한 개량을 시도한다(Costard, 59, 61). 그렇지만 앞서 검토한 세 범주에 들지 않는 예외적인 도안들은 상대적으로 그 수가 적다.

2.   읽고 상상하는 기계

1965년, 이 예술가-발명가는 파야르에게 마르세이유 국립과학연구소의 한 연구실에 대한 계획, 즉 자신이 '페르드리제의 확장'이라고 설명한 곳에 대한 계획을 보낸다. 이곳은 '읽는 기계', '우주 비행사' 로봇, '자가 생식하는 로봇'에 대해 연구하는 장소로 보인다. 이 세 분류는 페르드리제의 우주 안에서 로봇이 수행하는 기능들을 완벽하게 설명해준다. 즉 이 로봇들은 읽고 상상하며, 우리를 대신해 우주를 탐사하고 노동하며, 새로운 로봇들을 생산하고 낳는다. 이것들은 완전히 기계적인 새로운 종의 구성만이 아니라 인간의 환생(réincarnation) 가능성도 열어주는 것이다.

페르드리제는 읽는 기계를 그려내면서 사이버네틱스의 중요한 주제를 끌어들인다. 1947년 맥컬럭과 피츠(Pitts)는 그들이 1943년에 도입했던 신경 회로망을 사용해 형상, 특히 문자를 인식할 수 있는 메커니즘을 만들려고 했다. 서로 다른 색깔, 크기, 모양을 가진 A, A, A 그림 안에서 어떻게 그것이 동일한 문자라는 것을 알아볼 수 있을까?(McCulloch & Pitts, 1943: 115~133, 1947: 127~147) 맥컬럭과 피츠는 (특정 조건 하에서) 이와 같이 형상을 식별할 수 있는 메커니즘을 상상하면서 이 질문에 대답하려고 했다. 페르드리제가 도안에 붙인 제목들은 의심의 여지없이 맥컬럭과 피츠의 이 작업들과 이들이 사이버네틱스의 영역에서 행했던 토론들, 즉 '형상에 대한 사이버네틱스적 시각인식', '형상에 대한 사이버네틱스적 인지' 등을 참조하고 있다.

그림 1(중앙 열의 도안 2와 3, 우측 열의 도안 3)은 여러 개의 읽기 메커니즘을 제시한다. 우주비행사 혹은 노동자 로봇(그림 1의 우측열의 도안 2, 그림 2)도 읽고 있는 중이다. 로봇의 눈에는 그가 지금 읽고 있는 문자(이 경우에는 숫자)가 나타나 있다.

50년대의 기술과 비교할 때 페르드리제의 설계는 매우 모호할 뿐만 아니라 뒤처져 있고 상궤를 벗어나 있다(사이버네틱스가 생각하는 읽는 기계는 무엇보다도 컴퓨터이며 진공관과 같은 전자공학 기술을 활용하는 데 반해, 페르드리제의 장치는 순전히 기계역학적이다). 하지만 페르드리제가 자신의 기술만을 고집한 것은 아니다. 바생에 의해 전해진 일화는 이렇다. 페르드리제는 디뉴 고등학교의 수학 교사와 토론을 하게 되었는데, 이 교사는 페르드리제의 비행접시가 날 수 없다고 반박한다. 토론 후에 페르드리제는 제3자에게 이렇게 말했다고 한다. "그는 멍청이다. 나는 비행접시를 발명했다. 엔진은 그가 발명하면 되는 게 아닌가(Varcin)." 마찬가지로 페르드리제는 1953년 위너에게 별빛만 있어도 '도피네 리베레 신문(Dauphinélibéré)'을 읽을 수 있는 놀라운

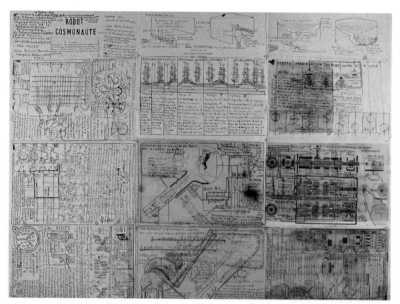

그림 1: 〈우주비행사 로봇〉, 손으로 채색된 그라비어, 12개의 도안으로 구성, 호세 아르게미에게 보낸 화판, 저작권: 크리스티안 베르스 겔러리, 파리

〈로봇 독자, 사이버네틱스의 새로운 동물〉이라는 도안을 보내는데, 그 위에 큰 글자로 다음과 같이 적는다. "이 로봇의 사유가 타성적이고 더딘 것은 문제가 되지 않는다. 사이버네틱스 학자들이 이 로봇을 전자공학적으로 재현할 것이다." 말하자면 예술가의 표현을 재현하는 데 메커니즘 그 자체는 그다지 중요하지 않다는 것이다. 페르드리제 그 자신에게 추동력은 아마도 미학적인 것일 것이다. 우리는 앞서 그가 "나는 매우 아름다운 도안을 만들었다."라고 말하는 것을 보았다. 결국 그 로봇은 무엇보다 개념적이고 미학적인 탐험의 수단을 나타내는 것처럼 보인다. 페르드리제가 위너에게 썼듯이 이 미국 학자에게 친숙한 용어로 말하면, 문제는 '철학적 동물'(Wiener, 1950)이다.

형상 인식, 특히 문자 인식은 페르드리제의 세계에서 지각의 근본적인

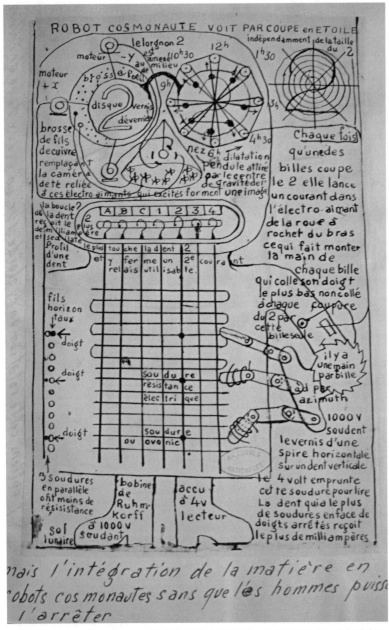

그림 2: 장 페르드리제, 자크 파야르에게 보낸 〈우주비행사 로봇〉 노트에서 발췌, 그라비어, 파리 국립기록보관소, 파야르 소장품.

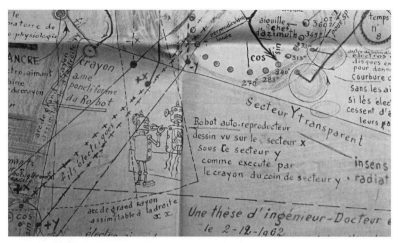

그림 3: 장 페르드리제, 1962년, 그라비어, 자가 생식 로봇에 대한 세부묘사와 로봇의 영혼(ame; 악상 없음)에 대한 언급이 있다. 파리, 국립 기록 보관소, 파야르 소장품

단계로 사물들 가운데서 문자(이 문자는 t언어에서 사물들을 지칭하는 데 사용된다)를 식별하는 것이다. 가령 사다리에서 H를, 인간에게서 t(e는 머리를 t는 몸통과 두 팔을 표시한다)를 식별해 내는 것이다. "1954년 10월 1일 사이버네틱스 회보에서 언급 되었듯이, (⋯⋯) 본다는 것은 자연에서 읽는 것이며," 또 "문자들의 조합은 단순한 관념 혹은 대상의 골격을 묘사한다(Archives Paillard)."

페르드리제는 또한 이 지각이 원격으로 이루어질 수 있다고 본다. 로봇(그림 5)은 카메라를 지니고 있고, 촬영된 이미지는 '뇌 공장'에 보내지고 분석된다. 이 상황은 상당히 흥미로운데, 무엇보다 위너가 1950년 그의 에세이 『인간 존재의 인간적 활용』에서 상상했던 것과 상당히 유사하기 때문이다. 이 에세이는 한 건축가가 '울트라팩스(Ultrafax)'(Wiener, 1950: ch.V)를 통해 카메라에 찍힌 이미지를 유럽에서 전송받고 명령을 내리면서 미국의 건축물 건설을 감독하는 장면에서 시작한다. 위너의 장면과 페르드리제의 장면, 이 두 개의 장면은 어쨌든 '작업장'에서 발생한다. 두 번째 단계에서, 위너는 건축가 그 자신이 정보를 변형하는 하나의 기구에 불과하다는 것, 정보의 변형 법칙이 메시지의 형식으로 코드화될 수 있다는 것, 그리고 메시지들을 변형시키는 이 기계(건축가 혹은 그의 의식)를 작업장으로 '전송(télégraphier)'하는 것도 상상 가능하다는 점을 덧붙였다. 이렇게 위너는 정보로 환원될 수 있는 인간 존재라는 추상적 관념의 길을 열었다. 인간은 전송될 수 있고, 순간 이동될 수 있으며, 컴퓨터에 저장될 수 있다. 이는 공상과학이나 포스트휴머니즘이 풍부하게 발전시키고 있는 관념이다(Hayles, 1999). 인간과 정보를 동일시하는 위너의 텍스트의 이 같은 두 번째 단계는 페르드리제의 도안에서는 나타나지 않는다. 그럼에도 불구하고 페르드리제의 도안은 위너가 행한 분석의 첫 번째 단계를 연출한다. 즉 주체의 지각과 반응은 정보의 전달로 환원된다. 페르드리제의 도안에서 정보들은 도안의 한 면을 가로질러 외부에 있는 뇌까지 연결되는 긴 전선들을 따라 순환한다. 로봇은 이 뇌에 의해 '원격 제어'되는 것이다(그림 1, 왼쪽 열, 도안 3). 페르드리제는 인간을 정보로 환원시킬 필요가 없었다. 이 장치(원격 통신기)는 훨씬 더 급진적이게도 인간을 내세에서 통제하는(그림 6) 로봇의 신체로 환생시킬 능력이 있기 때문이다.

마찬가지로 상상력도 우주비행사 로봇의 근본적인 기능이라는 점을 덧붙여야겠다. 페르드리제가 발명한 상상력에 해당하는 메커니즘은 사이버네틱스와는 직접적 관련이 없으나, 액체로 가득 찬 통 속에서 예측 불가능한 운동을 하는 부유 물체에 연관되어 있다(그림 1, 중앙 열 도안 2, 왼쪽 열 도안 2). 이 메커니즘은 '떠다니는 주의력'과 같은 표현들과 관련된 것으로 보인다.

읽기(즉 지각하기)와 상상하기, 이 두 능력은 로봇에 필수불가결한 것들이다. 로봇을 인간에 가깝게 만드는 것이 바로 이 두 능력이며, 이 능력 덕분에 로봇이 인간을 대체할 수 있게 된다. "단순한 계산기에 불과한 로봇과 우리의 로봇을 구별해주는 것은 상상과 읽기이며", "상상을 결여한 로봇은 영혼 없는 인간과 다를 바 없다(Archives Paillard)."

3. 자가 생식하는 로봇

읽고 지각하며 상상할 수 있는 따라서 영혼(ame)을 가진 로봇에게 페르드리제는 생식할 수 있는 능력, 즉 새로운 자기 복제물을 제조할 수 있는 능력을 부여한다. 그림 4에는 나사 드라이버를 장착해서 자기 자신의 사본을 제조할 수 있는 로봇이 등장한다. 장치는 소박하지만, 여기서 사이버네틱스의 주제를 다시 발견할 수 있다. 사실 존 폰 노이만(John Von Neumann)은 40년대 말부터 자가 생식하는 자동기계 이론을 발전시켜 왔다.[4] 위너의 텍스트와 달리 매우 기술전문적인 폰 노이만의 텍스트들은 상대적으로 기밀로 다루어졌지만, 페르드리제는 이에 대해 알고 있었다. 그림 4를 보면, 폰 노이만은 의자 위에 서서 로봇의 뇌를 주무르고 있는데(이는 '철학적'이라기보다는 '해학적'이다), 이 로봇은 망치와 일종의 곡괭이를 들고 또 다른 로봇을 '제조'하고 있다.

우리가 여기서 데카르트 이후의 철학 문헌들, 사이버네틱스의 저작들 그리고 페르드리제의 도안들에 나타나는 자가 생식하는 로봇의 여러 형태들과 다양한 반향을 검토하는 것은 불가능하다. 다만 이와 관련해 나사 드라이버, 곡괭이 등의 도구가 갖는 남근적 기능은 강조할 필요가 있다. 그림 5에서 볼 수 있듯이 로봇들은 종종 배의 높이에 커다란 공들을 갖추고 있지만 손에 쥐고 있는 도구들 외에는 남근을 갖고 있지 않다. 또한 어머니의 모습이 회피된다는 점도 특기할만하다. 그림 2에서와 같이 로봇들은 어머니로 나타나지 않으며, 다만 아버지와 아들 혹은 손자의 모습으로 번식하고

---

4 "General and Logical Theory of Automata"(1948), in John von NEUMANN, Collected Works, op. cit., t.IV, p.316 ; J. von NEUMANN, [A.W. BURKS (ed.)], 1966, Theory of Self-reproducing Automata, Urbana, Univ. of Illinois Press. Cf. Pierre CASSOUS-NOGUES, 2010, "La production des automates: de Descartes à von Neumann, en passant par Erewhon", in Véronique ADAM et al. (dir.), La Fabrique du corps humain, Grenoble, MSH-Alpes, pp.149~163.

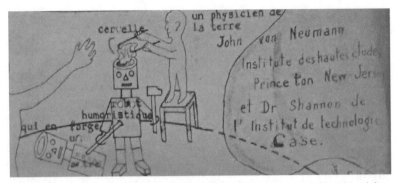

그림 4: 장 페르드리제, 〈자가 생식하는 우주비행사 로봇〉, 그라비어, 파리, 국립기록보관소, 파야르 소장품.

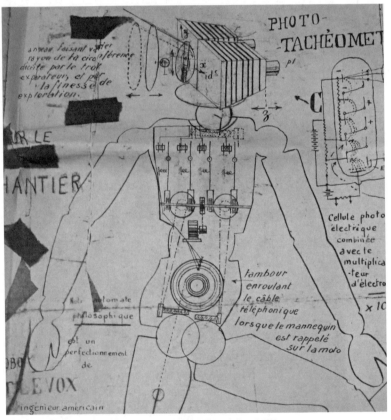

그림 5: 장 페르드리제, 그라비어, 파리, 국립기록보관소, 파야르 소장품.

3부 뉴 미디어와 상상력

승계된다.

　로봇의 이러한 생식 능력 그리고 자가 생식 능력은 로봇이 인간과 맺
는 관계에 있어서 결정적이다. 무엇보다도 이 로봇은 인간을 대신해 계속해
서 일할 수 있는데, 왜냐하면 로봇 자신이 자신을 대체할 '아들'을 생산할
수 있기 때문이다. 페르드리제는 1971년 런던에서 열린 인공지능 학회의 반
향으로, '다리나 집을 건설하는 로봇'을 도안한다. 그 도안이 바로 '자기 자
신(혹은 다른 로봇)을 수리하는 미래의 무급 노동자'(Costard, 83)다. '노동자 로
봇, 인간 노동력을 쓸모없게 만드는 기계'라는 주제는 이미 50년대에 위너가
이른바 자동화된 공장에 대해 우려를 표하며 주요 문제로 다룬 바가 있다.
게다가 이러한 로봇은 '로봇'이라는 말 자체를 만들어낸 차펙(Čapek)의 1921
년 작품 〈R.U.R.〉에 나타난 '로봇'의 본래 모습이기도 하다.

　한편 이 로봇은 노동할 수 있을 뿐만 아니라 인간을 대신해 우주를
탐사할 수도 있다. 페르드리제는 이 점에 더 흥미를 가졌다. 자가 생식하는
우주비행사 로봇의 도안(그림 2, 그림 1의 우측 열의 도안 2)은 다양하게 변이하
면서 여러 작품에서 반복된다. 이 로봇은 '우주비행사' 혹은 '노동자'(Costard,
73) 로봇이라고 불린다. 그런데 이 로봇은 때로는 '달세계의 아담', 또는 소련
우주비행사에 대한 경의를 표하는 의미로 '가가린', 또는 사이버네틱스가 제
2차 세계대전의 군사 연구에서 발전했다는 사실을 상기시키는 'V2의 자동
유도 탄두' 등의 이름을 지니고 있다. 그림 2에 아들 로봇이 〈우주비행사 로
봇〉이라는 제목이 붙은 노트에서 발췌되어 있다. 거기서 아들 로봇은 자기
자신과 동일한 '아버지 로봇'과 대면하고 있고, 페이지 상단에 기호로 표기
된 손자 로봇이 그 뒤를 따르고 있다.

4.   로봇, 인간, 그리고 포스트휴먼

페르드리제가 사이버네틱스에 매료되어 발명한 '우주비행사' 로봇은 그로 하여금 포스트휴머니즘의 두 주제를 미리 건드리게 한다. 즉 우리의 기계들이 형성하는 새로운 종을 위한 인류의 소멸, 그리고 불멸을 가져다주는 기계들로 인간이 환생할 가능성.

50년대부터 사이버네틱스나 위너의 텍스트들에 관한 출판물은 인류 종말의 가능성을 환기시켰다. 지상에서 인간은 기계들로 대체될지 모른다. 창조주의 자리를 차지해 버리는 피조물의 이미지는 19세기 초 메리 셸리(M. Shelley)의 소설에서 잘 나타난다. 프랑켄슈타인 박사는 '인간이라는 종족의 존재 자체를 위험에 빠뜨리면서 지상에 퍼져나가는 악마 종족'(Shelley, 1997: 231)이 탄생할지도 모른다는 공포 때문에, 그의 피조물에게 짝을 만들어 주기를 거부한다. 반면 위너는 동일한 주제를 비판적 관점에서 다룬다. "미래를 인간과 기계 사이의 전쟁이나, 기계에 의한 인간의 대체로 생각하는 것은 아주 형편없는 관점이다."[5] MIT에서 위너의 동료였던 맥컬럭은 60년대에 이 주제를 해학적으로 발전시킨다. "내가 특별히 사람들을 좋아하는 것은 아니다. 이제껏 그런 적도 전혀 없다. 나에게 인간이란 그저 가장 사납고, 가장 파괴적인 동물일 뿐이다. 만일 인간이 기계들을 인간보다 더 즐길 수 있는 존재로 진화시킬 수 있다면, 기계들이 인간의 자리를 차지하지 못할 이유가 없다."[6] 그리고 80년대 포스트휴머니즘은 확신을 가지고 이 이미지를 붙잡고 있다. 모라벡은 자신의 책 『어린이의 마음(Mind Children)』의 첫 페이지에서 이렇게 공표한다. "오늘날, 우리의 기계는 아직 단순한 피조물로서 부

---

5   N. WIENER, brouillon pour God and Golem, Inc, Archieves WIENER, Archives Wiener, boîte 33A, dossier 880.

6   W. McCULLOCH en 1968, cité par C. Mary BATESON, 1972, Our Own Metaphor, New York, A. Knopf, p.226.

모가 신생아에게 주는 배려와 주의를 필요로 하고, '지적'이라는 말이 거의 어울리지 않는다. 그러나 기계는 가까운 세기에 우리만큼 복잡한 개체로 성숙해, 종국에는 우리가 아는 모든 것을 넘어선 어떤 존재가 될 것이다. 그들이 그 자신을 우리의 후손이라고 생각할 때, 우리는 그들을 자랑스럽게 여길지도 모른다(Moravec, 1988: 1)."

페르드리제도 동일하게 말할 수 있었다. 우주비행사 로봇은 새로운 종의 아버지이고, 계속 이어지며 스스로를 개선하는 가계의 아버지다. 그림 1에서 제목 아래에 이렇게 쓰여 있다. "인간이 아닌 이성을 갖춘 피조물과의 첫 번째 접촉은 우주에서가 아니라 우리의 행성에서 일어날 것이다. 우리는 사유하는 인공 피조물을 알게 될 것이다." 그런데 이 두 종류의 지적인 피조물, 즉 인간과 로봇이 공존할 수 있는지가 확실하지 않다. 자가 생식할 수 있는 로봇은, "원자 폭탄 등을 통해 물질을 해체하는 것이 아니라, 우주비행사 로봇 안으로 물질을 통합하기 시작할 것이다. 인간이 이를 멈출 수 없다면 말이다." 아버지-로봇과 아들-로봇의 이중 초상화 아래에 이 같은 경고가 있다(그림 2). 로봇이 원자 폭탄과 비교되고 로봇이 원자 폭탄처럼 인간에게 위협이 될 것이라는 생각이 등장하는데, 이 생각은 50년대에 위너, 클라크(A.C. Clarke) 그리고 라캉(J. Lacan)과 같은 다양한 저자들에게서 일정하게 발견된다. 페르드리제의 다른 도안들 상당수에는 이와 유사한 경고 문구가 나타난다.

언뜻 보기에, 그림 6의 도안인 〈보깡송 안드로이드〉는 페르드리제 특유의 집착을 보여주는 듯하다. 보깡송은 그 유명한 〈소화하는 오리〉(1744년)의 기획자인데, 그림 6에서 '그의 아들 로봇들에 의해 재건'되고 있다. 보다 정확히 말하면 보깡송이 로봇들의 신체를 만들었듯이, 로봇들은 그의 신체를 재건했다. 그리고 이 보깡송의 신체에 심령술사-기계가 혼을 불어 넣는다. 이를테면 심령술사-기계는 내세와 연결되는 다리를 세우면서 보깡송의 유

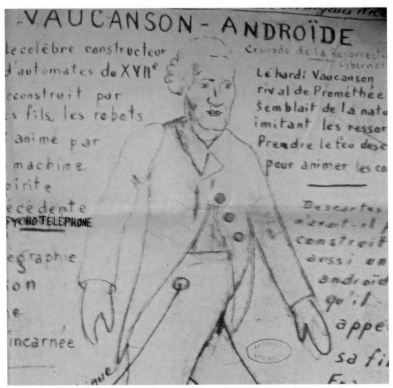

그림 6: 장 페르드리제, 〈보깡송 안드로이드〉, 그라비어, 파리, 국립기록보관소, 파야르 소장품.

령 혹은 영혼의 영향을 전기 신호의 형태로 번역한다. 따라서 보깡송 안드로이드는 그림 5의 로봇처럼(둘 다 넓적다리 위에 전선이 연결되어 있다) 원격으로 조정되는 로봇이다. 그런데 그림 5의 로봇과 달리 보깡송 안드로이드는 더 이상 역학적인 뇌가 아니라 '영혼을 전송하는 심령전화기(psychotéléphone)'덕분에 '탈육화된 영혼'에 의해서 혼을 갖게 된다.

　　여기서 나는 페르드리제가 신비한 것들, 가령 텔레파시나 유령을 실현하기 위해 발명한 다양한 기계들을 거론하지는 않겠다. 하지만 이와 같은

3부 뉴 미디어와 상상력

주제가 사이버네틱스에 완전히 낯선 것은 아니라는 점이 강조될 필요가 있다. 위너도 텔레파시나 텔레키네시스(염동력)에 관심을 가졌다.[7] 그는 죽은 자를 되살리는 것까지는 아닐지라도, 적어도 죽은 자들의 기억을 재활성화하고 그들의 뇌를 분석해 그 기억을 회수하는 가능성에 대해서 논의했다 (Wiener, 1948: 171).

페르드리제의 이 이미지는 우리의 상상이 교차하는 흥미로운 지점에 놓여 있다. 우선, 이 이미지는 '신비한 것'에 대한 매혹에 기대고 있다. 페르드리제는 이 페이지에서(그림 6) 윤회, 강신술, 초감각적 지각에 대해 언급한다. 보깡송의 영혼에 작용하고 자동기계의 신체에 혼을 불어넣는 심령술 기계가 묘사된 그 앞 페이지(이 글에는 수록되지 않았다)에는 온갖 종류의 경험, 정신들과의 접촉, 홀림, 외계 납치, 그리고 이런 종류의 이야기에 전문적인 몇몇 작품들에 대한 언급이 존재한다. 또 한편 페르드리제의 상상적 장치는 문학적 전통도 받아들이고 있다. 빌리에 드 릴 라당(Villiers de l'Isle Adam)의 소설 『미래의 이브(l'Ève future)』에서 '미래의 이브'가 바로 이러한 방식, 즉 심령술에 의해서 혼을 부여 받는다. 에디슨에 의해 고안된 피조물은 축음기에 녹음된 대화를 반복하는 것에 만족하지 못한다. 그 소설을 사로잡고 있는 신비스러운 여성 스와나(Sowana)의 정신은 에디슨이 자기력으로 만든 로봇들을 지휘하고 로봇과 상호작용한다. 그리고 마지막으로 페르드리제는 현대 포스트휴머니즘의 주요 관점 중의 하나를 건드리고 있다. 민스키, 모라벡, 그리고 더 최근 인물인 커츠와일에 의하면, 우리의 정신 혹은 의식을 컴

---

7 "À Lojze Vodovnik", 1963년 2월 25일 서간문, Archives Wiener, boîte 23, dossier 323. 그리고 "Fundamental Science in 1984", Archieves Wiener, boîte 33b, dossier 885 ; au MIT Parapsychological Research Group, 1963년 3월 13일, Archives Wiener, boîte 23, dossier 324. Cf, P. CASSOU-NOGUES, Norbert Wiener ou le rêve cybernétique, Paris, Seuil, 2014년 발간 예정.

퓨터로 전송해서 우리가 이 기계를 통해 삶을 이어가고 로봇을 원격 조정하는 일이 머지않아 가능해질 것이다(커츠와일은 2040년 즈음으로 계산한다). 그렇다면 우리는 안드로이드의 신체로 환생한 페르드리제의 보깡송처럼 될 것이다. 게다가 원격 전송되는 인간이라는 이런 이미지는, 앞서 살펴본 위너의 전송되는(télégraphié) 건축가의 모습에서도 찾아볼 수 있었다. 페르드리제의 도안은 직접적으로 그러한 흔적을 담고 있는 것으로 보인다. 보깡송-안드로이드와 원격 조종되는 로봇(그림 5) 사이에 유사성이 존재하는데, 두 작품 모두에서 발견할 수 있는 '전송(télégraphi)'이라는 말의 반복적인 표기('전송하는 전선', '영혼을 전송하는 심령전화기')가 그러한 흔적이다.

페르드리제의 도안에서 확립된 이러한 통합, 즉 신비한 것에 대한 매료, 문학적인 전통, 그리고 사이버네틱스적 관점 사이의 통합에 어떤 지위가 부여되어야 하는가? 다만 우연한 융합, 혹은 예술가의 완전히 개인적인 상상의 결과에 불과한가? 아니면 이 융합이 사이버네틱스와 포스트휴머니즘이 기대고 있는 상상적 바탕을 폭로하고 있다는 점을 깨달아야 하는 건 아닌가? 아니 어쩌면 페르드리제는 사이버네틱스와 포스트휴머니즘은 지나쳐버렸을지 모르지만 더 이상 망각될 수 없는 이러한 상상적 토대를 여전히 그것들 아래서 발굴해내고 있는지도 모른다.

(번역: 현영종)

참고문헌

1장　시몽동과 포스트휴먼 기술문화

김재희, 2011, 「물질과 생성: 질베르 시몽동의 개체화론을 중심으로」, 《철학연구》 제93집: 231~260.

김재희, 2013, 「질베르 시몽동에서 기술과 존재」, 《철학과 현상학 연구》 제56집: 175~206.

이중원·홍성욱 외, 2008, 『필로테크놀로지를 말한다』, 해나무.

이화인문과학원 편, 2013, 『인간과 포스트휴머니즘』, 이화여자대학교출판부.

황수영, 2009, 「시몽동의 개체화 이론: 프랑스 생성철학의 맥락에서」, 《동서철학연구》 제53호: 199~224.

레이 커즈와일, 2005, 김명남·장시형 옮김, 『특이점이 온다』, 김영사.

브루노 라투르 외, 2010, 홍성욱 엮음, 『인간·사물·동맹』, 이음.

장 보드리야르, 2011, 배영달 옮김, 『사물의 체계』, 지식을만드는지식.

제러미 리프킨, 2005(개정판), 이영호 옮김, 『노동의 종말』, 민음사.

칼 마르크스, 2001, 김수행 옮김, 『자본론』, 비봉출판사.

캐서린 헤일스, 2013, 허진 옮김, 『우리는 어떻게 포스트휴먼이 되었는가』, 열린책들.

"로봇의 습격··20년 내 현재 직업 47% 사라진다", 《한국경제》 2014년 2월 6일자, A2면.

Aubier, 2005, *L'Individuation àla lumière des notions de forme et d'information*, Grenoble: Millon.

Aubier, 1989b, *L'individuation psychique et collective*, Paris: Aubier.

Badmington, Neil(ed.), 2000, *Posthumanism: A Reader*, London: Palgrave.

Bensaude-Vincent, Bernadette & Guchet, Xavier, 2007, "Nanomachine: One Word for Three Different Paradigms", *Techné: Research in Philosophy and Technology* Vol.11, No.1, pp.71~89.

Bradley, Arthur, 2011, *Originary Technicity: The Theory of Technology from Marx to Derrida*, London: Palgrave Macmillan.

Chabot, Pascal, 2003, *La philosophie de Simondon*, Paris: Vrin.

Combes, Muriel, 2013, *Gilbert Simondon and the Philosophy of the Transindividual*, translated by Thomas LaMarre, Cambridge: MIT Press.

Guchet, Xavier, 2010, *Pour un humanisme technologique*, Paris: PUF.

Herbrechter, Stefan, 2013, *Posthumanism: A Critical Analysis*, London: Bloomsbury.

Lippert-Rasmussen, Kasper(ed.), 2012, *The Posthuman Condition*, Aarhus University Press.

Moravec, Hans. 1999, *Robot: Mere Machine to Transcendent Mind*, Oxford: Oxford University Press.

Simondon, Gilbert, (1958)1989a, *Du Mode d'existence des objets techniques*, Paris: Aubier, 2011, 김재희 옮김, 『기술적 대상들의 존재양식에 대해』, 그린비.

Stiegler, Bernard, 2009, *Technics and Time 2: Disorientation*, translated by Stephen Barker, California: Stanford University Press.

Wolfe, Cary, 2010, *What is Posthumanism?*, Minneapolis: University of Minnesota Press.

2장   확장된 마음과 자아의 확장

신상규, 「인지의 징표와 심성의 확장」, 《철학논집》, 25집, 2011.5.

신상규, 「확장된 마음과 동등성 원리」, 《철학적 분석》, 23호, 2011.6.

신상규, 「반두뇌중심주의와 기능주의의 딜레마」, 《인지과학》, 22호, 2011.6.

신상규, 「SNS시대의 자아 개념」, 《기호학연구》, 30호, 2011.12.

Adams, F. & Aizawa, K., 2001, "The bounds of cognition", *Philosophical Psychology* 14, pp.43~64.

Adams, F. & Aizawa, K., 2008, *The Bounds of Cognition*, Blackwell.

Baker, Lynne Rudder, 2009, "Persons and the Extended-Mind Thesis", *Zygon: Journal of Religion & Science* 44.3, pp.642~658

Chalmers, D. and Clark, A., 1998, "The extended mind", *Analysis*, 58, pp.7~19.

Clark, A., 2003, *Natural-Born Cyborgs*, Oxford Univ. Press.

Clark, A., 2005, "Intrinsic content, active memory and the extended mind,"*Analysis* 65.1, pp.1~11.

Clark, A., 2010, "Memento's Revenge: The Extended Mind, Extended", in *The Extended Mind*, Ed. Richard Menary, MIT Press, pp.43~66.

Dennett, D., 1984, *Elbow Room*, MIT Press.

Dennett, D., 1989, "The Origins of Selves", *Cogito*, 3, pp.163~173.

Olson, Eric T., 2011, "The Extended Self", *Mind & Machine* 21, pp.481~495.

3장 트랜스-, 포스트휴먼 담론과 증식하는 기호

Besnier, Jean-Michel, 2012, *Demain les post-humains. Le futur a-t-il encore besoin de nous?*, Paris: Arthème Fayard.

Coquet, Jean-Claude, 1997, *La quê te du sens. Le langage en question*, Paris: PUF.

Coquet, Jean-Claude, 1984, *Le Discours et son sujet*, Paris: Klincksieck.

Goetz, Julien, 2012, "Big brother le lab", *Entretien avec Frédérie Sonntag*, http://owni.fr/2012/10/27/laboratoire-big-brother/

Jakobson, Roman, 1977, *Essais de linguistique générale*, Paris: Seuil.

Kristeva, Julia, 1978, *Recherches pour une sémanalyse*, Paris: Seuil.

Lévi-Strauss, Claude, 2004, "1963~2003: *L'anthropologue face à la philosophie*. Entretien de Marcel Henaff avec Claude Lévi-Strauss", in Esprit, Paris.

Vernant, Jean-Pierre, and Marcel Detienne, 1974, *Les Ruses de l'intelligence. La métis des Grecs*, Paris: Flammarion.

5장 사이보그와 그 자매들: 해러웨이의 포스트휴먼 수사 전략

김애령, 2013, 『은유의 도서관: 철학에서의 은유』, 그린비.

노희직, 2006, 「독일 낭만주의 수사학에 있어서 아이러니」, 《수사학》 제5집, pp.79~105.

뮈크, D. C., 1986, 문상득 옮김, 『아이러니』, 서울대학교출판부.

박진희, 2005, 「페미니즘과 과학기술: 현대 기술에 대한 세 가지 입장을 중심으로」, 한국과학기술학회 강연 자료, pp.53~64.

벨러, 에른스트, 2005, 이강훈·신주철 옮김, 『아이러니와 모더니티 담론』, 동문선.

와이즈먼, 주디, 2009, 박진희·이현숙 옮김, 『테크노페미니즘』, 궁리.

해러웨이, 다너, 1997, 임옥희 옮김, 「사이보그를 위한 선언문: 1980년대에 있어서, 과학, 테크놀러지, 그리고 사회주의 페미니즘」,

『사이보그, 사이버컬처』, 홍성태 편, 문화과학사, pp.147~209.

해러웨이, 다나 J., 2002, 민경숙 옮김, 『유인원, 사이보그, 그리고 여자: 자연의 재발명』, 동문선.

해러웨이, 다나 J., 2005, 민경숙 옮김, 『한 장의 잎사귀처럼, 사이어자 N. 구디브와의 대담』, 갈무리.

해러웨이, 다나 J., 2007, 민경숙 옮김, 『겸손한_목격자@제2의_천년.여성인간ⓒ_앙코마우스™를_만나다』, 갈무리.

현남숙, 2012, 「사이보그 수사학에 나타난 몸의 형상화」, 『한국여성철학』, 제18권, pp.39~67.

헤일즈, 캐서린, 2013, 허진 옮김, 『우리는 어떻게 포스트휴먼이 되었는가: 사이버네틱스와 문학, 정보 과학의 신체들』, 플래닛.

Bartsch, Ingrid, Carolyn DiPalma, Laura Sells, 2001, "Witnessing the Postmodern Jeremiad: (Mis)Understanding Donna Haraway's Method of Inquiry", *Configurations*, Vol.9, Nr.1, pp.127~164.

Bastian, Michelle, 2006, "Haraway's Lost Cyborg and the Possibilities of Transversalism", *Signs*, Vol.31, No.4, pp.1027~1049.

Gane, Nicholas, 2006, "When We Have Never Been Human, What Is to Be Done?: Interview with Donna Haraway", *Theory Culture Society*, Vol.23(7-8), pp.135~158.

Gray, Chris Hables(Ed.), 1995, *The Cyborg Handbook*, Routledge: New York/London.

Hayles, Katherine, 2006, "Unfinished Work: From Cyborg to Cognisphere", *Theory Culture Society*, Vol.23(7-8), pp.159~166.

Harasser, Karin, 2011, "Donna Haraway: Natur-Kulturen und die Faktizität der Figuration", in: *Kultur. Theorien der Gegenwart*, Stephan Moebius und Dirk Quadflieg(Hrg.), VS Verlag: Wiesbaden, pp.580~594.

Haraway, Donna, 2004, "Ecce Homo, Ain't(Ar'n't) I a Woman, and Inappropriate/d Others: The Human in a Post-Humanist Landscape", in: *The Haraway Reader*, Donna Haraway, Routledge: New York, pp.47~61.

Spoel, Philoppa, 1999, "Re-inventing Rhetorical Epistemology: Donna Haraway's and Nicole Brossard's Embodied Visions", in: *The Changing Tradition: Women in the History of Rhetoric*, Christine Mason Sutherand, Rebecca Sutcliffe(ed.), University of Calgary Press: Calgary, pp.199~212

6장   비인간적인 목소리: 현대 오페라극에 나타나는 새로운 인간상

Gervais, B., & Mariève, D., 2012. "Le spectacle du corps à l' ère d'internet", in: J. Feral, *Pratiques performatives*, Quebec City: PUQ.

Machart, R., (2012, Jul 9). "Le meilleur opéra écrit depuis vingt ant?", in: *Le Monde*. Retrieved from http://www.lemonde.fr/culture/article/2012/07/09/written-on-skin-le-meilleur-opera-ecrit-depuis-vingt-ans_1731145_3246.html

Feral, J. & Edwige, P., 2013, "Le Spectaculaire", in: *Le réel à l' épreuve des technologies: Les arts de la scène et les arts médiatiques*, Renne: PUR.

Read, A. 2010, "Romeo Castellucci. The Director on this earth", in: M. M. Delgado & D. Rebellato (Eds.), *Contemporary European theatre directors* (253), London: Routledge.

Tisseron, S., 1999, Comment l'esprit vient aux objets, Paris: Aubier.

7장   로봇 배우들: 로봇공학을 위한 연극

Certeau, M., de, 1976, "Arts de mourir - écritures anti-mystiques", in: *La Machine célibataire*, Paris: Musée des Arts Décoratifs, Alfieri.

Dick, P., K., 1998, "Androïde contre Humain", in: *Si ce monde vous déplaît...et autres écrits*, (ed.) Michel Valensi, trans. by Christophe Wall-Romana, Paris: l'Eclat.

Ishiguro, H., 2010, "Syllabus", in: *Open Course Ware*, Osaka: Osaka University; http://ocw.osaka-u.ac.jp/engineering/robot-actors-project/syllabus.

Kafka, F., 1919, *La Colonie pénitentiaire*.

Lem, Stanislaw, 1971, *La Tragédie des machines àlaver*, dans *Mémoires d'Ijon Tichy*, Paris, Calmann-Lévy, coll. Kimensions SF.

Paré, Z., 2013, "Des robots àl'image des femmes, des enfants et des animaux", in: *Marges et redéfinition des centres au Japon*, (ed.) D.-A. MALINAS & J.-M.

BUTEL, Paris: Editions du CNRS.

Paré, Z., 2012, "Robot Drama Research: from identification to Synchronisation", in *Social Robotics*, London and New York: Springer.

Paré, Z., 2012, "Esthétiques de la manipulation, Marionnettes et automates au Japon", in *Gradhiva, Revue d'anthropologie et d'histoire des arts, No.15, Robots étragement humains*, Musée du Quai Branly, Paris.

Stanislavski, C., 2011, *Cahiers de régie sur "La cerisaie"et "Les trois soeurs"d'Anton Tchekhov*, Paris, Aux forges de Vulcain.

Tomkins, C., 1968, *The Bride and the Bachelors: Five Masters of the Avant-Garde*, New York: Penguin Books.

Waal, F., de, 2010, *L'Âge de l'empathie*, Paris: Le lien qui libère.

8장 관객—게임 참여자: 규칙에 의한 관객의 변이

Berthoz, Alain, 1997, *Le Sens du mouvement*, Paris: Odile Jacob.

Caillois, Roger, 1958, *Les Jeux et les Hommes, Le masque et le vertige*, Paris: Gallimard.

Hayles, Katherine N., 2007, "Hyper and Deep Attention: The Generational Divide in Cognitive Modes", in: *Profession*.

Kaprow, Allan, 2011, *Comment faire un Happening* [1966], trad. fr, Paris: Le clou dans le Fer.

Kline, Stephen, Nick Dyer-Witheford, and Greig De Peuter, 2003, *Digital Play : The Interaction of Technology, culture, and Marketing*, Montréal: McGill-Queen's University Press.

Lessig, Lawrence, 2006, *Code : And Other Laws of Cyberspace*, Version 2,0, New York: Basic books, http://pdf.codev2.cc/Lesssig-Codev2.pdf.

Ruby, Christian, 2012, *La figure du spectateur, Éléments d'histoire culturelle européenne*, Paris: Armand Colin.

Salwen, Katie, and Eric Zimmerman, 2003, *Rules of Play, Game design Fundamentals*, MIT Press.

Sloterdijk, Peter, 2000, *Règles pour le parc humain: Une lettre en réponse àla Lettre sur l'humanisme de Heidegger*, trad. fr., Paris: Mille et Une Nuits.

Triclot, Mathieu, 2011, *Philosophie des jeux vidéo*, Paris: La Découverte.

9장 빌렘 플루서의 미디어 포스트휴머니즘

김성재, 2013, 『플루서, 미디어 현상학』, 커뮤니케이션북스.

니체, 2007, 박찬국 옮김, 『비극의 탄생』(1872, 1886), 아카넷.

빌렘 플루서, 2001, 김성재 옮김, 『코무니콜로기(*Kommunikologie*)』, 커뮤니케이션북스.

심혜련, 2012, 『20세기의 매체철학』, 그린비.

페터 슬로터다이크, 2004, 이진우 옮김,『인간 농장을 위한 규칙』(1999), 한길사.

하이데거, 2005, 이선일 옮김,「휴머니즘 서간」(1949),『이정표』, 한길사.

Vilém Flusser, *Lob der Oberflächlichkeit: Für eine Phänomenologie der Medien*, Bollmann Verlag GmbH, 1995,『피상성 예찬－매체 현상학을 위해』, 김성재 옮김, 커뮤니케이션북스. 2004

Vilém Flusser, *Writings*, 2002, Andreas Strohl (ed.), Univ. Minnesota Press.

10장 바이오아트의 매체적 의미

매클루언 마셜, 2008, 박정규 옮김,『인간의 확장, 미디어의 이해』, 커뮤니케이션북스.

애스콧, 로이, 2002, 이원곤 옮김,『테크노에틱 아트, 새로운 의식, 리얼리티, 예술의 창발을 위해』, 연세대학교출판부.

이화인문과학원 다매체 연구팀, "Digital Convergence and Externalizing of the Intelligence", *Principles of Media Convergence in the Digital Age*, International Conference of Ewha Institution for Humanities, 24~25 June, 2010, pp.143~160.

트라이브, 마크, 리나 제나, 2008, 황철희 옮김,『뉴미디어 아트』, 마로니에북스.

Ascott, Roy, "When the Jaguar lies down with the Lamb: Speculations on the Post-biological Culture", *CAiiA-STAR Symposium: 'Extreme parameters. New dimensions of interactivity'* (11–12 July 2001)

Ascott, Roy, 2001, "Arts Education @ the Edge of the Net: The Future Will Be Moist!", *Arts Education Policy Review*, 102:3, pp.9~10.

Ascott, Roy, 2000, "*The Moistmedia Manifesto. Installation.*" gr2000az, Graz, Austria.

Ascott, Roy, 2004, "Interactive Art: Doorway to the Post-Biological Culture", Dmitry Bulatov(ed.) *BioMediale, Contemporary Society and Genomic Culture*: http://biomediale.ncca-kaliningrad.ru/?blang=eng&author=ascott

Bolter, Jay David and Richard Grusin, 2000, *Remediation, Understanding New Media*, MIT Press.

Catts, Oron and Ionat Zurr, 2007, "Semi-Living Art", in *Signs of Life, Bio Art and Beyond*, Eduardo Kac(ed.), The MIT Press, pp.231~147.

Davis, Joe, 2007, "Cases for Genetic Art", *Signs of Life, Bio Art and Beyond*, Eduardo Kac(ed.), The MIT Press, pp.249~266.

de Menezes, Marta, 2007, "Art: in vivo and in vitro," in *Signs of Life, Bio Art and Beyond*, Eduardo Kac(ed.), The MIT Press, pp.215~229.

Hansen, Mark B.N., 2006, *New Philosophy For New Media*, The MIT Press.

Jenkins, Henry, 2006, *Convergence Culture, Where Lod and New Media Collide*, New York University Press.

Kittler, Friedrich, 1999, *Gramaphone, Film, Typewriter*,
Translated by Geoffrey Winthrop-Young and Michael Wautz,
Stanford: Stanford University Press.

Knoll, Michael, "Interview with Sonja Bäumel –Metabodies",
Jul 29, 2013, in *Ars Electronica*: http://www.aec.at/aeblog/en/2013/07/29/
sonja-baumel-metabodies/

Krauss, Rosalind E., Winter, 1999, "Reinventing the Medium," *Critical Inquiry*, Vol.25, No.2, "Angelus Novus": Perstectives on Walter Benjamin, pp.289~305.

Krauss, Rosalind E., "Two Moments from the Post-Medium Condition," *October* 116, Spring 2006, pp.55~62.

Lessing, L., *The Future of Ideas: The Fate of the Commons in a Connected World*, Random House, 2001

Liestøl, Gunnar, 2007, "The Dynamics of Convergence and Divergence in Digital Domains", *Ambivalence Towards Convergence: Digitalization and Manovich, Lev, 2001, *The Language of New Media*, MIT Press. Media Change*, Nordicom, pp.167~170.

Mitchell, Robert, 2010, *Bioart and the Vitality of Media*, The University of Washington Press.

Mitchell, W.J.T., 2005, *What Do Pictures Want?, The Lives and Loves of Images*, Chicago and London: The University of Chicago and London.

Pandilovski, Melentie(ed.), 2008, *Art in the Biotech Era*, Adelaide: Experimental Art Foundation Inc.(South Australia).

Quaranta, Domenico, "The Postmedia Perspective", *Rhizome*, Wed Jan 12th, 2011, http://rhizome.org/editorial/2011/jan/12/the-postmedia-perspective/

Rush, Michael, 1999, *New Media in late 20th-Century Art*, London: Thames & Hudson.

Storsul, Tanja and Dagny Stuedahl(eds.), 2007, *Ambivalence Towards Convergence, Digitation and Media Change*, Nordicom: Göteborg University.

Thacker, Eugene, Winter 2003, "What is Biomedia?", *Configurations*, vol.11, No.1, pp.47~79.

Thacker, Eugene, 2005, *The Global Genome: Biotechnology, Politics, and Culture*, Cambridge, MA: MIT Press.

Weibel, Peter, 2006, "The Postmedia Condition", Medialab Madrid, http://www.medialabmadrid.org/medialab/medialab.php?l=0&a=a&i=329

11장 디자인-픽션: 마이크로-휴머니즘으로서의 비평적 디자인

Aarts, E., Marzano, S., 2003, *The New Everyday: Views on Ambient Intelligence*, Rotterdam: 010 Publishers.

Auger, J., Loizeau, J. & *Auger-Loizeau*, http://www.auger-loizeau.com/index.php?id=9

Baudrillard, J., 1983, *Les Stratégies fatales*, Paris: Grasset.

Bourriaud, N., 1998, *Esthétique relationnelle*, Dijon: Les Presses du Réel.

Coremans, B. & Brigitte Coremans, http://brigittecoremans.com/coffinsforthestillborn.html

de Certeau, M., 1980, *L'Invention de quotidien*, Paris: Folio.

Dunne, A., 2009, "Fictional Functions and Functional Fictions, Interview avec Anthony Dunne", in: *Digital by Design*, London: Thames&Hudson.

Dunne, A., 2005, *Hertzian Tales. Electronic Products, Aesthetic Experience, and Critical Design*, Cambridge MA, MIT Press.

Dunne, A., Raby, F. & Critical Design FAQ, http://www.dnneandraby.co.uk/content/bydandr/13/0

Dunne, A., Raby, F., 2001, *Design Noir: The Secret Life of Electronic Objects*, Berlin: Birkhäuser.

Dunne, A., Raby, F., 2008, "Design for Debate", in: *Neoplasmatic Design, Architectural Design*, sous la direction de Marcos CRUZ et Steve PIKE, http://www.dnneandraby.co.uk/content/bydandr/36/0

Foucault, M., 1984, "Des espaces autres(conférence au Cercle d'Études Architecturales, 14 mars 1967)", in: *Architecture, Mouvement, Continuité*.

Hayles, N. Katherine, 1999, *How We became Posthuman*, Chicago: UP of Chicago.

참고문헌

Kurzweil, R., 1999, *The Age of Spiritual Machines*, New York: Penguin Group.

Kurzweil, R., 2005, *The Singularity is Near: When Humans Transcend Biology*, Richmond: The Viking Press.

Lanier, J., 2010, *You Are Not a Gadget: A Manifesto*, New York: Alfred A. Knopf.

Mau, B., Leonard, J., 2004, *Massive Change*, London: Phaidon.

Midal, A., 2007, "Design Fiction: Destin parallèle du design, interview avec Anthony Dunne", in: *Tomorrow Now, When Design Meets Science Fiction*, Luxembourg: Mudam.

Sterling, B., 2002, *Tomorrow Now: Envisioning the Next Fifty Years*, New York: Random House Inc.

Sterling, B., 2005, *Shaping Things*, Cambridge Ma: MIT Press.

Weiser, M., Brown, J. S., 1996, *The Coming Age of Calm Technology*, Palo Alto: Xerox Parc.

Wodiczko, K., 1999, "Designing the City of Strangers", in: *Critical Vehicles: Writings, Projects, Interviews*, Cambridge MA, MIT Press.

12장 〈보깡송 안드로이드〉: 장 페르드리제의 사이버네틱스와 심령술

Archives Paillard, Archieves Nationales.

Bateson, M., 1972, *Our Own Metaphor*, New York: A. Knopf.

Cassous-Nogues, P., 2010, "La production des automates: de Descartes à von Neumann, en passant par Erewhon", in Véronique ADAM et al. (dir.), *La Fabrique du corps humain*, Grenoble, MSH-Alpes.

Cassous-Nogues, P., 2014, *Norbert Wiener ou le réve cybernétique*, Paris, Seuil.

Costard, C., unpublished, *Jean Perdrizet*.

Hayles, K., 1999, *How we became Posthumans*, Chicago, Chicago Univ. Press.

Lyotard, J-F., 1988, *L'Inhumain, Causeries sur le temps*, Paris, Galilée.

McCulloch, W., and Pitts, W., 1943, "A Logical Calculus of Ideas Iimmanent in Nervous Activity," in: *Bulletin of Mathematical Biophysics* 5, McCulloec, W., and Piths, W.,

1947, "On How We Know Universals: The Perception of Auditory and Visual Forms," in: *Bulletin of Mathematical Biophysics* 9.

Moravec, H., 1988, *Mind Children*, Cambridge: Harvard UP.

Neumann, J. von, 1948, "General and Logical Theory of Automata", in: *Collected Works, Vol. IV, New* York: Pergamon; Neumam. J. 1966, *Theory of Self-reproducing Automata*, Urbana: U of Illinois P.

Shelly, M., 1997, *Frankenstein ou le Prométhée moderne* (1818), trans. L. Couturiau, Paris: Le livre de poche.

Varcin, P., unpublished interview, *Mémoire de Paul Varcin*.

Wiener, N., 1948, *Cybernetics*, Paris, Hermann.

Wiener, N., 1950, *The Human Use of Human Beings*, trans. fr., 1952, *Cybernétique et société*, Paris: des Deux Rivers.

Wiener, N., draft for *God and Golem*, Inc., Archives Wiener.

저자 소개 (가나다, 알파벳 순)

김애령

이화여자대학교에서 철학 공부를 시작했고, 베를린 자유대학교에서 철학 박사학위를 받았다. 현재 이화여자대학교 이화인문과학원 HK교수로 재직 중이다. 현대 해석학과 여성철학 주제로 글을 써왔고, 지금은 포스트휴먼 연구 영역으로 들어서고 있다. 저서로는 『여성, 타자의 은유』, 『은유의 도서관: 철학에서의 은유』 등이 있으며, 주요 논문으로는 「이방인과 환대의 윤리」, 「텍스트 읽기의 열린 가능성과 그 한계」, 「다른 목소리 듣기: 말하는 주체와 들리지 않는 이방성」, 「사이보그와 그 자매들: 해러웨이의 포스트휴먼 수사 전략」 등이 있다.

김재희

이화여자대학교 철학과를 졸업하고 서울대 철학과 대학원에서 석·박사학위를 받았다. 현재 이화여자대학교 이화인문과학원 HK연구교수로 재직 중이다. 현대 프랑스 철학을 전공했고 기술철학과 포스트휴머니즘 연구를 수행하고 있다. 주요 저서로 『베르그손의 잠재적 무의식』, 『물질과 기억: 반복과 차이의 운동』 등이 있고, 역서로는 베르그손의 『도덕과 종교의 두 원천』, 가라타니 고진의 『은유로서의 건축: 언어, 수, 화폐』, 자크 데리다·베르나르 스티글러 공저인 『에코그라피-텔레비전에 관하여』, 질베르 시몽동의 『기술적 대상들의 존재 양식에 대하여』가 있다.

신상규

서강대학교 철학과에서 학사 및 석사 과정을 마치고 미국 텍사스 대학교에서 철학 박사학위를 받았다. 현재 이화여자대학교 이화인문과학원 HK교수로 재직하고 있다. 의식과 지향성에 관한 다수의 심리 철학 논문을 저술했고, 현재는 확장된 인지와 자아, 인간 향상, 트랜스휴머니즘, 포스트휴머니즘을 연구하고 있다. 저서로 『푸른 요정을 찾아서』, 『비트겐슈타인: 철학적 탐구』, 『호모사피엔스의 미래: 포스트휴먼과 트랜스휴머니즘』 등이 있고, 『새로운 종의 진화 로보사피엔스』, 『라마찬드란 박사의 두뇌 실험실』, 『의식』, 『커넥톰, 뇌의 지도』, 『우주의 끝에서 철학하기-SF영화로 보는 철학의 모든 것』을 우리말로 옮겼다.

이찬웅

서울대학교 전기공학부와 철학과 대학원을 졸업하고, 프랑스 뤼미에르-리옹2대학에서 영화학 석사학위를, 리옹고등사범학교에서 철학 박사학위를 받았다. 현재 이화여자대학교 이화인문과학원 HK교수로 재직하고 있다. 프랑스 현대철학과 영화철학이 주요 관심 분야이며, 포스트휴머니즘에 대한 연구를 수행하고 있다. 역서로 들뢰즈의 『주름. 라이프니츠와 바로크』가 있으며, 주요 논문으로 "Le concept de plateau chez Deleuze et Guattari: ses implications épistemologique et éthique", 「들뢰즈의 이접적 종합: 신의 죽음 이후 무엇이 오는가?」, 「이미지의 전자화: 선(禪), 껍질, 분열증」 등이 있다.

전혜숙

이화여자대학교 영어영문학과 졸업 후, 미술사학과 대학원에서 현대미술사로 박사학위를 받았다. 현재 이화여자대학교 이화인문과학원 HK교수로 재직 중이며, 현대미술사학회 회장을 역임 후, 편집위원장으로 일하고 있다. 개념미술, 포스트모던, 뉴미디어 아트에 관심을 갖고 연구해왔으며, 최근 몇 년 간 포스트휴먼 신체와 바이오아트에 대한 연구를 진행하고 있다. 최근의 연구로는 저서 『20세기말의 미술, 일상의 공간과 미디어의 재구성』(2013)과, 논문 「미술 속의 포스트휴먼 신체와 의학」, 「현대미술 속의 신체변형: 포스트휴먼적 '경계존재'의 실행 방식들」, 「에두아르도 카츠(Eduardo Kac)의 '새로운 생태'에 관한 연구」, 「유토피아와 디스토피아의 경계? 바이오아트와 생명개입」 등이 있다.

피에르 까수-노게스(Pierre Cassou-Noguès)

프랑스 파리 8대학 철학과 교수로 재직 중이다. 주요 관심 분야는 장 까바이예스(Jean Cavaillès)와 모리스 메를로-퐁티(Maurice Merleau-Ponty)의 철학, 괴델(Kurt Gödel)의 논리학, 새로운 기술공학(인지과학과 사이버네틱스) 등이며, 저서로 *De l'expérience mathematique. essai sur la philosophie des sciences de Jean Cavaillès*(2002), *Une Histoire de Machines, de Vampires et de Fous*(2007), *Mon zombie et moi. La philosophie comme fiction*(2010), *Les démons de Gödel: Logique et folie*(2012), *La mélodie du tic-tac et autres bonnes raisons de perdre son temps*(2013), *Les rêves cybernétiques de Norbert Wiener*(2014) 등이 있다.

미셸 콩스탕티니(Michel Constantini)

파리 8대학 프랑스문학과 교수. 연구 분야는 기호학으로, 특히 조형예술의 기호학적 해석에 관심이 많다. 저서로『주체의 이미지(*L'image du Sujet*)』, 공저로『역동적인 기호학(*Sémiotique dynamique*)』이 있으며, 논문으로「프라하 다리의 성인들은 야간 산보를 했다(Les saints du pont de Prague promènent dans la nuit)」,「커뮤니케이션의 기호학(Semiótica de la comunicación)」,「그들의 것과 우리의 것. 어떤 사진의 기호학(Les leurs et le nôtre. Sémiotique d'une photographie)」등이 있다.

엠마누엘 구에즈(Emmanuel Guez),
크리스티앙 지리아(Christian Giriat),
자비에 봐사리(Xavier Boissarie)

이들은 실험적인 예술 프로그램이었던 les Sondes de la Chartreuse de Villeneuve les Avignon에 공동으로 참여했다. 이것은 연구, 교육, 창조, 세 축을 교차시키면서, 디지털 환경이 현재의 스펙터클의 기록에 어떤 영향을 미치는지 측정하고자 했다. 엠마누엘 구에즈는 예술가, 연구자, 전시 기획자이다. 크리스티앙 지리아는 행위 예술가이자 연극 연출가이다. 자비에 봐사리는 게임 디자인과 인터랙티브 디자인을 교육하면서 직접 작업한다.

이자벨 무앵드로(Isabelle Moindrot)

프랑스 파리 8대학 연극과 교수이며, Arts-H2H 연구소장으로 재직 중이다. 주요 연구 분야는 오페라와 드라마투르기, 연극사, 드라마 텍스트의 고증 편집 등이다. 최근 *Théâtre de Victorien Sardou*(2015)을 고증 편집해 출판했고, *Altérités en spectacle(1789-1914)*(2015), *Le théâtre à l'opéra, la voix au théâtre, Alternatives théâtrales*(2012), *Le Spectaculaire dans les arts de la scène du Romantisme à la Belle Epoque*(2006) 등을 책임 편집했다. 저서로 *L'Opéra seria ou le règne des castrats*(1998), *La Représentation d'Opéra. Poétique et Dramaturgie*(1993)가 있다.

쟈방 파레(Zaven Paré)

기계 예술과 로봇 드라마를 연구하고 있는 퍼포먼스 아티스트이다. 일본 오사카 대학 인공지능로봇연구소에서 로봇공학 전문가 히로시 이시구로(Hiroshi Ishiguro) 교수와 극작가 오리자 히라타(Oriza Hirata)와 함께 로봇배우프로젝트를 수행했다. 저서로 *Le jour où les robots*(2011)가 있고, 브라질 세르지오 모타 연구소의 예술과 기술 상(Instituto Sergio Motta Award in Art and Technology, 브라질 상파울루, 2011), 일본 과학연구자 진흥학회 상(Japan Society for Promotion of Science Fellowship, 오사카 대학, 2010) 등 다수의 수상 경력이 있다. 주요 작품 활동에 대해서는 http://www.zavenpare.com/ 참조.

엠마뉘엘 캥즈(Emanuele Quinz)

예술사학자, 국제 전시 전문가, 파리 8대학 연극과 maître de conférences. 조형예술, 음악, 무용, 디자인 등 다양한 현대 예술의 접점에 대한 연구를 진행하고 있다. 『이상한 디자인(*Strange Design*)』, 『디자인 경험(*Experience Design*)』, 『단순성(*Simplicity*)』, 『인터페이스(*Interfaces*)』, 『인:터런스(*en:trance*)』, 『유행 장애(*Dysfashional*)』 등 다수의 공저를 출판했다.

샤를 라몽(Charles Ramond)

파리 8대학 철학과 교수. 근대 초기 철학(존재론과 고전주의 시기 합리론에 있어 논리와 정치)과 현대 철학(일상어 철학, 도덕 감정)이 관심 연구 분야이며, 저서로 『스피노자 철학에 있어 질과 양(*Qualité et Quantité dans la philosophie de Spinoza*)』, 『데카르트, 약속과 역설(*Descartes: Promesses et Paradoxes*)』, 『자크 데리다 개념어 사전(*Vocabulaire de Derrida*)』 등이 있다. 그 외 스피노자, 데리다, 들뢰즈에 대한 다수의 책들을 책임 편집하였다.

'포스트휴먼 총서'를 기획하며

컴퓨터, 인터넷, 스마트폰이 없는 우리의 일상은 더 이상 상상할 수 없다. 몸에 간단한 보철을 장착하는 일은 더 이상 어떤 이물감도 남기지 않는다. 디지털 테크놀로지의 일상적 침투는 우리의 시공간 인지 조건을 급격히 변화시켰고, 근대적 시공간의 좌표는 인터넷 망을 통한 지속적인 접속의 체험 안에서 그 의미를 바꾸고 있다. 정보과학과 생명공학의 발달은 인간과 동물, 유기체와 기계, 물질과 비(非) 물질의 경계를 모호하게 흩뜨리고 있다. 또한 매체의 변화로 인해 지식과 정보를 습득하고 가공하여 전달하고 보존하는 방식의 변화가 불가피해졌다. 이 모든 징후들이 알려주는 바대로, 우리는 이미 '포스트휴먼'이다.

'포스트휴먼'의 경험과 생장의 조건이 이미 편재해있지만, 인문학의 영역에 그 소식은 너무 늦게 전해졌다. 과학기술 분야의 전문가들이 충실히 영토를 확장해가고, 그에 대한 초국가적 자본의 유연하고 집약적인 관심이 집중되고 있는 데 반해, 인문학은 막연한 불안과 희망적 낙관 사이의 어느 불분명한 지점에 머물러 있을 뿐이다. 바로 이 지점에서 '포스트휴먼 총서'는 기획되었다. 오늘날 정보과학과 생명공학의 지배적 영향권 아래서 근대적 휴머니즘을 넘어선 새로운 인간 이해의 패러다임이 요청되고 있으나 포스트모던에서 제기되었던 근대적 '인간/인간중심주의'에 대한 비판이 아직 적극적인 개념화로 나아가지는 못하고 있다. 이와 같은 인식에 근거해, 우리는 인간 이해의 새로운 패러다임을 향한 길을 열어가고자 한다. '포스트휴먼 총서'가 그 길의 첫 이정표가 되기를 기대한다.

이화여자대학교 이화인문과학원
포스트휴머니즘 연구팀

포스트휴먼의 무대

1판 1쇄 찍음 | 2015년 6월 25일
1판 1쇄 펴냄 | 2015년 6월 30일

엮은이 | 이화인문과학원, 프랑스 LABEX Arts-H2H 연구소
펴낸이 | 김정호
펴낸곳 | 아카넷

출판등록 2000년 1월 24일(제406-2000-000012호)
413-120 경기도 파주시 회동길 445-3
전화 | 031-955-9511(편집) · 031-955-9514 (주문)
팩스 | 031-955-9519
책임편집 | 이경열
디자인 | 맹스북스 스튜디오
www.acanet.co.kr

ⓒ 이화인문과학원, 2015

Printed in Seoul, Korea.

ISBN 978-89-5733-432-4 94300
ISBN 978-89-5733-364-8(세트)

이 도서의 국립중앙도서관 출판예정도서목록(CIP)은
서지정보유통지원시스템 홈페이지(http://seoji.nl.go.kr)와
국가자료공동목록시스템(http://www.nl.go.kr/kolisnet)에서 이용하실 수 있습니다.
(CIP제어번호 : 2015015638)

이 저서는 2007년 정부(교육과학기술부)의 재원으로
한국연구재단의 지원을 받아 수행된 연구임.
(NRF-2007-361-AL0015)

Cette publication bénéficie d'une aide de l'ANR
au titre du programme Investissements d'avenir
(ANR-10-LABX-80-01).